作者简介

李乔，工学博士，西南交通大学土木工程学院桥梁工程系教授，博士生导师。从事桥梁工程专业教学与科研工作近 40 年，主要研究领域为桥梁结构健全性评估与施工控制理论、钢桥与组合结构桥梁性能、大跨度斜拉桥结构理论等。曾主编教材《混凝土结构设计原理》，撰写《大跨度斜拉桥施工全过程几何控制概论与应用》等 3 部专著。主持国家、省部级和重大工程科研项目数十项，并荣获国家和省部级科技进步奖。在中国公路学会桥梁和结构工程分会等多个学会任职，担任《桥梁建设》期刊编委会副主任委员及《中国公路学报》等多个期刊的编委。曾任国务院学位委员会学科评议组成员、国家科学技术进步奖评审委员会委员、住房和城乡建设部高等教育土木工程专业评估委员会委员等职。

桥梁纵论

力与结构及其他

李 乔 著

人民交通出版社

北 京

内 容 提 要

本书由40篇"理论与技术研讨文章"改写编排而成，采用简洁明了的表述方式，对桥梁结构的基本理论、基本力学特性与规律，以及工程实践中常见但易误解或忽略的问题进行解读、阐释与探讨，并给出新的研究成果和结论、建议。

本书适于桥梁工程专业的学习者，从事桥梁工程设计、管理的技术人员，以及相关专业人士学习使用。

图书在版编目（CIP）数据

桥梁纵论：力与结构及其他 / 李乔著 . — 北京：
人民交通出版社股份有限公司 , 2023.3
 ISBN 978-7-114-18640-0

Ⅰ. ①桥⋯　Ⅱ. ①李⋯　Ⅲ. ①桥梁结构　Ⅳ.
① U443

中国国家版本馆 CIP 数据核字 (2023) 第 030879 号

Qiaoliang Zonglun —— Li yu Jiegou ji Qita
书　　名：**桥梁纵论——力与结构及其他**
著 作 者：李 乔
责任编辑：李 瑞 李 喆
责任校对：赵媛媛 魏佳宁
责任印制：刘高彤
出版发行：人民交通出版社
地　　址：（100011）北京市朝阳区安定门外外馆斜街 3 号
网　　址：http://www.ccpcl.com.cn
销售电话：（010）59757973
总 经 销：人民交通出版社发行部
经　　销：各地新华书店
印　　刷：北京建宏印刷有限公司
开　　本：787×1092　1/16
印　　张：16
字　　数：286千
版　　次：2023年3月　第1版
印　　次：2024年6月　第2次印刷
书　　号：ISBN 978-7-114-18640-0
定　　价：99.00元

前言

　　近年来，我国交通基础设施建设快速发展，复杂大型桥梁的建造能力居于世界先进行列。其中，有限元法在桥梁结构分析和设计中的应用是关键因素。但部分工程技术人员和学生过度依赖有限元软件进行桥梁设计，而忽视对桥梁结构的基本理论、基本力学特征与规律的了解和掌握。鉴于此，自 2016 年起，作者陆续在"西南交大桥梁"微信公众号上发表关于桥梁结构理论与技术研讨的文章，至今已有 40 余篇，内容涉及桥梁结构力学性能、设计计算、设计规范、工程教育及工程实践等诸多方面。这些文章既论述了已有理论知识，又以新的视角、新的观点和理念对已有理论知识进行解读。重点是对理论与实践中常见但易误解或忽略的问题进行分析，提出独到见解。力求采用通俗易懂的语言，强调基本概念，直指问题本质，避免繁复的数值计算。

　　系列文章推出后，得到众多同行的认可与鼓励，遂产生改写与集结成册的想法。在"西南交大桥梁"微信公众号运维单位——西南交通大学土木工程学院桥梁工程系的大力支持下，经整理、归类、补充和打磨，形成本书。

全书共分四篇。第一篇为桥梁结构力学性能，主要从不同的视角剖析、论述因使用数值方法进行计算而容易被忽略的基本力学概念问题。第二篇为桥梁结构设计计算，主要针对设计计算中经常遇到的选用方法、建模方式、经验数值等问题进行讨论，并给出作者的相关研究成果和技术建议。第三篇为桥梁结构设计规范，主要阐释作者对桥梁设计规范条文的理解，包括执行条件和改进建议等。第四篇为其他，主要包括桥梁工程教育相关内容及工程实践等问题。

本书中未做标注的图片，除作者及其团队绘制或拍摄外，其余为稿定（厦门）科技有限公司授权使用。

在本书撰写过程中，得到了"西南交大桥梁"微信公众号运维单位的大力支持，以及西南交通大学土木工程学院桥梁工程系李永乐、张清华、肖林、向活跃和但平阳等老师的热情帮助。单德山老师在出版工作中给予了有力支持，研究生石磊同学为本书内容的编辑、绘图及校对做了大量工作。在此，一并表示感谢！

中铁二院工程集团有限责任公司刘甜甜工程师和浙江省数智交院科技股份有限公司陈正星工程师参与了2篇微信公众号文章的撰写工作。哈尔滨工业大学吴红林老师、武汉理工大学胡志坚老师、长安大学徐岳和韩万水老师、浙江工业大学彭卫兵老师，以及微信公众号的众多热心读者均给予作者很多启发和鼓励。在此，亦一并表达感谢！

限于作者水平，书中内容不免存在不足与谬误，恳请读者批评、赐教。

李 乔

2022 年 5 月于成都

目录

第 二 篇　**桥梁结构设计计算**　　　　　　　　　　　　　　　　**097**

第 三 篇　**桥梁结构设计规范**　　　　　　　　　　　　　　　　**149**

第四篇 | 其他 **213**

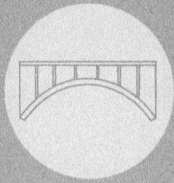

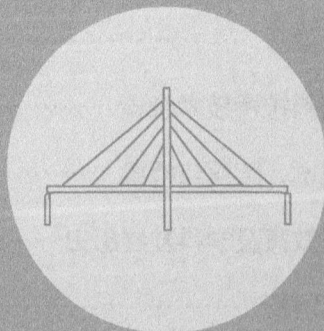

第一篇

桥梁结构力学性能

PART

桥梁
纵论

力 与 结 构 及 其 他

I

1

桥梁结构的基本力学特征

① 引言

　　随着计算机技术的进步，如今已经能够利用有限元软件对各种桥梁结构（图1.1）进行详细的力学分析，但同时也出现桥梁结构最基本的力学概念被忽视的情况。有些学生把所学的桥梁专业知识与力学概念割裂开来，致使其总体判断力和创新思维受到限制。本文从基本的力学角度来看待桥梁结构，将桥梁结构的力学特征用最简单、最基础的方式进行描述。

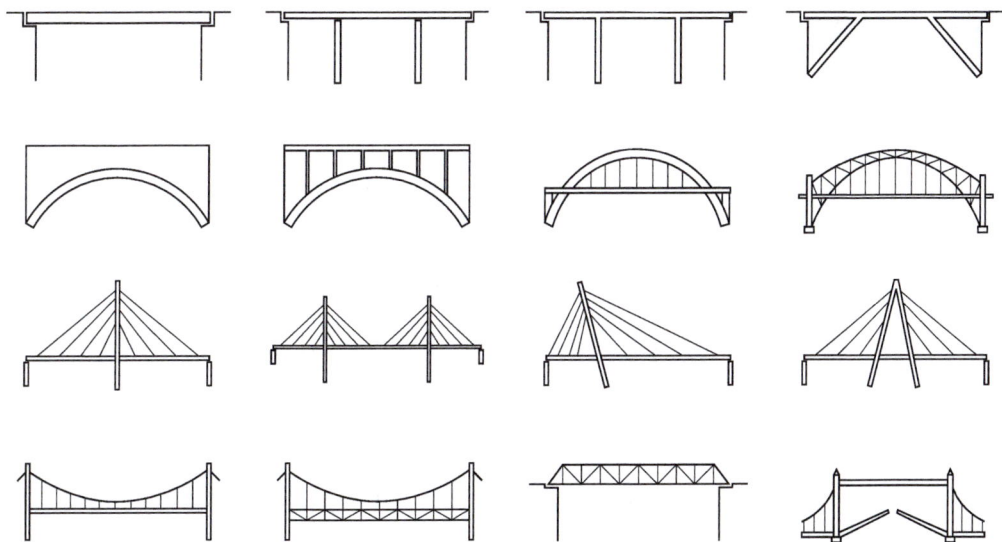

图1.1　各式桥梁结构示意图

② 桥梁结构体系分类

从功能上，可把桥梁上部结构分为直接承受活载的桥面系和承受主要恒载、活载的承重结构两个部分。而承重结构的主要形式有以受弯为主的梁、以受轴力为主的拱和索，因而，从工程角度看，桥梁基本承重结构体系就有梁桥、拱桥和索桥三类。但从力学特性的角度看，悬索倒过来就是拱，一个受拉，一个受压，反之亦然（图1.2）。二者可以看作一类结构，姑且称之为拱/索。所以，仅从力学角度看，就只有两类基本的桥梁承重结构：梁和拱/索，其余的桥梁结构形式都可以看作这两类的扩展或组合。

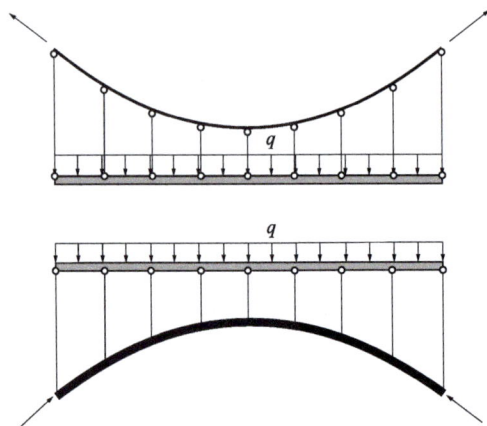

图 1.2　悬索与拱

③ 一般梁桥

对于一般的梁式桥，其桥面系和承重结构是合二而一的，或者说，桥面系是承重结构的一部分。如前所述，梁是以受弯为主的结构，要提高梁式桥的跨越能力，就要想办法降低梁的弯曲应力。有两个途径可以达到此效果：一是增加桥墩数量，从而减小梁的跨度并形成连续梁（图1.3）或连续刚构；二是加大梁横截面的抗弯刚度。从受力角度看，在截面尺寸、材料和所受弯矩相同的情况下，连续梁或连续刚构的跨度可以比简支梁大很多。加大截面抗弯刚度最好的方法是加大截面高度，而在加大截面高度的同时，由于梁中性轴附近的材料对抗弯刚度贡献较小，因此减少这部分材料有助于减轻结构自重，于是就出现了工字形截面、箱形截面、桁架等形式的梁。1890年建成的英国福斯桥（图1.4）就是一座典型的悬臂桁梁且带挂孔的梁桥，最大桁高110m，跨度达到521m。

图 1.3　连续梁桥

图 1.4　英国福斯桥

④ 梁桥的扩展——斜拉桥和板拉桥

如图 1.5 所示，斜拉桥可以看作梁桥的扩展类型，在力学特性上类似桁架。对于普通斜拉桥［图 1.5a)］，斜拉索相当于具有初始拉力的桁架杆件，为主梁提供了中间支承，同时其水平分力还提供了轴向压力，相当于施加了预应力，从而提高了梁的跨越能力，或者说减小了梁内的弯曲应力［图 1.5c)］。对于矮塔斜拉桥［图 1.5b)］，斜拉索的作用更像体外预应力束，桥塔的作用更像体外预应力束的支承结构［图 1.5d)］。

a) 普通斜拉桥

b) 矮塔斜拉桥

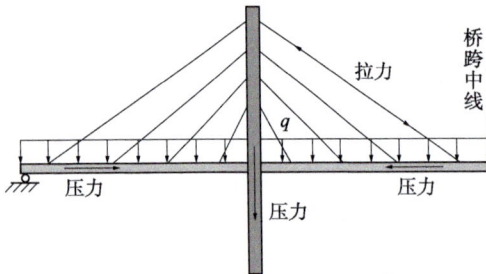

c) 普通斜拉桥受力示意图

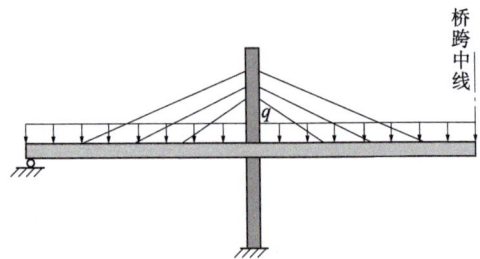

d) 矮塔斜拉桥受力示意图

图 1.5　斜拉桥

板拉桥［图1.6a）］的斜拉板相当于刚度很大的斜拉索，因此可看作是刚性索斜拉桥［图1.6b）］，也可以看作是一个刚性节点的桁架，或者一个变截面空腹式桁梁。

a）板拉桥（引自 www.taojiang.gov.cn）

b）刚性索斜拉桥

图1.6　板拉桥／刚性索斜拉桥

⑤　悬索桥和拱桥

悬索和拱以受轴力为主，比以受弯为主的梁具有更大的跨越能力。悬索（称为主缆或大缆）一般采用高强钢丝材料，且受拉而不会失稳，因而跨越能力比以受压为主的拱更大，且所需横截面尺寸更小。当把桥面系通过吊杆或者立柱支承在主缆或者拱上时，就构成了悬索桥［图1.7a）］和空腹式拱桥［图1.7c）］。当空腹式拱桥的立柱间距为零时，就变成了实腹式拱桥［图1.7d）］，此时的"立柱"即拱上建筑材料会采用圬工砌体和填土，而拱肋则采用钢筋混凝土或石料，但由于自身重量太大，只适用于小跨度桥梁。

a）悬索桥

b）钢拱桥

c）空腹式拱桥

d）实腹式拱桥

图 1.7 悬索桥与拱桥

悬索桥的主缆是其主要承重结构，由于它是抗弯刚度很小的柔性缆索，因此其几何线形与所受到的荷载密切相关，表现出很强的几何非线性特性。也由于其抗弯刚度极小，因此它的竖向刚度主要来源于其受到的重力和拉力构成的刚度，即通常所说的重力刚度。而大跨度拱桥的拱肋，由于是承受巨大轴向压力的曲线构件，因此也表现出较强的几何非线性特征，其稳定性是关键问题。

6 斜腿刚构桥

斜腿刚构桥（图 1.8）的主梁中有较大的弯矩，这是梁桥的受力特征。但其主梁和斜腿内也有较大的轴向压力，并且其支承处有较大的水平推力，这又是拱桥的受力特征。因此，斜腿刚构桥可以看作梁和拱的组合体系桥梁。V 形支承刚构桥

［图 1.8b）］也可以看作多跨连续斜腿刚构桥，这与多跨连续拱桥类似，在中间桥墩处，相邻两跨的水平推力部分或全部相互抵消。

a）斜腿刚构桥

b）V 形支承刚构桥

图 1.8　斜腿刚构桥

7 结语

　　本文从受力角度简要地描述了主要的桥梁结构形式，但是仅从概念上阐述，未能覆盖全部，更没有进行严谨的力学推导。此外，本文关于桥梁结构体系的分类方法与传统的分类方法也略有不同，旨在为读者思考和判断提供多元化的视角，这也是本书的特点之一。

　　本文根据"西南交大桥梁"微信公众号于 2016 年 11 月 2 日发布的文章《李乔说桥 -1：桥梁结构的基本力学特征》改写。

2

结构力学与桥梁结构

1 引言

本书文章1(《桥梁结构的基本力学特征》)简要概述了常见桥梁结构的基本力学特征。从中可以看出,桥梁虽属于结构范畴,其基本力学特性与在结构力学中的一些基本知识关系密切,但又不完全吻合,甚至在某些情况下,会觉得结构力学原理在桥梁结构中不适用。其实这是一种错觉。只要仔细分析一下就会发现,结构力学原理仍然是适用的,只不过要厘清其适用的前提条件。本文就通过一个简单的例子来说明这一类问题。

2 连续梁内力与变形

当桥下有条件搭建支架时,采用支架法施工建造梁桥是较为经济的方法(图2.1)。假设有一座两跨等截面连续梁桥,采用支架浇筑或架设并整体落架的方法建造。在自重作用下,其结构受力简图如图2.2a)所示。由结构力学知识容易判断,这是一次超静定结构,并且能够根据力法求出其支座反力及绘制出结构弯矩图,如图2.2b)所示。

对于大跨度连续梁桥或连续刚构桥,当桥下不适合搭建支架时,往往采用分阶段悬臂浇筑或拼装的方法建造(图2.3)。这种情况下,结构是逐步形成的,自重荷载也是逐步施加的。为简便,假定上述两跨连续梁桥采用分阶段方法施工(图2.4),共分为四个施工阶段,第一阶段拼装3号和4号梁段并在中间支承处临时固结,第二阶段拼装 2 号和 5 号梁段，第三阶段拼装 1 号和 6 号梁段，第四阶段安装支座 A 和 C，同时把中间支承处由临时固结变为固定铰支座，如图 2.4a)、b)、c)、d) 所示。其中第三、第四阶段的内力和变形状态相同，因为安装支座时没有施加任何荷载，支座反力 R_A 和 R_C 为零，$R_B = 2qL$。

图 2.1　采用支架法施工的梁桥

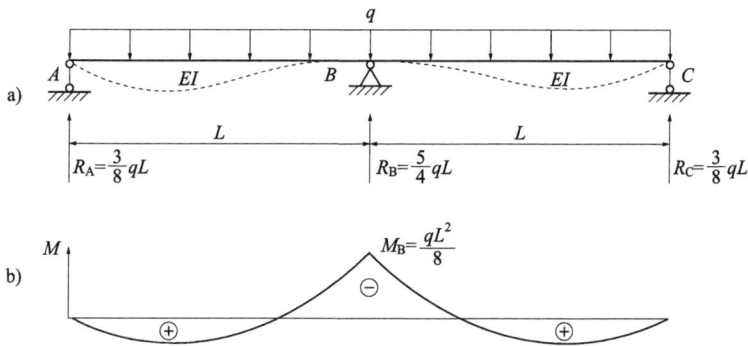

图 2.2　两跨连续梁桥受力分析

图 2.3　采用悬臂浇筑法施工的连续刚构桥

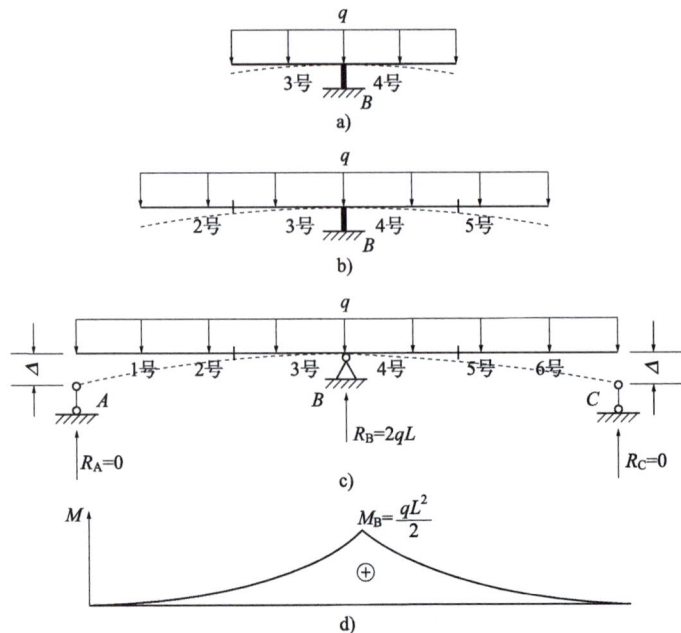

图 2.4　分阶段成形的两跨连续梁桥受力分析

比较图 2.2 和图 2.4 可知，两种情况下的支座反力、弯矩和变形都相差较大。那么，两个在成桥阶段具有相同的跨度、截面尺寸、材料、外荷载（自重）的结构，为什么内力和变形会相差如此之大呢？按照结构力学及无应力状态法原理，在线性范围内，两个相同的结构在相同荷载作用下，称为"相同的受力结构"，其最终内力和变形也一定是相同的，与荷载施加历程及结构的成形历程无关。难道这个结论在分阶段成形的桥梁结构中不适用了？

要回答这个问题，首先要明确什么是相同的结构。在结构力学中，"相同的结构在相同荷载作用下"这句话指的是结构几何约束、材料、作用以及在不受力情况下的几何尺寸与形状（称为无应力构形）都相同。图 2.2 和图 2.4 所示结构的无应力构形是相同的，都是相同截面、相同长度的直线形杆件。但它们的几何约束在支座 A 和 C 处是不同的，虽然都是活动铰支座，但图 2.4c）中的支座 A 和 C 比图 2.2a）中的对应支座低了 Δ 的距离，而这个 Δ 是梁在悬臂拼装时产生的挠度，且 $\Delta = qL^4 / (8EI)$。因此，两种情况下并不是相同的结构，当然也就不会有相同的内力和变形了。

如图 2.5 所示，假如在安装支座 A 和 C 前，先把梁向上顶起 Δ 的距离，使其回到与支座 B 相同的高度，再安装支座 A 和 C（此时这两个支座反力为零），最后撤掉向上顶的力，此时梁试图向下回弹但被支座顶住，于是支座受到与上顶力大小一致的压力，梁受到同样大小支座反力。这时，该结构就与图 2.2 的结构完全相同了，那么其内力和变形也必然相同了。这可以通过力学计算来验证：由结构力学或材料力学可知，悬臂梁在支座 A 或 C 上顶 Δ 距离所需的力 $R_A = R_C = 3EI\Delta/L^3 = 3qL/8$，而此时 $R_B = 2qL - 2R_A = 5qL/4$。各支座反力值与图 2.2 中的相应支座反力值相同，因而图 2.2 的结构和图 2.5 的结构具有相同的内力和变形，例如图 2.5 结构中的支点弯矩 M_B 变为 $M_B = -qL^2/2 + R_A L = -qL^2/8$，与图 2.2 结构相同。

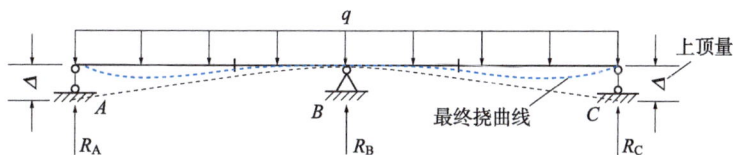

图 2.5 向上顶梁后再安装支座

由此可见，结构力学基本原理在分阶段成形的桥梁结构中仍然适用，前提是必须严格按照定义来判断两个结构是否完全相同。

3 设置预拱度的悬臂拼装连续梁桥

实际桥梁施工时，为了施工方便，一般并不上顶支座 A 和 C 处的梁。为了成桥后支座 A 和 C 能够与 B 在同一高度，在安装每个梁段时会把梁段的位置向上抬高一些，即设置预拱度（图 2.6），以此来克服自重作用下由悬臂施工产生的挠度 Δ（预拱度的数值根据 Δ 计算），使得完成图 2.4 中的第三阶段时支座 A 和 C 位置的梁在自重作用下刚好下挠 Δ，回到与 B 相同的高度，这时直接安装支座 A 和 C。显然，这时图 2.6 结构的内力状态与图 2.4d）是一致的，但从外表看，其结构又与图 2.2 的结构相同。

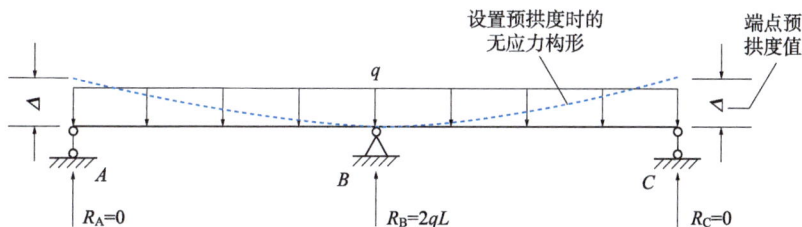

图 2.6 设置预拱度的连续梁

于是问题又来了，为什么相同的结构在相同荷载作用下的内力不同呢？前面的原理又错了？当然没错。仔细推敲一下，图 2.6 结构的无应力构形与图 2.2 结构并不相同。首先，由于图 2.6 结构设置了预拱度，因此它的无应力构形是向上弯的，不是直的；而图 2.2 结构的无应力构形是直的。其次，二者的支座虽然绝对位置相同，但与无应力构形的相对位置不同。图 2.6 结构支座 A 和 C 相对于其无应力构形的梁端（没受力时向上弯的形状）有一段距离 Δ，而图 2.2 结构则不存在此距离，支座与梁端是紧靠着的。因此，二者并不是相同结构，当然内力也不同。

此外，图 2.6 结构与图 2.4 结构的无应力构形也不相同，为什么内力却又一样呢？首先，二者支座相对于无应力构形的位置相同，都是支座低于梁端 Δ 距离。其次，虽然无应力构形不同，但由于是按照小变形线性理论计算，忽略了原始状态为挠曲变形量级的微弯梁与直线梁在计算中的差别，因而最终算得的内力和挠度相同。如果考虑这种差别，二者内力就不会相同了。

④ 结语

本文仅以一个两跨连续梁为例，说明结构力学基本原理在分阶段桥梁结构受力分析中依然适用。对于实际桥梁，其结构体系和施工过程要比上述例子复杂得多，但其基本原理和特性并无本质差别，前述的力学原理仍然是适用的。

从这里也可以看出，无论是桥梁结构还是建筑结构，只要属于工程结构，有关结构的力学原理就一定是适用的，并不会因涉及不同类型的结构而失效，这是由基本原理决定的。但也应注意，在应用力学基本原理和方法时，必须考虑不同结构的不同特点，切忌生搬硬套。这是一名优秀科技工作者或工程师应该具备的基本素质和能力。

本文根据"西南交大桥梁"微信公众号于 2016 年 11 月 13 日发布的
文章《李乔说桥 -2：结构力学与桥梁结构》改写。

3

预应力体系的基本力学特征

1 引言

预应力是桥梁结构中应用非常广泛的技术，如预应力混凝土结构（图3.1）、预应力组合结构、预应力钢结构等。对于预应力，由于计算其效应时多数采用等效荷载法，因此有人会把它当作一种施加在结构上的荷载或者外力，但显然它与一般的外荷载（如自重或者车辆荷载等）不同。因此，有些初学者认为它的作用机理和力学模型很复杂，不能用常规的方法来分析。本文试图利用最简单的力学概念来解释预应力的作用机理，并对不同的分离体进行力学分析，以便读者清晰地了解预应力体系的基本力学特征。

a)

b)

图3.1 预应力混凝土桥梁

② 预应力体系对应的力学问题

　　预应力混凝土梁是通过张拉预应力钢束并将其锚固在梁上，从而对混凝土梁施加一组自平衡力系来实现预加应力的。这种问题在材料力学或结构力学中似乎没有讲述，因而学习者在学习预应力混凝土结构时，大多无法直接把它与上述的力学课程联系起来。实际上，如果仔细分析其力学特征，就会发现在材料力学或结构力学中有类似问题的描述：装配应力问题，如图 3.2 所示。杆件④的长度 $d'b$ 比它安装位置的尺寸 db 要短 $\Delta = d'd$。为了能够把杆件④安装上去，可在 d' 和 d 之间施加一对等值反向的力 T，把杆件④拉长，同时压缩 db 距离，直到 d' 和 d 重合，然后连接杆件，撤掉外力 T。由于结构要回弹，杆件④内就产生了拉力，杆件②、③内产生压力，而杆件①内产生弯矩、剪力和拉力。这些内力不是由外力 T 产生的（外力 T 已经撤掉），而是因结构内部的变形受到结构各部分的相互约束引起的，这实际上就是预应力效应。上述安装也可按如下过程实施，即不是在 d' 和 d 之间施加作用力 T，而是直接张拉杆件④（外力 T 作用在 d' 和 b 之间），将 d' 拉到 d 位置，然后连接 d' 和 d，撤掉外力 T。

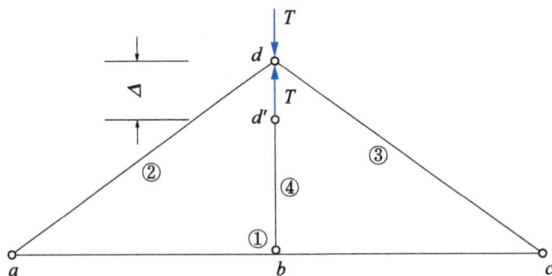

图 3.2　装配应力问题

　　再来看一个例子（图 3.3）。有一个空心的混凝土杆件和一根高强钢筋，我们想把高强钢筋通过锚固方法安装在混凝土杆件的两端，但高强钢筋比混凝土杆件短了 Δ。于是采用千斤顶对高强钢筋进行张拉，同时千斤顶的反作用力（压力）p 压在混凝土杆件端部。当高强钢筋与混凝土杆件长度一致时，就锚固高强钢筋，然后撤掉千斤顶的力。由于二者都试图回弹到原来的长度，于是高强钢筋中产生拉力，混凝土杆件中产生压力。从力学角度看，这是典型的装配应力问题，而从结构角度看，又是典型的预应力问题，与图 3.4a）的预应力混凝土梁结构非常类似，只是这里高强钢筋是沿着混凝土杆件轴心布置的，而图 3.4a）的钢筋是偏心布置的。

　　注意，图 3.3 只是原理图，实际的预应力钢筋要加上张拉和锚固长度。

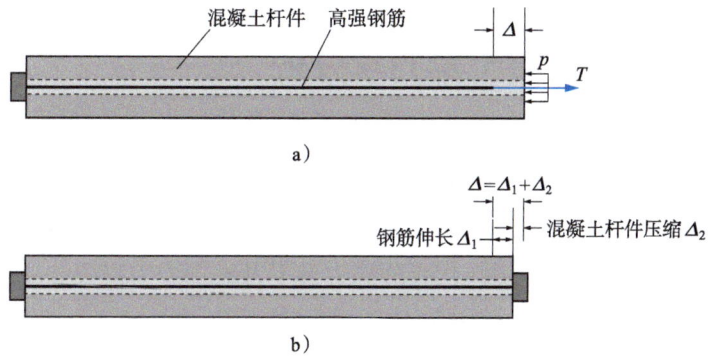

图 3.3 装配应力问题及预应力体系原理图

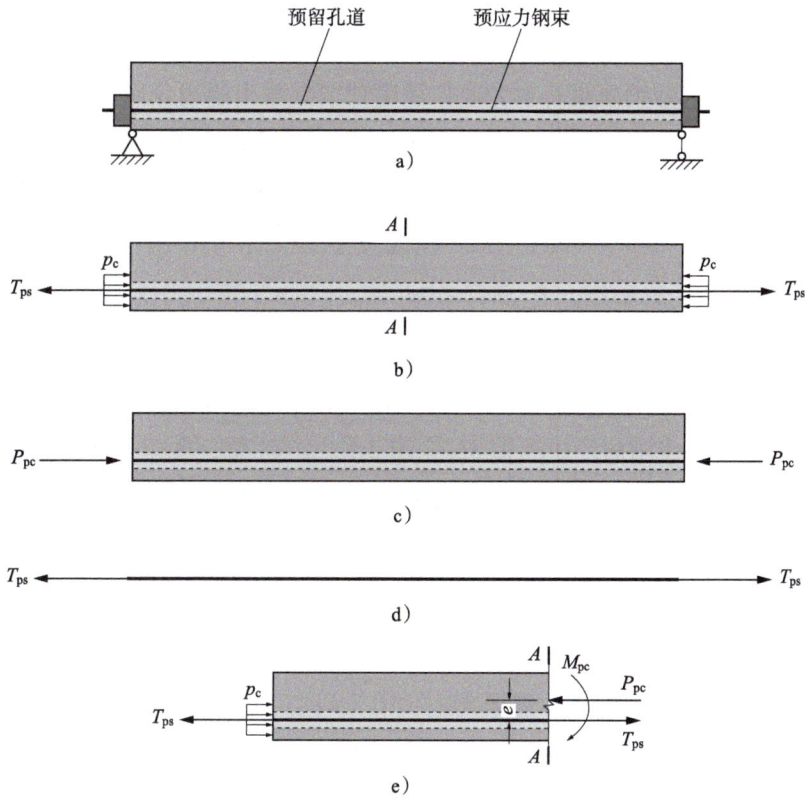

图 3.4 预应力混凝土梁受力分析

综上所述，预应力问题实质上就是力学中的装配应力问题。

关于装配应力问题，说得通俗一些，就是构件尺寸不匹配，加力硬把它装上去。应用这种方法有时候是因为误差不可避免，不得已而为之，有时候却是故意这样做以便达到调整内力的目的。结构中的预应力体系就属于后者。

③ 预应力混凝土梁力学分析

明确了预应力体系的基本力学特征，分析其受力状态就容易了。如图 3.4 所示，以弹性受力阶段的预应力混凝土梁为例，对结构中各个部分的受力状态进行分析。假定结构上没有其他作用，仅有预应力且不考虑预应力损失，取不同的分离体，可以得到不同的受力图，它们都是等效的。

如果把预应力钢束和混凝土梁作为一体取作分离体，则受力状态如图 3.4b）所示（下脚标 p 表示预应力产生的力或力矩，c 表示作用在混凝土梁上，s 表示作用在钢束上），拉力 T_{ps} 和压力 p_c 的合力 P_{pc} 等值反向，但不能认为二者相互抵消而结构没有受力，因为拉力 T_{ps} 作用在预应力钢束上，而压力 p_c 或其合力 P_{pc} 作用在混凝土梁上，且作用线与钢束重心重合。如果单独取混凝土梁为分离体，则受力状态如图 3.4c）所示，此时只有压力 p_c 或其合力 P_{pc} 作用。若仅取预应力钢束作为分离体，则如图 3.4d）所示，此时仅有拉力 T_{ps} 作用。而如果取图 3.4b）中 A—A 截面以左的部分为分离体，则受力如图 3.4e）所示。在截面 A—A 上，把作用在混凝土梁截面上的偏心压力 P_{pc} 等效为轴心压力 P_{pc} 和弯矩 $M_{pc} = eP_{pc}$（e 为预应力钢束偏心距）。预应力钢束仍然受拉力 T_{ps} 作用。

当上述预应力混凝土梁在预留孔道压浆后，受到外荷载 F 作用时［图 3.5a）］，截面 A—A 上因 F 作用而产生弯矩 M_F［图 3.5b）］。注意，弯矩 M_F 作用在钢束和混凝土共同组成的截面上，它在截面上部产生受压区，压应力合力为 P_F，下部产生受拉区，拉应力合力为 T_F，且二者等值反向，距离为 D，所构成的力偶矩 $M_F = P_F D$。下部受拉区的拉力 T_F 一部分由钢束承担，即图 3.5c）中的力 T_{Fs}，一部分由混凝土承担，其值为 $T_F - T_{Fs}$，该部分拉力与上部受压区的压力 P_F 合成了混凝土截面轴心处的轴力 $P_{Fc} = P_F - (T_F - T_{Fs}) = T_{Fs}$ 和弯矩 $M_{Fc} = M_F - eT_{Fs}$，即混凝土截面上由于 F 作用所引起的轴力和弯矩。显然，图 3.5c）分离体中混凝土和钢筋组成的全截面上的总轴力仍然为零，弯矩仍为 M_F。

如果取图 3.5c）中的钢束为分离体，则受力如图 3.5d）所示。根据水平方向平衡条件，沿着钢筋表面必然存在向左的分布剪应力 $\tau(x)$，且其合力等于钢筋拉力 T_{Fs}。类似地，如果取图 3.5c）中的混凝土梁为分离体（图中未画出），则在与钢束接触的混凝土表面存在向右的分布剪应力 $\tau(x)$，其合力等于 $P_{Fc} = T_{Fs}$。这里假设在左端锚固处钢筋和混凝土之间没有相对滑移，否则在图 3.5b）～d）中，钢筋左端会有因锚具锚固作用引起的拉力。

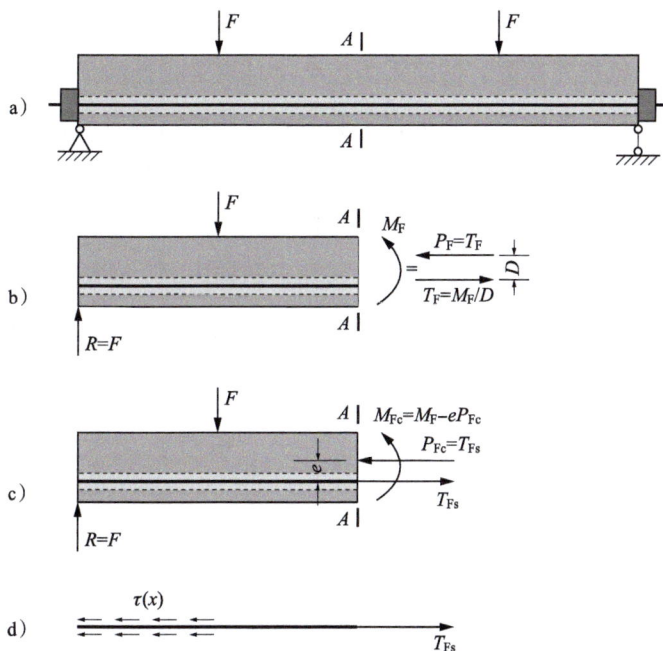

图 3.5 承受外荷载的预应力混凝土梁

截面上的总内力为预应力引起的内力与外荷载引起的内力的代数和：钢束拉力 $T = T_{ps} + T_{Fs}$，混凝土梁截面轴心压力 $P = P_{pc} + P_{Fc}$，混凝土梁截面弯矩 $M = M_{pc} + M_{Fc}$。

注意，上述的分析仅仅是为了阐述基本力学特征，假定孔道面积很小，不考虑它对截面的削弱，也没有考虑预应力损失。实际的桥梁结构中，预应力钢束非常多，因此必须考虑孔道的影响，即考虑换算截面与净截面的差别，并且考虑预应力损失。

4 广义的预应力体系

从力学角度看，结构上的预应力体系都有一个共同特征，即在结构承受全部外荷载之前，预先通过某种方法对结构或构件施加一组自平衡力系，使结构的内力发生重分布。这也可以作为预应力结构的定义，即凡是具有上述特征的结构，都可以看作预应力结构。

这样一来，预应力结构的范围就不限于前述的结构形式了。例如，预弯组合梁就是一种没有预应力筋的预应力梁，它是在一根预先受力下弯的钢梁外围浇筑混凝土，待混凝土硬化后撤掉钢梁上的力，由于钢梁回弹，混凝土梁产生负弯矩，从而产生预应力。钢梁的回弹力就是一组自平衡力系。

广义地看，斜拉桥也可以看作预应力结构，斜拉索对梁塔组成的结构施加自平衡力系，以利于抵抗外荷载。桥面系为连续梁且拱梁相连的下承式拱桥也可以看作预应力结构，吊杆对梁拱结构施加自平衡力系，使得结构内力发生重分布。系杆拱也可以看作预应力结构，系杆对拱施加自平衡力系，引起拱的内力重分布，以利于抵抗外荷载产生的水平推力。更广泛的例子，如预应力板壳结构、预应力网架结构、高强螺栓紧固构件、通过顶升支座调节超静定结构内力、连续刚构桥中跨合龙前预顶推再合龙等都是对结构施加自平衡力系以便结构内力发生重分布，都属于预应力体系。

5　结语

本文从力学视角来分析工程结构问题，对桥梁结构预应力体系的基本力学特征作了分析，并对预应力体系作了不同于传统形式的定义，希望能对读者有所启发。

本文根据"西南交大桥梁"微信公众号于 2016 年 11 月 27 日发布的文章《李乔说桥 -3：预应力体系的基本力学特征》改写。

4

说说梁与拱

1 引言

对于从事结构工程的人来说，区分梁桥和拱桥（图4.1）似乎是一件非常容易的事情。但如果要从力学角度说出梁和拱的定义，能正确地回答吗？下面根据可能的几种回答来讨论一下。

为了简便，本文中的"构件"指杆件形式的构件。

a）梁桥　　　　　　　　　　　　　　　　　　b）拱桥

图4.1 梁桥与拱桥

2 梁与拱的定义

梁与拱，虽然在结构力学中都作为主要结构形式来讲述，但对于它们的定义，并没有很明确地给出。何为梁？何为拱？不同的人可能会给出不同的定义。

第一种回答：直线形构件是梁，曲线形构件是拱。

回答错误。

首先，拱是曲线形构件，但曲线形构件不一定是拱。而梁一般是直线形构件，但也有非直线形的梁，比如曲线形的梁。立交桥匝道上的曲线梁是在平面内呈曲线形的构件，当然不是拱。即使在立面内是曲线形的构件，也不一定就是拱。图4.2a）和b）所示的曲线形构件本身是一样的，几何尺寸、材料、所受外荷载等都一样，只是约束条件不一样。图4.2a）的结构在两端均为固定铰支座。图4.2b）的结构则一端为固定铰支座，另一端为活动铰支座，也就是简支结构。在竖向外荷载作用下，图4.2a）的结构会对支座产生竖向压力和水平推力，因而有竖向和水平支座反力，结构以受压为主。而图4.2b）的结构只有竖向反力，没有水平反力，结构以受弯为主，受压为辅。所以，左侧的结构是拱；右侧的结构不是拱，而是一个立面内的曲线梁。

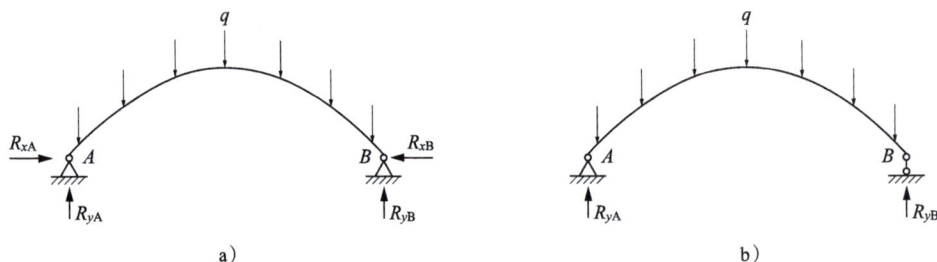

图 4.2　两种曲线形结构

第二种回答：以受弯为主的构件是梁，以受压为主的构件是拱。

回答错误。

以受弯为主的构件一定是梁，但以受压为主的构件不一定是拱，比如受压的柱子、桁架和刚架中的受压杆件等，都不是拱。

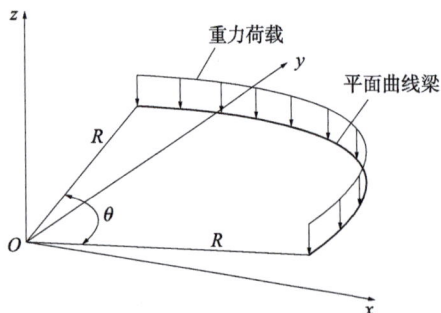

图 4.3　放在地面上的平面曲线梁

第三种回答：以受弯为主的构件是梁，以受压为主的曲线形构件是拱。

回答基本正确。

之所以说基本正确，是因为只有以受压为主且在受力平面内为曲线形的构件才是拱，在受力平面外为曲线形的构件不是拱。比如，一根平面曲线梁平放在地面上（图4.3），在自重作用下梁本身也只受压（横向受到挤压），但它显然不是拱。

正确回答：以受弯为主的构件是梁，以受压为主且在受力平面内为曲线形的构件是拱。

3 桥梁结构中的梁与拱

有了上述的定义，在桥梁工程实践中，是不是梁跟拱就界限分明了呢？应该说，一般情况下是这样，但有时也并非如此。图 4.4a）所示的拱桥，拱的上面一部分 CD 兼作桥面系。如果把拱的曲率逐渐减小，直至变成图 4.4b）所示的形式，就成了斜腿刚构桥，原来兼作桥面系的拱的 CD 部分就变成了梁。如果把图 4.4b）结构的 CD 部分底部略微做成弧线，如图 4.4c）所示，那么这到底是拱桥还是刚构桥呢？ CD 部分到底是拱还是梁呢？

这确实不太好界定，说它（CD 部分）是梁，它有曲率，有推力；说它是拱，无论是受力还是几何尺寸，它的作用跟图 4.4b）斜腿刚构桥中的 CD 部分的差别又不大。

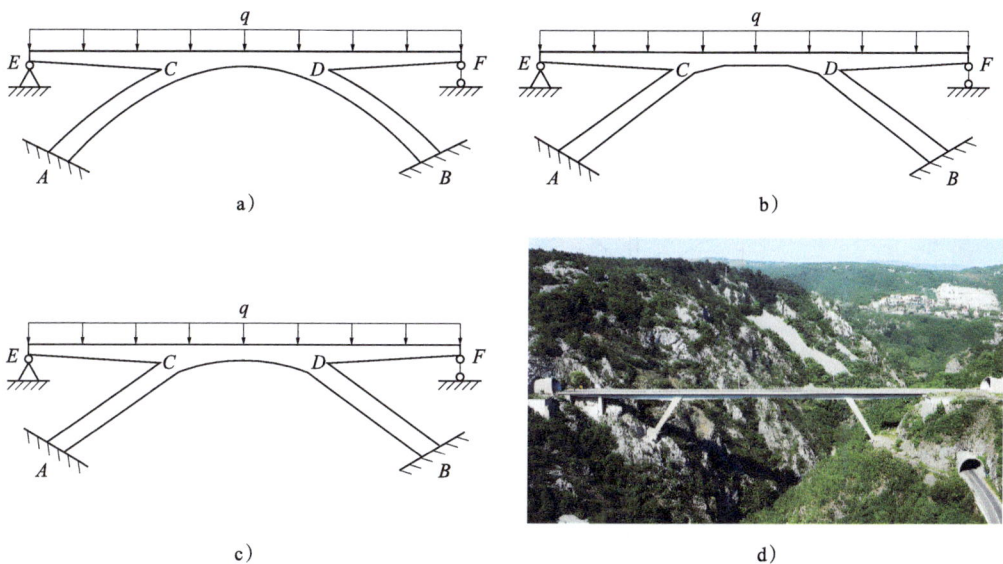

图 4.4 拱桥与斜腿刚构桥

再引申一下，将斜腿刚构桥的斜腿变成竖直方向，成为连续刚构桥，如图 4.5 所示。对于这种桥型，我们一般把 CD 部分当作梁，因为它的受力是以受弯为主。但这部分构件的轴线仍然是曲线形，并且在竖向荷载作用下也有水平推力（或轴压力）

产生，所以还是具有拱的一部分特征。不过在这种结构形式的桥梁中，它的受弯比受压更占主导地位，因而还是梁的特征更多一些。其实，如 CD 部分的这种变截面梁的力学特性还有很多特殊之处，将作专门讨论。

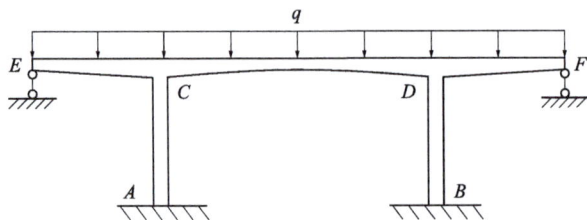

图 4.5　连续刚构桥

就力学特性而言，拱与刚构（或刚架）有很多相似之处，二者都有水平推力，一般都有轴力和弯矩。不同的是拱为曲线形构件且轴力占主导，刚构一般是直线形构件或曲率很小的曲线形构件（如上述的变截面梁），梁的部分弯矩占主导，柱（或腿）的部分轴力占主导。当然，以上的定义并不能严格区分拱与斜腿刚构。图 4.6 所示的结构既可以看作是拱桥，也可以看作是斜腿刚构桥。此外，以上定义也是建立在设计合理的前提下，对于设计不合理的拱，弯矩也可能占主导。在实际工程中，有时并不严格区分二者。

综上所述，区别梁、拱或刚构，不仅与构件或结构的几何形状有关，还与其约束、荷载及作用方式有关。

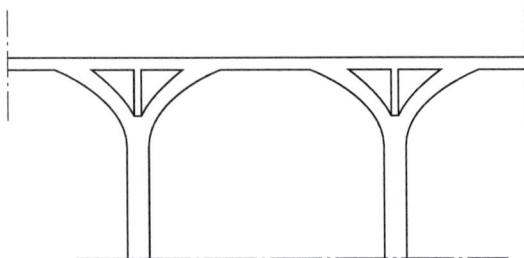

图 4.6　拱桥或斜腿刚构桥

本文根据"西南交大桥梁"微信公众号于 2016 年 12 月 11 日发布的文章《李乔说桥 -4：梁乎？拱乎？》改写。

5

变截面梁 | 23

1 引言

变截面梁在大跨度梁式桥中应用较为广泛，大家对它也比较熟悉。采用变截面梁最多的桥型是连续梁桥和连续刚构桥或二者的结合（图 5.1 和图 5.2）。对于桥墩较高或桥下不适合搭建支架的场地，这类桥大多采用悬臂浇筑（图 5.2）或者悬臂拼装的方法施工。

图 5.1 悬臂施工中的变截面连续刚构桥

图 5.2 变截面连续梁 – 刚构组合体系桥

如图 5.3 所示，对于这种变截面梁，由于其轴线在立面内是曲线形，因此它实际上是立面内的曲线梁，而不是直线梁。但工程设计时都是按照直线梁来进行计算，通过结构分析方法得到"横截面"（竖向截面或者与桥面垂直的截面）上的内力，然后按照相关设计规范进行验算。这种做法在工程上是正确的，但从力学角度看，上述工程上的"横截面"与力学上的横截面并不是一回事，而且有时候简单地把变截面梁当作直线梁计算也会产生不可忽略的误差。下面就对这种变截面梁的力学性质作一些概念上的分析。

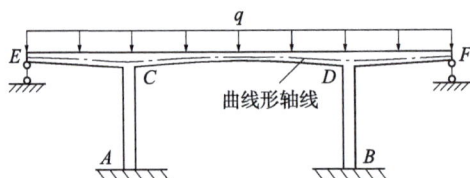

图 5.3　变截面梁的曲线形轴线

② 杆件横截面的定义

从力学角度看，杆件的横截面一般指其正截面，即该截面与其所在位置处杆轴线的切线相垂直，或者说截面的法线与杆轴线的切线平行。例如，图 5.4a）所示的直线杆件，截面 *abcd* 垂直于杆轴线 *z*，所以是正截面，即横截面。显然，由于杆轴线是直线，此时杆件的所有横截面都是竖直方向的。截面 *a'b'c'd'* 与杆轴线斜交，所以不是正截面，而是斜截面。关于斜截面上的内力与正截面上的内力之间的关系，材料力学中有介绍，此处不赘述。

对于图 5.4b）所示的曲线杆件，横截面 *abcd* 与其所在位置处轴线的切线 *n* 正交，因此也是正截面。此曲线杆件上的所有正截面方向都不相同，因为轴线上各点处的切线方向都不一样，横截面内的流动坐标轴 *y* 都是指向该处轴线曲率中心的。

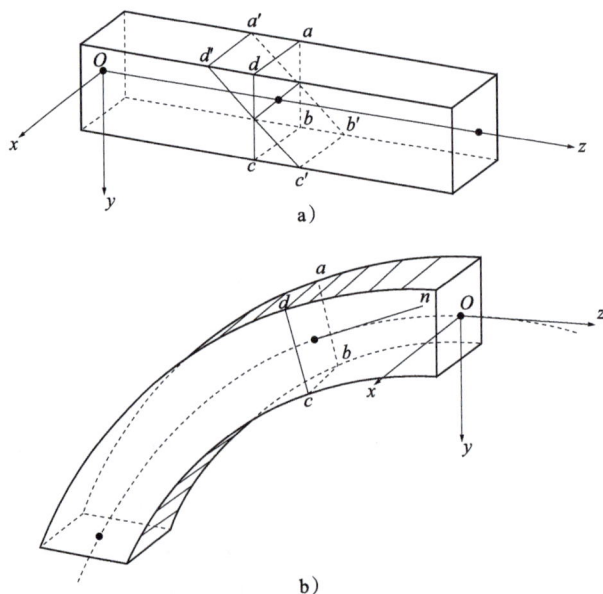

a)

b)

图 5.4　直杆和曲杆

图 5.5 所示为桥梁中常用的变截面梁。为了便于说明问题，以左侧固结、右侧自由的悬臂梁为例。这有点类似图 5.1 所示的悬臂施工中的桥梁结构的受力状态。图 5.5a）中的截面 ab 是工程上常采用的"横截面"，即竖向截面。但请注意，该截面所在处的梁轴线是曲线，与其切线正交的截面是 $a'b'$ 而不是 ab。所以，从力学角度看，ab 是斜截面，$a'b'$ 是正截面；但从工程角度看却相反，把 ab 当作正截面，把 $a'b'$ 当作斜截面。这是工程上一直沿用的习惯，并且设计文件中的各种参数和效应，都是以此为基准的。所以，如果将 $a'b'$ 作为正截面来进行设计计算，反而不符合工程要求，因为那些方向各异的截面及其上的内力、应力与位移会让工程技术人员感到困惑，更是不便用来进行配筋等设计工作。

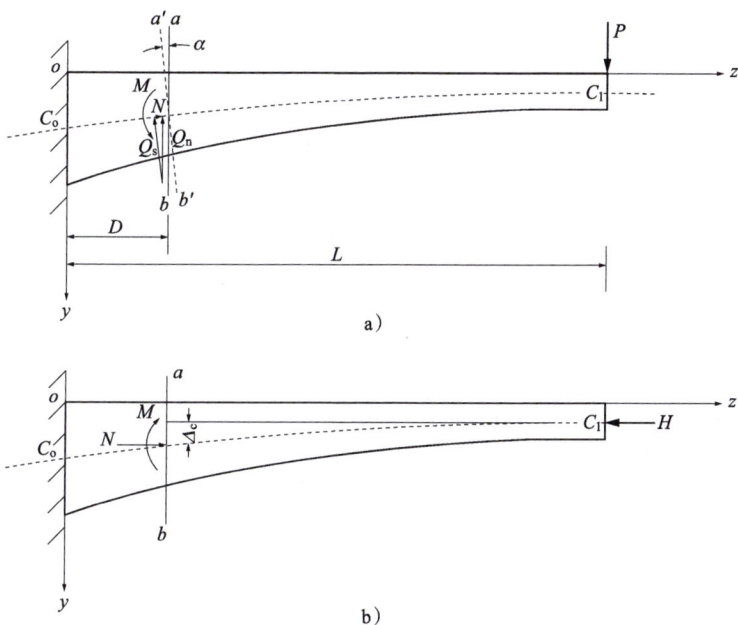

图 5.5 变截面梁

3 变截面梁的内力

图 5.5a）所示的变截面悬臂梁自由端作用一竖向集中力 P，利用平衡条件，很容易求出截面 ab 上的轴力 N 为 0，弯矩和剪力为

$$M = -P(L-D), \quad Q_n = P \tag{5.1}$$

这是工程计算中采用的数值。而截面 $a'b'$ 上的内力为

$$M = -P(L-D), \quad Q_s = P\cos\alpha, \quad N = P\sin\alpha \tag{5.2}$$

此截面轴力 N 不为 0。工程实践中的梁截面变化不会很剧烈，角度 α 很小，因

此，$Q_s \approx Q_n$，$N \approx 0$，按照两种截面计算得到的内力大致相同。

如果该梁受到如图 5.5b）所示的作用于自由端截面重心的轴向力 H，此时若按照直线梁计算内力，则截面 ab 上只有轴力 $N = H$。若按曲线梁计算，则除了轴力 $N = H$ 外，由于截面 ab 的重心与荷载作用截面重心 C_1 之间存在竖向距离 Δ_c，轴力 N 和 H 构成的力偶矩 $H\Delta_c$，根据力矩平衡条件，截面 ab 上必然存在弯矩

$$M = H\Delta_c \tag{5.3}$$

在实际桥梁结构中，Δ_c 并非很小的数值，最大可达 10m 以上，当轴向力 H 也很大时，弯矩 M 不能忽略，否则会产生很大的误差。

除了上述弯矩不能忽略外，变截面梁中弯曲剪应力的计算也与等截面梁有所差别。材料力学中等截面梁弯曲剪应力计算公式，是根据部分高度的微分梁段分离体纵向平衡条件推导得到的。由于是等截面，截面的面积和惯性矩沿着梁长度方向（z 坐标）为常量，因此其导函数为 0。但在变截面梁中，它们不再是常量，其导函数也不为 0，因此推导出的弯曲剪应力计算公式要复杂得多。很多文献中都可以查到具体公式，此处不再赘述，但需注意的是，按照这样的变截面剪应力计算公式得到的剪应力可能会出现异常，明显不符合实际情况，这与该类公式的推导前提条件有关，使用时要谨慎。

　　本文根据"西南交大桥梁"微信公众号于 2016 年 12 月 18 日发布的文章《李乔说桥 -5：变截面梁的 123》改写。

6

漫谈桥梁次内力

1 引言

本文拟对桥梁结构的次内力及其产生机理进行讨论。次内力计算是桥梁结构设计计算中的重要内容，关于它的计算方法，很多关于桥梁的教科书中都有介绍，大家可能也比较熟悉，但对于次内力的产生机理和分布规律是否也比较了解呢，能否不经过计算就能很快地判断次内力的大致分布规律呢？

在不同的专业领域，次内力可能有不同的定义。桥梁结构中常见的次内力包括温度变化引起的次内力、混凝土收缩和徐变引起的次内力、预应力引起的次内力、基础不均匀沉降引起的次内力以及焊接引起的次内力（由焊接残余应力合成，可以归类为温度变化引起的次内力）等。虽然称为次内力，但它并不是不重要的。这里的"次"有两种含义，一是"次生"或"二次"的意思，二是"次要"或"第二"的意思，都是相对于外荷载直接引起的内力（此处暂且称为主内力）而言的。在实际桥梁结构中，这些次内力的数值与主内力属于同一量级，有时候甚至比主内力还要大。比如当预应力钢束配置较多时，预应力引起的次内力可能会比预应力的主内力（也称初内力）还要大。这时如果受拉验算通不过，按常理应该增加预应力钢束数量，但你会发现越是增加预应力钢束数量，受拉越是严重，反而是减少预应力钢束并调整布置方式后，才能够通过验算。这说明预应力偏离吻合索位置较远，需要进行必要的调整。而吻合索的概念是从单根预应力钢束引出来的，虽然从理论上来说，对于由很多钢束构成的预应力配筋而言，仍然存在吻合索位置，但实际实施起来却异常困难，既不好计算，也受到很多因素的限制。所以在实际桥梁工程设计中，并不刻意追求按吻合索设计，只是通过试算和调整，找到基本合理的结构内力状态即可。

由此可见，次内力对结构受力有着非常重要的影响，绝对不可轻视。作者不打算赘述次内力的具体计算方法，而是想谈谈它的产生机理和分布规律。

② 桥梁结构次内力的特征

若单纯从力学角度看，并不存在所谓的次内力，桥梁结构中的次内力，只是为了方便处理工程问题而对某些内力的一种人为归类而已。作为桥梁工程师，经常和桥梁结构次内力打交道，但想过什么是次内力吗？仔细分析并总结一下前面提到的那些不同种类的次内力，会发现它们有三个共同的特点：

（1）都是由某种原因引起结构的变形且该变形受到约束，从而引起结构内力发生变化。

（2）这种内力变化不是由外荷载（外力）直接引起的，因此结构次内力是自相平衡的。也就是说，结构受到的总外力没有变，只是内力发生了重分布。

（3）结构最终状态一定是超静定的，包括外部超静定和内部超静定。

在各种桥梁结构次内力中，温度变化引起的次内力、混凝土收缩和徐变引起的次内力以及基础不均匀沉降引起的次内力等都明显不是外荷载引起的，而对于预应力引起的次内力，稍有些复杂，从表面上看似乎是外荷载直接引起的，其实不然，这将在本文第 5 部分详细叙述。

③ 温度变化引起的桥梁结构次内力

温度变化会引起材料的膨胀或收缩，对于杆系结构，主要表现为杆件长度和曲率的变化，垂直于杆轴方向的尺寸变化，除特殊情况外，一般对结构影响很小，可以忽略不计。对于静定结构，由于温度变化引起的变形能够自由发展而不受约束，因此不会引起次内力。而对于超静定结构，这种变形会受到约束，因此就会引起内力，即温度次内力。例如，你站在一个刚好和身体一样高的空间里，假定空间本身的高度不会随着温度变化，但你的身体却会热胀冷缩。当温度升高时，你的身体因为膨胀变高，但空间高度没有变化，所以你就会觉得头上受到了压力，相当于次内力。

至于一个结构是静定的还是超静定的，虽然在结构力学中已经定义并讲述过，但这里要指出的是，超静定不仅与结构本身的构造和支承条件有关，还与结构所受的荷载及所要求解的力学要素（内力、位移或应力、应变）有关。如果所要求解的力学要素能够直接利用平衡方程求得，结构就是静定的，否则就是超静定的。例如，一个等截面连续梁只有一个固定铰支座，其余都是活动铰支座。那么当你要求解其在竖向荷载作用下的内力时，它是超静定结构；但当你要求解它在轴向荷载作用下的内力时，只需要根据平衡关系就可以得到解答，因而它是静定结构。

下面讨论一下连续梁桥和连续刚构桥的温度次内力的产生机理和分布规律。图 6.1 所示的多跨连续梁桥，一般是设一个固定铰支座和多个活动铰支座，固定铰支座一般设在中间墩上。当温度均匀升高时，梁的长度变大，因而会发生纵向位移。但因纵向只有一个固定铰支座，故纵向位移不受约束，梁以固定铰支座处为不动点，向两边自由伸长。因此，该桥梁结构不产生次内力。如上所述，仅就此工况而言，结构为静定的。

图 6.1　多跨连续梁桥

对如图 6.2a）所示的三跨连续梁桥，当存在沿着梁截面高度方向非均匀变化的温度场时，例如梁顶温度升高 t_1，梁底温度升高 t_2，且 $t_1 > t_2$，二者之间按直线规律变化。此时梁的顶面纵向伸长量大于底面，因此梁会产生向上的弯曲（拱起）变形。为了分析温度次内力的分布规律，首先假设去掉两个中间支座 B 和 C，使其变为一个简支梁的基本结构［图 6.2a）］。在温度场作用下，梁向上拱起，在中间支座 B 和 C 位置，梁底脱离支座的距离为 Δ。根据变形协调条件，梁在支座 B 和 C 处必须待在原来的位置，所以必然会在此二支座处产生向下的支座反力（$R_B = R_C$）来拉住梁，使其不向上移动。由竖向平衡条件和对称性可知，在边支座处一定存在向上的支座反力（$R_A = R_D = -R_B = -R_C$）。如图 6.2b）所示，在这些支座反力（温度变化引起的次反力）作用下，梁的弯矩图（温度变化引起的次内力）规律为，在支座 A 处 $M_A = 0$，

在支座 B 处 $M_B = R_A L_1$，根据对称性，$M_C = M_B$，$M_D = M_A = 0$。由于各支座之间没有荷载作用，因此弯矩按直线规律变化。于是在没有进行任何具体计算的情况下，我们就得到了温度次弯矩的分布规律，当然也可以得到次剪力图（略）。

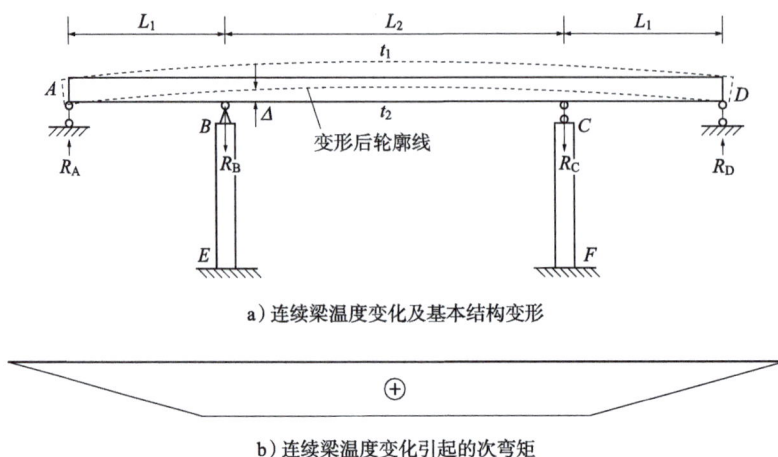

a）连续梁温度变化及基本结构变形

b）连续梁温度变化引起的次弯矩

图 6.2　连续梁温度变化引起的次内力

如果图 6.2 所示的结构在支座 B 和 C 处与桥墩固结，就变成了连续刚构桥，如图 6.3a）所示。这时由于桥墩对梁的纵向位移会产生约束，因此即使在梁发生均匀温度升高的情况下（为说明简单，以升温为例，且假设桥墩温度不变），梁和墩内也会产生次内力。图 6.3a）中虚线为结构变形情况。由于中跨梁的伸长受到桥墩约束，因此会在中跨梁内引起轴向次内力（压力），且沿纵向均匀分布。桥墩受到梁轴力的反作用力，即向外侧的推力，所以会产生剪力和弯矩。在墩的底部，弯矩方向为内侧受拉，在顶部由于与梁刚性连接，所以当连接点向外侧移动时，产生外侧受拉的弯矩。同时，当墩顶向外侧弯曲侧移时，边跨梁跟着向左下方转动，但边支座限制了梁的转动下移，因此边跨梁内产生线性分布的正弯矩。最后得到的结构次弯矩图如图 6.3b）所示。次轴力和次剪力类似，此处略。

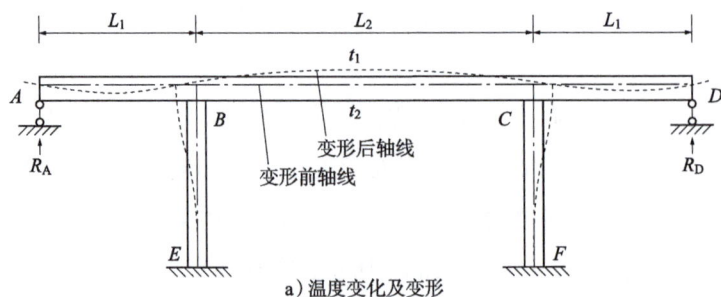

a）温度变化及变形

图　6.3

b）温度变化引起的次弯矩

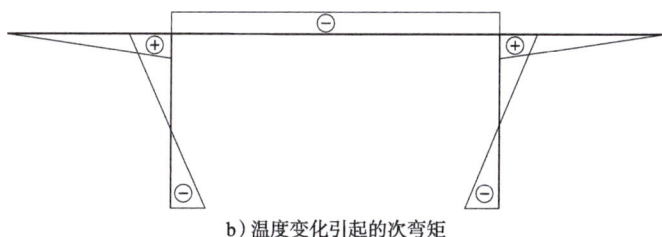

图 6.3　连续刚构温度变化引起的次内力

④ 混凝土收缩和徐变引起的桥梁结构次内力

混凝土收缩会使构件尺寸变短，这与温度降低产生的变形特征相同，因此，其引起的次内力与温度降低引起的次内力发展规律也基本相同。二者唯一的区别是，收缩变形随着时间推移而逐渐增长。所以这里不详细讨论收缩引起的次内力。

混凝土徐变与温度变化也有类似之处，都会引起材料的变形，但也有明显的区别：温度变形不需要受力就能发生，而徐变变形是在混凝土受力的情况下才会发生。混凝土徐变还有一个特点，就是其变形与受力变形（弹性变形）具有相同的趋势，包括变形的大小和方向。现在最为广泛采用的线性徐变理论就是假定徐变变形（如徐变应变 ε_c）与弹性变形（如弹性应变 ε_e）成正比，二者的比例系数就是徐变系数 φ，即 $\varphi = \varepsilon_c / \varepsilon_e$。徐变的另一个特点是徐变随着时间的推移而不断增长，最长可持续几十年。

基于混凝土徐变的上述特点，便可分析由它引起的桥梁结构次内力的产生机理和分布规律。仍然以混凝土连续梁桥为例，并假定该桥采用悬臂浇筑施工方法，为简便，忽略桥墩的徐变（实际上桥墩会由于徐变而缩短）。该梁是预应力混凝土连续梁，本节只分析自重作用下的徐变次内力，对于预应力的徐变次内力，将在本文第 5 部分讨论。

该桥施工过程中的几个关键状态如图 6.4 所示，其中图 6.4a）为边跨即将合龙的状态（最大双悬臂阶段，为简便，假定无边跨现浇段），图 6.4b）为中跨即将合龙的状态（最大单悬臂阶段），图 6.4c）为合龙后的状态（成桥阶段）。

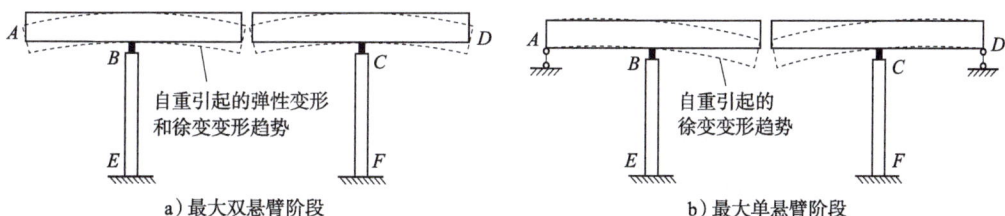

自重引起的弹性变形和徐变变形趋势

a）最大双悬臂阶段

自重引起的徐变变形趋势

b）最大单悬臂阶段

图　6.4

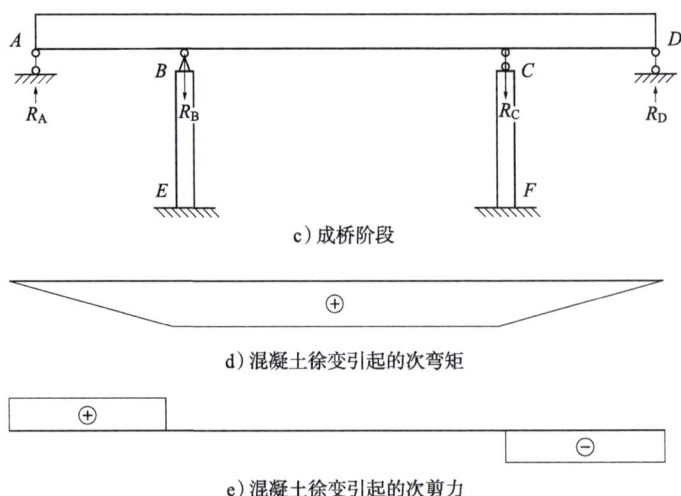

c）成桥阶段

d）混凝土徐变引起的次弯矩

e）混凝土徐变引起的次剪力

图 6.4　连续梁混凝土徐变引起的次内力

在最大双悬臂阶段［图 6.4a）］，在自重作用下，结构弹性变形为两悬臂均从其初始安装线形向下发生挠曲，因此在以后的很长时间内，假如没有约束，徐变变形也会按照向下挠曲的趋势发展。

在最大单悬臂阶段［图 6.4b）］，左边跨的徐变变形（向下挠曲）受到了边支座 A 的限制，若支座 B 此时已经解除了施工临时固结而可以转动，则结构就仍然可以自由变形。在徐变变形发生过程中，因边跨端点 A 不能继续下挠，梁就会绕中支座 B 发生顺时针方向的刚体转动，把边跨的徐变变形转移到中跨。而结构由于没有受到约束，因此不会产生次内力。如果此时支座 B 处的施工临时固结没有拆除，梁就不能自由转动，因而会产生次内力。不过由于这个状态持续时间不长，徐变变形不大，而且临时固结也并非完全刚性，因此产生的次内力并不大。结构右半边的情况与左半边类似，不赘述。

在成桥阶段［图 6.4c）］，结构的徐变变形仍试图按照最大双悬臂阶段［图 6.4a）］的趋势发展，但此时结构已经成为超静定结构，梁的下挠受到约束。如上所述，边支座处不允许下挠，且中跨已经合龙，下挠受到约束，这种对变形的限制势必引起内力变化，即产生了次内力。由于是向下挠曲受到约束，因此所引起的梁的次弯矩一定是下侧受拉、上侧受压，即正弯矩。

由于边支座约束梁下挠，因此会产生向上的约束反力（压力增量），即次反力 R_A 和 R_D，再由竖向平衡条件可知，中支座必然产生向下的次反力（拉力增量）R_B 和 R_C。根据次反力，就可以画出次弯矩图，如图 6.4d）所示，根据次反力或者次弯矩的斜率（$Q = \mathrm{d}M / \mathrm{d}x$），就可以知道次剪力为图 6.4e）所示情况。

总结以上情况可知，结构受力发生弹性变形后，结构体系发生了变化，由静定体系变成超静定体系，试图按照原静定体系规律继续发展的徐变变形受到超静定体系的约束，因此在结构内引起了内力变化，即徐变次内力。

产生徐变次内力有一个重要的因素，称为体系变化，也称为体系转换，即由静定体系转换为超静定体系，或者由超静定体系转换为更高次超静定体系。如果没有体系转换，即使是超静定结构，混凝土徐变也不会引起次内力。因为在同一个体系下，不管是静定的还是超静定的，其弹性变形规律和其后的徐变变形规律都是一样的，弹性变形是适应该体系的变形，徐变变形也同样是适应该体系的变形，如果没有受到约束，就不会引起次内力。

对比图 6.2 和图 6.4 就会发现，连续梁徐变引起的次内力变化规律与温度变化引起的次内力规律相似。但必须注意，温度次内力产生的条件是超静定结构＋温度变化，而徐变次内力产生的条件是超静定结构＋受力＋体系转换。

5 预应力引起的桥梁结构次内力

如前所述，相较温度次内力，预应力构件的受力有些复杂，预应力引起的内力有初内力与次内力之分，而次内力又有两种：一种是在超静定结构上施加预应力引起的弹性次内力，另一种是在预应力作用下由混凝土徐变引起的徐变次内力，这必须伴随着结构体系转换才能发生。

首先，讨论施加预应力的机理。为简便，以轴心配筋的先张法预应力混凝土杆件为例［图 6.5a)］，其他类型预应力混凝土构件原理与此类似。如图 6.5b) 所示，在杆件的混凝土达到预定强度后，切断锚固于台座上的被拉长了的预应力钢束，于是钢束产生回缩变形，试图回到其不受力时的长度。但由于钢束与混凝土杆件已经黏结在一起，形成了一个由两种材料构成的"组合体系"，这是一个内部超静定体系。因此，杆件中的混凝土会约束钢束的回缩变形，从而使杆件中的混凝土受到压力。如果采用后张法，也是类似的情况。不同的是张拉预应力钢束时，千斤顶在拉钢束的同时，还对杆件中的混凝土施加压力而使其变短。当锚固完成并撤掉千斤顶的作用力以后，钢束情况与采用先张法类似，试图回缩变形，而杆件中的混凝土则试图伸长变形，由于二者已经锚固在一起，因此互相约束对方的变形，最后达到稳定平衡状态。从这里可以看出，预应力最终引起的构件内力是由变形受到约束产生的，不是外荷载直接引起的，因为外荷载（千斤顶的作用力）在钢束锚固后就已经撤掉了。这与装配应力问题类似，所以才会在本书文章3（《预应力体系的基本力学特征》）中把预应力归类为装配问题。

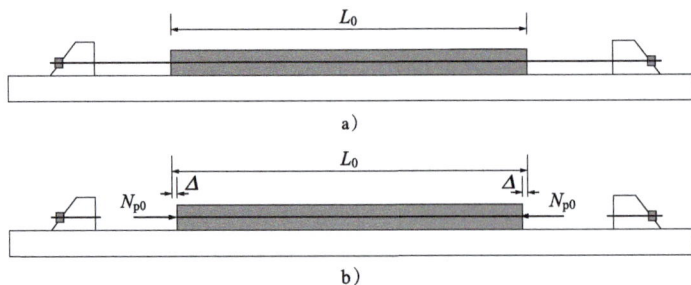

图6.5　轴心配筋先张法预应力混凝土杆件

其次，讨论预应力初内力与次内力的含义。桥梁工程中所说的预应力引起的次内力与其他次内力有一些区别，并不是指预应力引起的总内力，而是把该总内力划分为初内力和次内力两部分，其中假定预应力钢束所作用的混凝土构件分离体不受构件以外的约束，此情况下预应力引起的内力称为初内力，而由于构件变形受到结构其他部分或支座的约束而产生的内力变化量称为次内力。这是相对严谨的定义，听起来似乎有点费解。再说得通俗一点：如图6.5b）所示，假定在一个不受任何约束且不受任何荷载的混凝土构件上施加预应力（注意，这里的不受任何约束针对的是混凝土构件，不是预应力钢束和混凝土构件结合形成的"组合体系"。如前所述，后者是一个内部超静定体系，钢束和混凝土构件之间相互约束），由预应力引起的混凝土构件上的内力 N_{p0}（弯矩 $M_{p0}=0$）就是初内力。如果该构件是一个超静定结构中的构件，如图6.6a）中上横梁，那么将同样大小的预应力施加在处于超静定结构中的构件上时，该构件的缩短变形受到了结构其他部分的约束，从而在该构件和结构的其他部分都产生了内力［图6.6b）～d)］。对于该构件，此时的总轴力 N_{p1} 减去前述自由状态［图6.5b)］的初内力 N_{p0} 就是次内力中的轴力 N_{p2}，即 $N_{p2}=N_{p1}-N_{p0}$。类似地，次内力中的弯矩 $M_{p2}=M_{p1}-M_{p0}=M_{p1}$。对于其他构件，由于没有初内力，因此此时的总内力就是次内力。

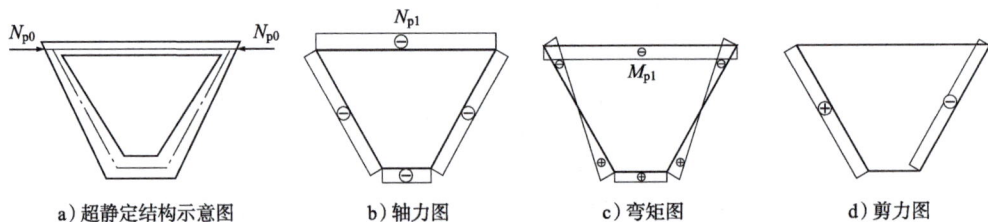

a）超静定结构示意图　　b）轴力图　　c）弯矩图　　d）剪力图

图6.6　超静定结构上施加预应力（其中的内力是结构的总内力）

最后，讨论预应力桥梁结构的次内力及其产生机理。为简单且不失一般性，仍然以连续梁为例。如图 6.7a）所示，在中跨合龙后的结构上张拉中跨底板直线预应力钢束，不考虑预应力管道摩阻力时，预应力作用可等效为在锚固点处作用一对轴向压力 N_p。该偏心轴力可以简化为截面形心处的一对轴力 N_p 和一对弯矩 $M_p = N_p e$。如前所述，轴向力在连续梁上不引起次内力，所以只需分析弯矩引起的次内力即可。

类似于温度次内力分析方法，假定解除支座 B 和 C，得到一个简支梁形式的基本结构，它在一对负弯矩 M_p 作用下，会向上拱起而离开支座 B 和 C［图 6.7a）］。而实际梁在支座 B 和 C 处必须与支座相连，所以梁的上拱必然受到支座 B 和 C 的约束（拉住），从而产生向下的次反力。相应地，在边支座处产生向上的次反力。于是，我们又得到了熟悉的次弯矩图［图 6.7b）］。注意，这个次弯矩图不包括预应力的初弯矩，即基本结构中间一段梁由 M_p 直接引起的弯矩。

关于预应力作用下的徐变次内力，并不是指由于混凝土徐变造成的预应力损失而引起的内力变化，而是指在体系转换前施加的预应力引起了弹性变形，在体系转换后，这部分弹性变形对应的徐变变形仍然试图按照体系转换前的规律继续发展，但因转换后的超静定体系已经比原来的体系增加了赘余约束，所以变形受到约束，从而引起次内力。

例如，对于采用悬臂浇筑法施工的预应力混凝土连续梁，大部分预应力钢束都是在悬臂施工阶段张拉的顶板预应力束，如图 6.7c）所示。在这些预应力的作用下，梁的弹性变形是向上挠曲，与自重变形相反。参照前面自重作用下的徐变次内力分析，不难推断，当梁全部合龙后，预应力作用下的徐变次内力与自重作用下的徐变次内力基本规律相同，只是符号相反而已［图 6.7d）］，全部为负弯矩。

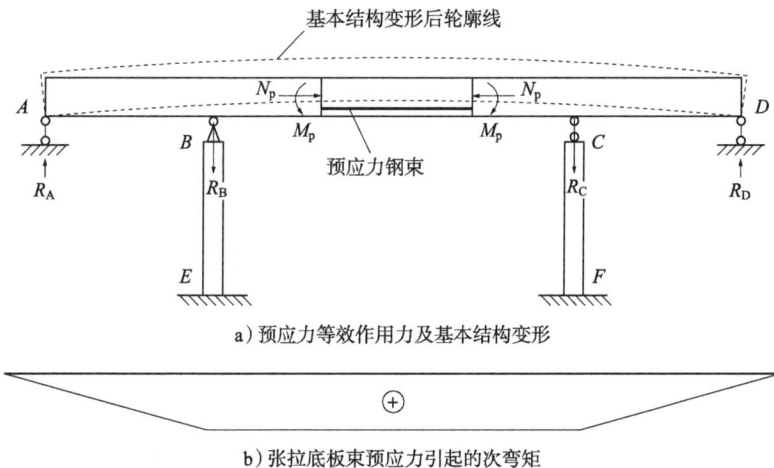

a）预应力等效作用力及基本结构变形

b）张拉底板束预应力引起的次弯矩

图 6.7

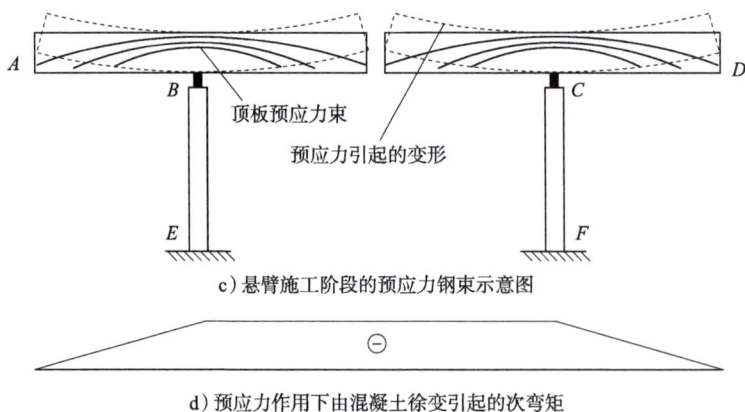

c）悬臂施工阶段的预应力钢束示意图

d）预应力作用下由混凝土徐变引起的次弯矩

图 6.7　连续梁预应力次内力

这里有个很有意思的现象，合龙前施加的用以抵抗负弯矩的顶板预应力，其在合龙后所引起的徐变次内力是负弯矩，而合龙后施加的用以抵抗正弯矩的底板预应力，其所引起的弹性次内力是正弯矩。所以，有时会出现某符号弯矩太大，截面通不过验算，于是增加抵抗该符号弯矩的预应力钢束，结果发现越是增加钢束，情况越糟。有人对此觉得不可思议，怀疑自己或者软件计算错误。其实这是遇到了次内力比初内力增长速率快的情况，越增加钢束，总的内力越不利，减少钢束反而有利了。

6　结语

纵观本文介绍的温度变化、混凝土收缩和徐变、预应力等引起的次内力，发现对于连续梁来说，次内力的分布规律都差不多，这又是为什么呢？

这还得从次内力的基本特征说起。本文总结了次内力的特征，其中前两个特征是：（1）由于某种原因引起结构的变形且该变形受到约束，从而引起次内力；（2）次内力不是由外荷载直接引起，因此结构次内力是自相平衡的。根据这两个特征，前面分析温度变化、混凝土收缩和徐变以及预应力引起的次内力的例子中，变形都是对称的，并且变形受到的约束都是由对称的支座提供的，因此产生的次反力也是对称的。再根据次内力自相平衡的特点，求次内力时没有外力直接作用，仅由次反力就可以得到。于是四个支座反力对称布置，只考虑规律不考虑具体数值时，只能有两种情况，即两边支座反力朝上且中间支座反力朝下，或者反之。无论哪种情况，弯矩图肯定是对称的，各跨内呈直线规律变化，且边支座处弯矩为零，也就是本文中各图所示的相似情况。如果结构不对称，或者各种因素引起的变形规律不一致，则引起的次内力规律就会不一致了。

对于基础不均匀沉降引起的次内力，由于比较简单，所以本文就不讨论了。

本文根据"西南交大桥梁"微信公众号于 2016 年 12 月 30 日及 2017 年 1 月 17 日发布的文章《李乔说桥 -6：漫谈桥梁次内力（上）》《李乔说桥 -7：漫谈桥梁次内力（下）》改写。

7

另眼看桥——斜拉桥受力特点

1 斜拉桥设计计算特点

斜拉桥是一种高次超静定结构［图 7.1a)］，其自重引起的内力和变形可以通过调整斜拉索的张拉力而人为地进行调整。因此，斜拉桥的设计计算策略与其他桥型有所不同。

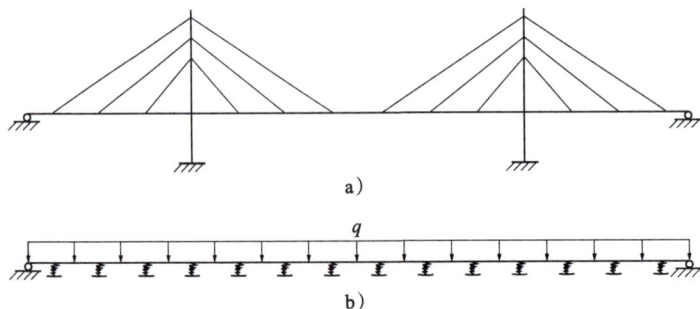

图 7.1　斜拉桥

在一般桥型如连续梁桥的设计中，一旦结构尺寸、材料和施工方法等确定下来，结构的恒载内力也就随之确定了，无法再人为地进行大的调整。而斜拉桥则不同，设计时是先通过成桥阶段的结构分析和调索，选定设计者所满意的恒载内力和变形状态（注意，关键是在一定范围内可选择，所以不同的人会选不同的状态），即所谓成桥阶段理想状态。然后以此状态为目标状态，寻找为达到该目标状态所需的施工过程和斜拉索的张拉力，即寻找各施工阶段理想状态。两种设计计算过程简略示于图 7.2 中。

a）斜拉桥

b）连续梁桥

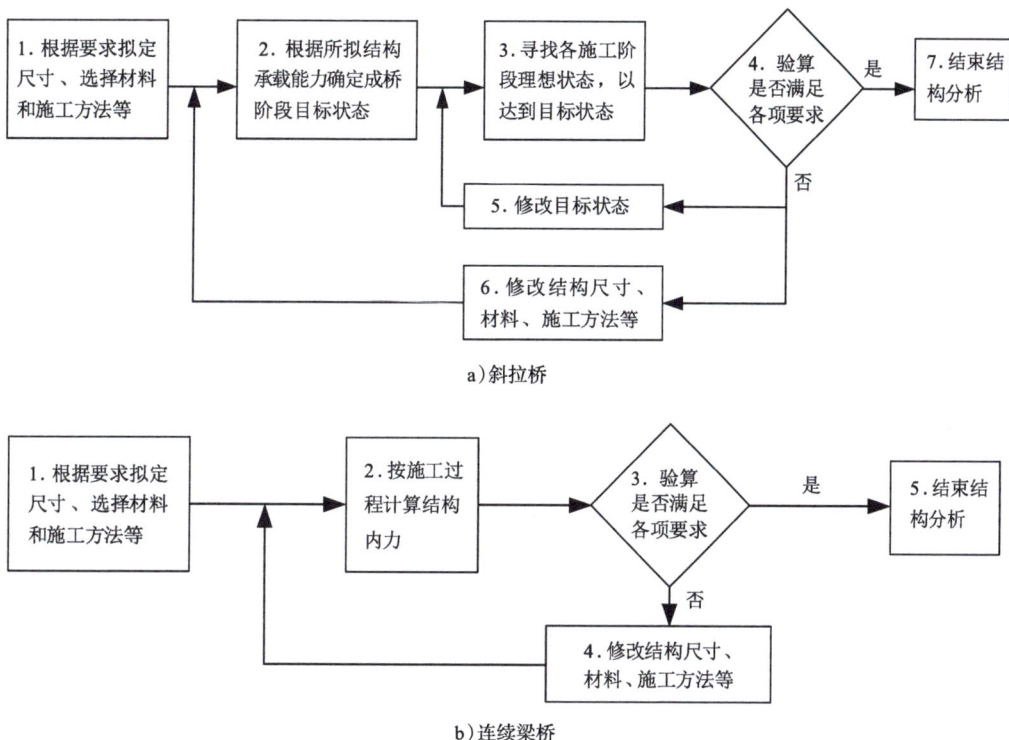

图 7.2　斜拉桥和连续梁桥设计计算过程

2　斜拉索的作用

一般认为，对于弹性分析而言，斜拉索的作用是为主梁提供一系列弹性支承，如图 7.1b）所示。在荷载的作用下，主梁发生挠曲，使斜拉索伸长变形，因而产生拉力（相当于弹性支承的反力），常被称为"被动受力"，即其受力是因主梁的变形而引起的。对于成桥后施加的荷载，如汽车荷载、二期恒载等，斜拉索确实相当于弹性支承。但对于主梁自重来说，就不完全是这样了。因为斜拉索在安装或调索时要进行张拉，这部分张拉力占斜拉索最终索力的大部分。而这种张拉力是以外荷载的形式作用在主梁和桥塔上的（图 7.3），是一种"主动施力"，即它不是因结构变形而引起的拉力，而是因拉力引起结构的变形。正是由于斜拉索的这种主动施力的特征，人们才可以通过调索来达到调整结构内力和变形的目的。

因此，对于在斜拉索锚固之后由其他因素施加在主梁上的荷载而言，斜拉索对主梁起着弹性支承的作用；而对于在斜拉索锚固之前施加在结构上的荷载而言，斜拉索是以其张拉力作为外荷载作用在梁和塔上来影响结构内力的。

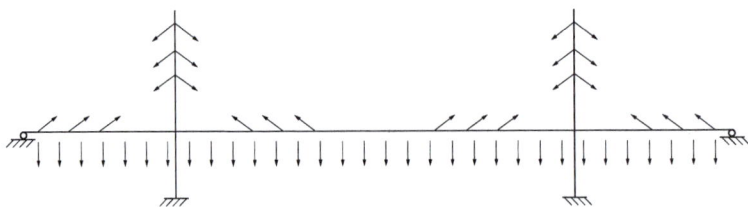

图 7.3　斜拉桥张拉力

③ 主梁受力特征

为说明问题，先分析一种特殊的情况，假设斜拉桥的梁和塔是一次性全部安装上去，并且斜拉索是同时张拉的，后面再分析实际分阶段施工的情况。

根据前面的分析，主梁在其自重作用下的受力和约束状态不是支承于一系列弹性支承（斜拉索）上且跨度为斜拉索间距的连续梁，而是跨度为 $L_1 + L_2 + L_1$ 的连续梁或简支梁（视梁与塔墩的连接情况而定），其上作用着两个强大的力系，一个是梁的自重 q，另一个是斜拉索的张拉力（图 7.3）。这两个力系在梁中分别产生巨大的内力和变形，但因它们在竖向的作用效应方向相反且绝对值相近，所以梁的最终受力状态是二者之差。这个差相对这两个力系单独产生的效应而言，其数值很小。而主梁的承载力也是按这个很小的差来设计的。

在两个强大力系作用下处于平衡状态的结构，其内力和位移对这两个力系是十分敏感的。即便其中任何一个力系发生了微小变化，二者之差也会成倍甚至几十倍地变化。因此，与其他桥型相比，对斜拉桥的施工控制计算有更高的要求，因为施工中的误差可能会引起结构较大响应。

现举一简单例子来说明这种敏感性有多大。如图 7.4 所示，一跨度为 L 的简支梁，其自重荷载集度为 q，在跨中作用一向上的集中力（相当于拉索的拉力）$T = 0.501qL$。

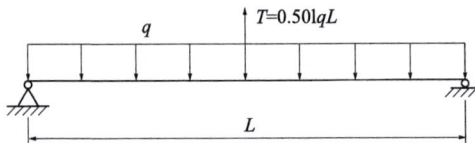

图 7.4　简支梁示例

此时，跨中截面的弯矩为

$$M_c = M_q + M_T = \frac{qL^2}{8} - \frac{TL}{4} = \frac{qL^2}{8} - \frac{0.501qL^2}{4} = -0.00025qL^2 \tag{7.1}$$

现假定拉力 T 发生了 1% 的偏差，则跨中截面弯矩变为

$$M_{c1} = M_q + M_{T1} = \frac{qL^2}{8} - \frac{TL}{4} \times 1.01 = \frac{qL^2}{8} - \frac{0.50601qL^2}{4} = -0.0015025qL^2 \qquad (7.2)$$

变化量为

$$\frac{M_{c1} - M_c}{M_c} = \frac{(-0.0015025 + 0.00025)qL^2}{-0.00025qL^2} = 501\% \qquad (7.3)$$

上面讨论的是一种极端的情况，实际的斜拉桥是分阶段施工的，每浇筑或拼装一段梁就张拉一对索，直至合龙。这样，先安装的斜拉索对其后施加的荷载（包括其后的斜拉索张拉力和梁自重）而言，就相当于弹性支承的作用，其拉力也因此而发生改变。因此，整个结构是由具有弹性支承且承受斜拉索张拉力和梁自重荷载的一系列结构逐步演变为成桥状态的。后面张拉的索和安装的梁段对前面已安装的索和梁段产生影响，但前面张拉的索和安装的梁段对后面安装的索和梁段则影响很小。

对这样形成的结构，其内力和位移对前述两个力系的敏感性应该介于图 7.1b）和图 7.3 或图 7.4 所示情况之间。下面举一个实际结构的例子来说明其影响。图 7.5 所示为一座斜拉桥，跨度为 194m+518m+194m（不计辅助墩的话），全飘浮体系，施工方法为悬臂拼装，计算时分阶段模拟实际的施工过程。成桥后中跨四分之一跨度处的恒载弯矩为 −11669kN·m，由跨中向塔方向数第二根索处弯矩为最大弯矩（绝对值最大），其值为 −13257kN·m。假如将斜拉索的初始张力减少 5%，则中跨四分之一跨度处恒载弯矩变为最大弯矩（绝对值最大），其值为 −17193kN·m，增加了约 47%，原最大弯矩处变为 −13415kN·m，仅变化了约 1%。之所以跨中附近弯矩变化很小，是因为该处的索和梁段是较晚安装的，受其他索和梁段的影响很小。

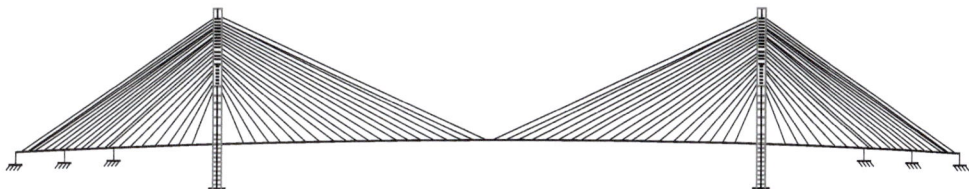

图 7.5　斜拉桥实例

初学者容易产生的认识错误："既然斜拉索拉力是一种荷载，那么对于线弹性体系，因荷载与内力或位移成正比，所以，若斜拉索拉力变化，结构的内力也会成比例地变化。例如，若索力增大一倍，则内力和位移也随之增大一倍。"从上面的例子可以看出，结构的总内力并不与 T（或 q）成正比，而是与二者的综合作用成正比。事实上，线弹性体系的荷载与内力或位移之间的线性关系是指总的荷载与总的内力或位移之间的关系，而不是部分荷载与总内力或总位移之间的关系。

4　活载作用情况

对活载来说，斜拉索相当于梁的弹性支承［图 7.1b）］。若活载较大，例如铁路荷载，由于其弹簧刚度较小，就会产生较大的变形和内力。这就是相对而言，斜拉桥在铁路上应用不如公路上普遍的原因。当然，这并不是说铁路桥梁不能采用斜拉桥形式，近年来我国铁路或者公铁两用斜拉桥已经取得了令人瞩目的成就，例如沪苏通长江公铁大桥的跨度已经超过千米，其他千米级铁路斜拉桥也正在规划或设计之中。

本文根据"西南交大桥梁"微信公众号于 2017 年 3 月 21 日发布的文章《李乔说桥 -9：另眼看桥——斜拉桥受力特点》改写。

8

浅说桥梁结构几何非线性

① 引言

桥梁结构几何非线性问题非常复杂，对于非此领域的研究者而言，学习和理解颇有难度。本文拟采用与多数教科书和专著不同的方式，以比较浅显的语言来说明桥梁结构的几何非线性特性，尽量避免复杂的理论推导，旨在给读者一个直观的概念。至于具体的几何非线性分析方法，有大量的教科书和参考书可以学习，此处不作详细介绍。

② 何为非线性？

提起非线性，初接触者会觉得很陌生，很不好学习和掌握。其实，我们在中小学数学里就接触过了。$f(x)=ax+b$ 是线性函数，$f(x)=ax^2+bx+c$ 就是非线性函数。也就是说，只要函数与自变量之间不是线性（一次）关系，就称为非线性函数。一次方程（如二元一次方程）就是线性方程，二次及以上方程（如一元二次方程）就是非线性方程，后者所描述的问题就是非线性问题，例如物理学中用加速度表示的距离与时间的关系式就是二次方程，即非线性方程。

回到桥梁与结构工程中来。在学过的力学知识中，基于小变形、小位移和线弹性假设得到的控制方程，其中内力、外力及位移之间的关系式是线性函数，所以就称为线性问题。例如，常见的悬臂梁例题（图 8.1），在自由端有一个垂直于梁轴线作

用的横向力 P_1 和沿着轴线方向作用的轴向力 P_2，由材料力学可知，任意横截面处的内力和挠度表达式为

弯矩：

$$M(z) = -P_1(l-z) \tag{8.1}$$

剪力：

$$Q(z) = P_1 \tag{8.2}$$

轴力：

$$N(z) = -P_2 \tag{8.3}$$

挠度：

$$v(z) = \frac{P_1 l z^2}{6EI}\left(3 - \frac{z}{l}\right) \tag{8.4}$$

内力与外力之间或位移与外力之间为线性关系（一次函数关系），所以就称为线性问题。注意，上面公式的推导过程中忽略了由于梁受弯，从原来的直线形杆（图 8.1 中实线）变成曲线形杆（图 8.1 中虚线）这个几何形状的改变，即从始至终都是按照直杆来计算内力和位移，P_1 和 P_2 始终作用在 B 点且方向不随杆件的变形而变化。如果考虑由于弯曲使得直杆变为曲杆（图 8.2），则容易看出，在变形过程中，P_1 和 P_2 作用在曲杆的端部 B' 点处，并且该点位置随着杆件的变形而变化。如果 P_1 和 P_2 的作用方向保持不变（即保守力），则任意横截面的内力表达式为

$$M(z) = -P_1(l-z) - P_2[v_B - v(z)] \tag{8.5}$$

$$Q(z) = P_1 + P_2 v'(z) \tag{8.6}$$

$$N(z) = P_1 v'(z) - P_2 \tag{8.7}$$

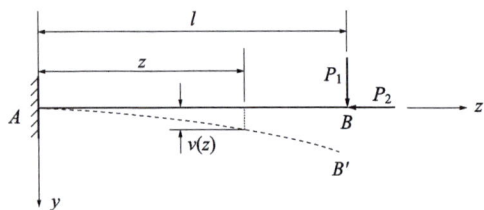

图 8.1　悬臂梁（线性分析）　　　　图 8.2　悬臂梁（非线性分析）

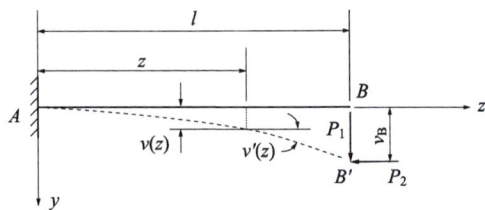

弯矩表达式右边多了一项，这是由于杆件发生了弯曲变形，P_2 作用线与任意横截面形心之间产生了距离 $[v_B - v(z)]$，从而引起了附加弯矩 $-P_2[v_B - v(z)]$。剪力和轴力表达式右边也都多了一项，是因为任意横截面处的杆轴和横截面本身由于变形发生了转角 $\alpha(z) = \arctan[\mathrm{d}v(z)/\mathrm{d}z] = \arctan v'(z)$，竖向力 P_1 和 P_2 不再垂直或平行于杆

轴，因此剪力等于 P_1 和 P_2 在轴线的法线方向（剪力方向）的分量之和，轴力等于 P_1 和 P_2 在轴线的切线方向（轴力方向）上的分量之和。例如轴力为 $P_1 \sin \alpha(z) - P_2 \cos \alpha(z)$ ，小变形情况下， $\alpha(z) = v'(z)$ ， $\sin v'(z)$ 近似等于 $v'(z)$ ， $\cos v'(z)$ 近似等于1，由此可得到式（8.6）和式（8.7）。式（8.5）～式（8.7）右边都包含挠度 $v(z)$ 或其导函数与外力的乘积项，而由式（8.4）可知，即使按直杆计算， $v(z)$ 也是 P_1 的函数，在按曲杆计算时，它同时还是 P_2 的函数（因为 P_2 也引起弯矩）。所以，此时的内力与外力之间不再是线性函数关系，而是非线性函数关系，这就是结构的非线性问题。这种非线性关系是因为考虑结构发生变形而改变了结构几何构形引起的，称为几何非线性。假如在计算应力时，考虑应力可以超过弹性极限而进入屈服甚至强化阶段，那么应力-应变关系就不能用线性的胡克定律描述，而是非线性关系了。此时的非线性是由材料特性的非线性引起的，因此称为材料非线性。限于篇幅，本文仅讨论几何非线性问题。

　　假如在结构受力变形过程中，外力 P_1 和 P_2 方向也随着结构一起转动（非保守力），即这两个外力不但作用点随着 B' 变动，其作用方向也同时跟着变化（图8.3）， P_1 始终垂直于杆轴切线方向， P_2 则平行于杆轴切线方向。在这种情况下，内力表达式又会不同于式（8.5）～式（8.7）。

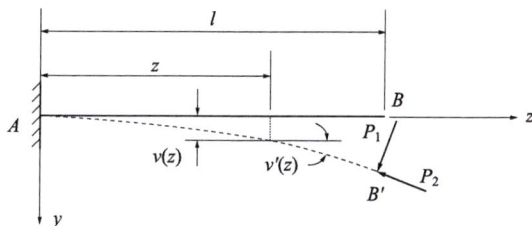

图8.3 外力为非保守力

　　瞧！非线性概念是如此简单，很容易理解。当然，这里仅仅是指概念，具体的结构非线性问题及其求解方法还是非常复杂的。

③ 桥梁结构几何非线性

　　有了上面的基本概念，现在就可以分析一下桥梁结构中都需要考虑哪些几何非线性因素了。由上可见，对于刚度较大的桥梁结构，其变形较小，因而几何非线性的影响也较小，一般按线性计算不会引起大的误差。但当结构比较柔时，比如悬索桥、大跨度斜拉桥、大跨度拱桥等，就不能忽视几何非线性的影响。其中的悬索桥由于柔度非常大，如果不考虑几何非线性影响，就会得出完全错误的结果。

从工程结构角度，一般把几何非线性因素分为缆索垂度效应、$P\text{-}\Delta$ 效应和大位移效应。实际上还有其他几何非线性因素，如大应变效应等，但在桥梁结构弹性分析中遇到的概率很小，一般不考虑。

如图 8.4 所示，所谓缆索垂度效应，是指一根柔性的缆索支承在 A、B 两点，由于自重 q 的作用，缆索产生垂度 f（下挠）而成为曲线，该曲线的方程与自重 q 和张力 T_A、T_B 的大小相关，反过来，T_A、T_B 的大小又与曲线方程相关，因而缆索的张力 T_A、T_B 与 A、B 点的相对位移之间呈非线性关系。

至于 $P\text{-}\Delta$ 效应，就是前面悬臂梁例子中轴向力引起梁的附加弯矩（当然也会引起附加挠度）效应，如高的桥墩、高的桥塔、承受巨大轴力的大跨度斜拉桥主梁、大跨度拱桥的拱肋和立柱等都有这种效应。

大位移效应包含大的平动位移和转动位移，在前面悬臂梁例子中，式（8.6）和式（8.7）中考虑的由于变形使截面转动而引起的轴力和剪力增量，就是大位移效应的一种，当然仍然采用了小变形假设。如果位移比较大，那么转角 α 就不能再用挠度的导函数 v' 表达，因为这时转角 α 的正弦和正切值不再近似等于转角 α 本身，余弦值也不再近似为 1，截面的曲率也不能用挠度的二阶导函数 v'' 表达；同时除了考虑梁的挠度引起的附加弯矩外，还要考虑因为变形，梁的长度和方位也发生了变化（图 8.5）。这些都将引起结构几何非线性效应。

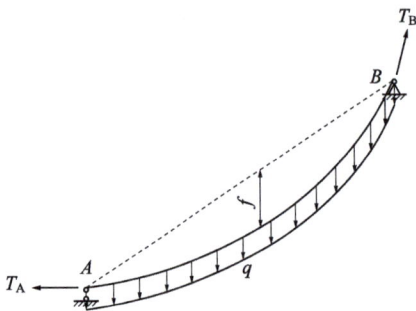

图 8.4　缆索垂度效应

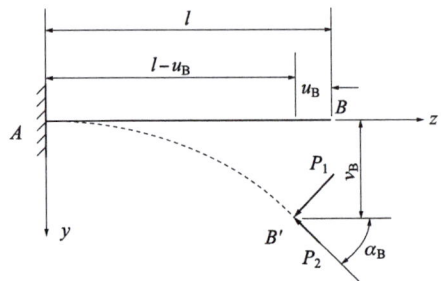

图 8.5　大位移效应

在工程结构计算时，特别是采用有限元法计算时，可以按照不同的方法来考虑垂度效应、$P\text{-}\Delta$ 效应以及大位移效应，比如采用专门的缆索单元（如悬索桥主缆）或者用等效弹性模量法（如斜拉桥的斜拉索）模拟垂度效应，采用几何刚度矩阵模拟单元的 $P\text{-}\Delta$ 效应，采用随动坐标模拟结构的大位移效应等。实际上也可以把一根缆索分为许多短的杆单元，然后通过随动坐标方法来模拟垂度效应；也完全可以把梁柱单元划分得很小，通过随动坐标方法来模拟 $P\text{-}\Delta$ 效应，只不过这样做会增加计算量，且输出结果也不太方便应用于工程设计。这里的随动坐标方法也只是求解非线性问题的内容之一，严格的理论描述并非如此简单。

4 结语

本文简要介绍了几何非线性的基本概念和在桥梁结构分析中的几何非线性因素，整个过程并不是严谨的理论推导，而是粗略地提出并解释问题，希望对不太熟悉桥梁结构几何非线性的读者有所启示。

本文根据"西南交大桥梁"微信公众号于 2017 年 5 月 11 日发布的文章《李乔说桥 -10：浅说桥梁结构几何非线性》改写。

9

再谈桥梁结构几何非线性

1 引言

在世界范围内,修建的大跨度桥梁越来越多(图9.1),而大跨度桥梁由于其结构纤柔,几何非线性效应较为明显,因而在设计与研究工作中,桥梁结构几何非线性分析也会越来越多地得到应用。在文章8(《浅说桥梁结构几何非线性》)中曾简要地介绍了桥梁结构几何非线性的概念和原理,但由于该问题复杂性,作者想再深入解释其中的一些概念和方法。

a)大跨度悬索桥

图 9.1

b）大跨度斜拉桥

图 9.1　纤柔的大跨度桥梁结构

2　几何非线性问题的描述方法

在阅读有关几何非线性的文献时，常常看到"拉格朗日描述"和"欧拉描述"这样的提法，有些教科书中直接采用数学表达式对此进行介绍，理解起来有些吃力。本文拟先从概念上解释这个问题，再给出数学表达式。

在进行几何非线性分析时，需对分析的对象进行数学描述，该对象可以是固体（如桥梁结构）或者流体（如空气或水），这些固体或流体可以看作由众多的质点构成。由于考虑几何非线性效应，因此分析时必须考虑由于固体或流体的运动（位移）而引起的其形状、尺度及位置的变化，并且这些变化与时间有关。也就是说，在分析中，由于构成固体或流体的质点处于运动中，因此其位置不仅是空间坐标的函数，还是时间的函数。这就要求在对分析对象进行数学描述时，必须能够描述固体或流体的任一质点 M 在任一时刻 t 运动到了空间的什么位置 x。注意，这里有三个要素需要通过数学公式来表达，即质点 M、时间 t 以及空间位置 x 的表达。其中，时间用一个时间变量 t 表达即可。而质点 M 和空间位置 x 可以用空间坐标表达，并且最好用两套固定坐标系分别表达（图 9.2），一套固定坐标系 $X(X_1, X_2, X_3)$ 用于表达固体或流体的任一质点 M 在 $t = 0$ 时刻的位置，即初始位置 $M = M(X_J, J = 1, 2, 3)$，用以区分固体或流体的不同质点，并称该坐标系为物质坐标系或者拉格朗日坐标系；另一套固定坐标系 $x(x_1, x_2, x_3)$ 用于表达空间中的任一位置 x，即 $x = (x_i, i = 1, 2, 3)$，用以区分空间中不同的位置，并称该坐标系为空间坐标系或欧拉坐标系。为了方便，一般可取两套坐标系完全重合（图9.2），但要注意它们各自所表达的内容是不同的，一个表达物体的质点（有物质），一个表达空间中的位置（与有无物质无关，此处的空间指牛顿力学中的"绝对空间"，而非爱因斯坦相对论中的"时空一体"）。

在描述质点运动时，如果认为质点 $M = M(X_J, J = 1,2,3)$ 在 t 时刻运动到了 $x = x(x_i, i = 1,2,3)$ 位置，即采用如下（张量形式）的数学描述

$$x_i = x_i(X_J, t), \quad i, J = 1,2,3 \tag{9.1}$$

由于是以拉格朗日坐标 X_J 作为自变量，所以叫作拉格朗日描述。

如果换个角度来看问题，认为在 t 时刻，占据空间位置 $x = x(x_i, i = 1,2,3)$ 的是质点 $M = M(X_J, J = 1,2,3)$，即采用如下数学描述

$$X_I = X_I(x_j, t), \quad I, j = 1,2,3 \tag{9.2}$$

由于是以欧拉坐标 x_j 作为自变量，所以叫作欧拉描述。

理论上上述两种描述是等价的并且可以相互变换，任何一种描述都可以用来分析几何非线性问题，只不过对于不同的问题采用不同的描述，其方便程度不同而已。一般对于固体力学问题，采用拉格朗日描述较为方便；而对于流体力学问题，采用欧拉描述要方便一些。

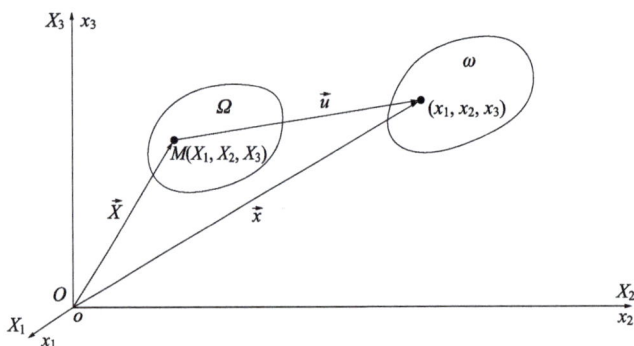

图9.2　拉格朗日坐标与欧拉坐标

③ 初始构形、现时构形及参考构形

在上面的描述中，为了便于说明，假定采用拉格朗日坐标描述 $t = 0$ 时刻的物质质点。实际上，拉格朗日坐标不一定只用来描述 $t = 0$ 时刻的物质质点，它可以用来描述 t 时刻以前的任一时刻的质点。这涉及另外三个名词，即初始构形、现时构形及参考构形。

如上所述，分析几何非线性问题时，把分析的对象（固体或流体）看作众多质点

的集合，它们要占据空间中的区域，该区域被称为构形。由于这些质点处于运动之中，因此在不同的时刻，分析的对象所占据的空间区域或者说其构形是不同的。初始构形是指分析的对象在 $t=0$ 时刻所占据的空间区域，用 Ω_0 表示；现时构形是分析的对象在当前时刻 t 所占据的区域，用 ω 表示；参考构形是指分析的对象在 t 时刻以前的某一时刻所占据的区域（当然也包括 $t=0$ 时刻的初始构形），用 Ω 表示。参考构形被用来作为分析现时构形的参考，也因此而得名。拉格朗日坐标是被用来描述参考构形的。图 9.2 中示出了参考构形和现时构形的关系，其中矢量 $\overline{X}$ 为质点 M 的参考坐标，矢量 $\overline{x}$ 为质点 M 的现时位置坐标，矢量 $\overline{u}$ 为质点 M 的位移。

④ 非线性方程及其求解方法

采用有限元法进行桥梁结构分析时，若考虑几何非线性因素，则得到的结构方程组是非线性的，这种非线性是由几何方程为非线性方程所导致的。

求解非线性方程组一般采用线性化方法，即把求解过程分解为许多步骤来进行，在每一步骤中，把非线性方程组当作线性方程组进行计算。这种分解可以分为许多迭代步骤，每一迭代步骤按线性计算（称为迭代法，包括牛顿 - 拉普森法、修正牛顿 - 拉普森法、拟牛顿 - 拉普森法等）；也可以把求解的荷载或位移分为许多增量步，每一增量步按线性计算（称为增量法，包括欧拉 - 柯西法、修正欧拉 - 柯西法、半增量法等）；还可以将迭代法与增量法混合使用（称为混合法，包括欧拉 - 牛顿法、欧拉 - 修正牛顿法、欧拉 - 拟牛顿法、欧拉一次迭代法等）。混合法是在增量法的每一增量步内再进行迭代，是目前使用较多的方法。

分步计算时，在某计算步（迭代步或增量步）内，非线性的单元增量刚度方程为如下形式

$$\left([k_o]^e + [k_\sigma]^e + [k_l]^e\right)\{\Delta u\}^e = \{p\}^e - \{r\}^e \tag{9.3}$$

$$[k_o]^e = \int_e [B_L]^T [D][B_L] dV \tag{9.4}$$

$$[k_l]^e = \int_e [B_L]^T [D][B_N^*] dV + \int_e [B_N]^T [D][B_L] dV + \int_e [B_N]^T [D][B_N^*] dV \tag{9.5}$$

$\{p\}^e$ 为单元节点力向量，$\{r\}^e$ 为单元初应力节点力向量，与本计算步的初应力有关，即与之前的位移增量可能相关。

$[k_\sigma]^e$ 为初应力刚度矩阵，或称几何刚度矩阵，它与本计算步的单元位移增量

$\{\Delta u\}^e$ 无关，在本计算步内是线性的。但它与本计算步的初应力有关，即与之前的位移增量可能相关。

$[B_L]$ 为线性几何矩阵，$[D]$ 为弹性矩阵，二者均与单元位移增量 $\{\Delta u\}^e$ 无关，因此 $[k_o]^e$ 是单元线弹性刚度矩阵。

$[B_N]$ 和 $[B_N^*]$ 为非线性几何矩阵，与单元位移增量 $\{\Delta u\}^e$ 有关，因此，$[k_l]^e$ 在本计算步内是非线性的，称为单元大位移刚度矩阵。

从几何非线性有限元平衡方程式（9.3）可以看出，由于 $[k_l]^e$ 为非线性刚度矩阵，因此直接求解几何非线性有限元平衡方程式（9.3）单元刚度方程所组集而成的总体刚度方程比较困难。而由上可知，目前求解非线性方程组一般采用线性化方法，所以，在实际求解非线性有限元方程组时，在每一迭代步和增量步内，不考虑单元大位移刚度矩阵 $[k_l]^e$，使得每一步计算都是线性的。但由于每一步计算之后，会更新（不同的方法可能不完全相同）结构的构形、线性刚度矩阵、几何刚度矩阵以及初应力节点力向量，因此，整个求解过程还是非线性的，从而可以得到正确的非线性解。

从这里也可以看出，在几何非线性有限元平衡方程式（9.3）中，反映非线性影响的不仅仅只有单元几何刚度矩阵 $[k_\sigma]^e$，还有单元大位移刚度矩阵 $[k_l]^e$，只是在采用具体的全量或增量迭代法求解时，假设每一小的迭代步或增量步内为线性，因而忽略掉了本步内的单元大位移刚度矩阵 $[k_l]^e$。因此，从理论角度看，要列出全量平衡方程，就不能没有 $[k_l]^e$，否则就不满足平衡条件。

⑤ 非线性有限元的 T.L 法与 U.L 法

如上所述，对于桥梁结构等固体力学几何非线性问题，采用拉格朗日描述比较方便，即采用与参考构形相关的拉格朗日坐标 X_j 为自变量。在用有限元法分步求解该问题时，例如采用混合法求解时，如果采用初始构形作为参考构形，则称为全拉格朗日法（Total Lagrange），简称 T.L 法。如果采用现时构形的前一个相邻的构形（即 $t - \Delta t$ 时刻）作为参考构形，则称为修正的拉格朗日法（Updated Lagrange），简称 U.L 法。

⑥ 结语

本文简要介绍了桥梁结构几何非线性分析中用到的一些概念和方法，希望能够对读者有所帮助，更多有关非线性有限元的知识请参考相关文献。

参考文献

蒋友谅．非线性有限元 [M]．北京：北京工业学院出版社，1988．

本文根据"西南交大桥梁"微信公众号于 2017 年 8 月 22 日发布的文章《李乔说桥 -12：再谈桥梁结构几何非线性》改写。

10

平截面假设及其应用

① 平截面假设——简单而重要

平截面假设，在材料力学中是一个极其简单但非常重要的概念。如果没有平截面假设，初等梁的弯曲理论就不能成立，我们也不能如此方便地进行结构的设计计算，工作效率会大幅度降低，许多复杂结构包括复杂桥梁结构就无法修建。

平截面假设只是一种假设，势必存在某些误差，只是在一般情况下（适用范围内），这种误差小到了可以忽略的地步。

事实上，几乎工程上的所有计算理论和方法都是建立在一定的基本假设之上，因此都有其适用条件，是有误差的。比如初等材料力学是建立在理想的"弹性、均质"材料基本假设之上（图 10.1），而实际的材料性质并不完全满足这个假设，因而用材料力学理论计算实际构件时，是有误差的。

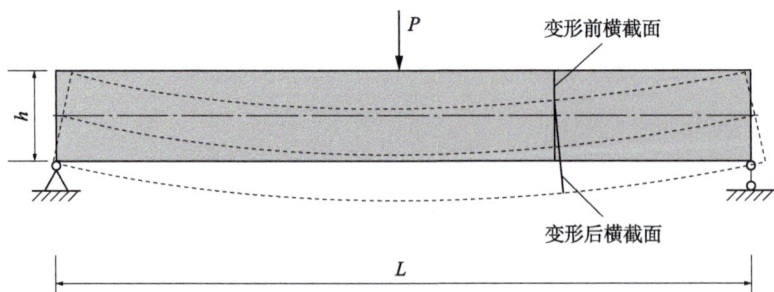

图 10.1 材料力学的基本假设

② 剪切变形——问题的关键

平截面假设虽然是在分析梁的弯曲正应力问题时提出的，但实际上它与剪切变形密切相关。如图 10.2a）所示，受力的梁横截面上一般会有弯曲正应力和剪应力，因此会产生相应的弯曲变形和剪切变形。在剪切变形情况下，梁的横截面变形如图 10.2b）所示，为一曲面形式。是否考虑及如何考虑剪切变形，会产生不同的梁理论模型。

平截面假设在有些教材里被描述为：杆件弯曲变形前为平面的横截面，在变形后仍然保持为平面。但这样描述还不够严谨，因为横截面在变形前为平面且垂直于变形前的杆件轴线，但是否假设变形后这个平面仍然垂直于变形后的杆件轴线？这里有"是"和"否"两个答案，从而引出了两种梁的模型，即欧拉梁（亦称欧拉 - 伯努利梁）与铁摩辛柯梁。欧拉梁忽略了全部剪切变形，因而假设梁变形后这个平面仍然垂直于变形后的杆件轴线。而铁摩辛柯梁则近似考虑了剪切变形，假设梁变形后这个平面因剪切变形而不再垂直于变形后的杆件轴线。在初等材料力学中学习的就是欧拉梁，也是在工程中广泛使用的初等梁理论的基本模型，其适用于梁高与梁长之比 h/L 较小的梁，即比较细长的梁。而高等材料力学中会讲解铁摩辛柯梁，其适用于 h/L 较大的梁。

剪切变形导致梁的横截面变形为曲面形式［图 10.2b）］，而铁摩辛柯梁假设其为平面形式，只是该平面不垂直于变形后的杆件轴线而已。显然这是近似地考虑了剪切变形，并不是精确理论。要精确考虑剪切变形，必须采用弹性力学方法，但这将使计算变得极其复杂，不便于工程应用。

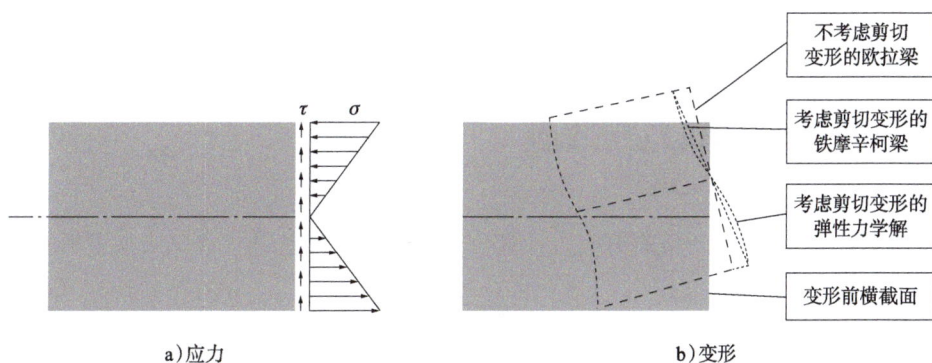

a）应力   b）变形

图 10.2 梁的弯曲变形

3　弯曲正应力与剪应力公式推导在理念上的差异

材料力学（指初等材料力学，下同）中弯曲正应力的推导过程是这样的：通过梁的微段进行几何变形分析得到正应变与位移的关系式（几何方程），再通过胡克定律得到正应力与正应变的关系式（物理方程），最后通过静力学方程得到弯矩与正应力的关系式 $\sigma = My / I$。但弯曲剪应力的计算公式不是这样推导的，而是如图10.3所示，先取一个微分梁段 dz，再从中切出一部分 $mm'n'n$，利用正应力及剪应力合力的纵向平衡条件得到剪应力计算公式 $\tau = QS / (bI)$。

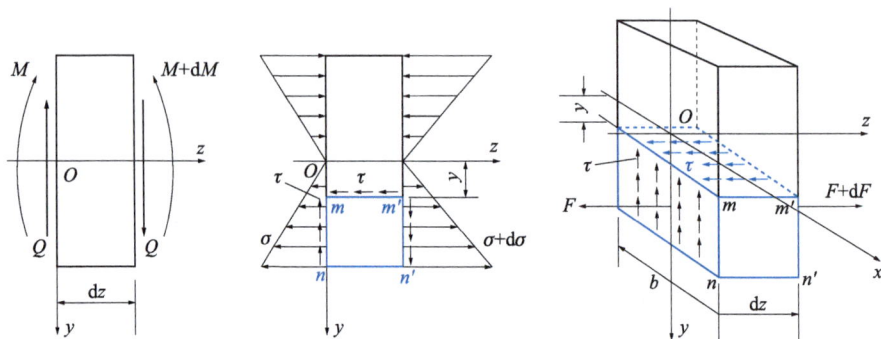

图10.3　求梁弯曲剪应力的分离体

为什么剪应力计算公式不能像正应力那样，也先通过几何分析得到剪应变，然后通过物理方程及静力学方程得到 $\tau = QS / (bI)$ 呢？这跟平截面假设有关，对于欧拉梁，平截面假设相当于完全不计剪应变及其引起的变形，因此，我们在这样的假设之下通过几何分析得到的剪应变会是零，从而得出剪应力为零的错误结果，于是不得不采用上述的平衡条件来得到剪应力计算公式。

4　薄壁梁及剪力滞效应

薄壁梁（图10.4）的弯曲剪应力计算公式跟非薄壁梁基本一致，为如下形式

$$\tau = \frac{QS}{tI} \tag{10.1}$$

其中，t 为壁厚；S 为部分面积 $mm'n'n$ 对中性轴 x 的面积矩。

薄壁梁与非薄壁梁相比，最大的差别是剪应力分布规律不同。对于非薄壁截面，

弯曲剪应力 τ 的方向与剪力 Q 的方向一致；对于薄壁截面，弯曲剪应力 τ 的方向是沿着组成截面的各块板切线方向。例如图 10.4 截面上、下翼缘板内的剪应力 τ 沿着水平方向，而不是沿着竖直剪力 Q 的方向（严格来说，截面上、下翼缘板内竖直方向也有剪应力，但因板的壁厚较小，竖直方向剪应力远小于水平方向剪应力，可忽略不计）。

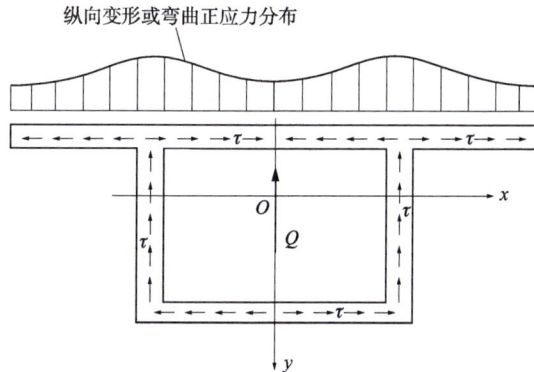

图 10.4　薄壁箱梁剪力滞效应

由于翼缘板内剪应力及其对应的剪应变发生在板的平面内，因此剪切变形也发生在这个平面内，这种剪切变形会引起板的纵向变形，如图 10.4 所示，这种纵向变形沿着宽度方向为曲线分布形式，对应的弯曲正应力分布也会是曲线形式，这与梁的平截面假设是不一致的。因为按照平截面假设，距离中性轴 x 高度相同的地方，纵向变形及弯曲正应力沿宽度方向应该是均匀分布的。这种纵向变形不一致的效应就是剪力滞效应，按平截面假设计算出来的正应力会因它而产生误差。当翼缘板宽度较小时，这种误差可以忽略；但当翼缘板宽度较大时，即宽翼缘梁，必须对剪力滞效应予以考虑。在现行的桥梁设计规范中，通过减小翼缘板宽度（即采用有效宽度）间接考虑剪力滞效应。

严格来说，上述的翼缘板宽度大小指标用宽厚比表示更为确切，因为宽厚比才是衡量薄壁效应大小的指标，也就是衡量剪力滞效应大小的指标。

⑤ 混凝土梁

在钢筋混凝土或预应力混凝土受弯构件的设计计算中，即使对承载能力极限状态进行分析，为了简化，仍然采用了平截面假设，只是在受拉区由于开裂而不考虑混凝土的作用［图 10.5a）］。需要强调的是，平截面假设不是指弯曲正应力沿截面高度方向按线性规律分布，而是指横截面的纵向变形沿截面高度方向按线性规律变化。对于图 10.5a）所示的处于受弯承载力极限状态的混凝土梁截面，受压区的混凝土及受拉区的钢筋的变形连线是一条直线［图 10.5b）］。图 10.5c）是该类型截面从弹性阶段到破坏阶段的应力分布情况。

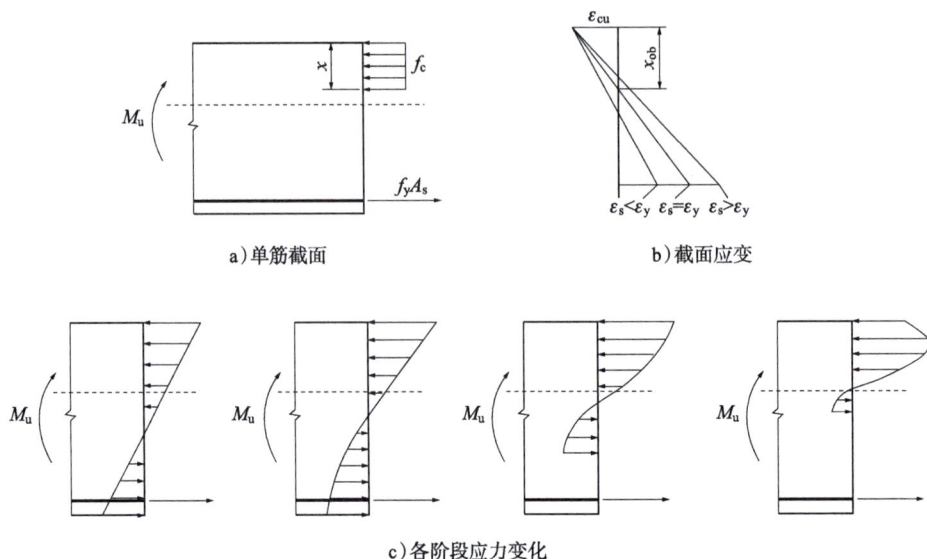

a）单筋截面　　　　　　　　　b）截面应变

c）各阶段应力变化

图 10.5　钢筋混凝土受弯构件

虽然与钢材等较为理想材料构成的梁相比，混凝土梁采用平截面假设所引起的误差更大一些，但这种误差在工程上是可以接受的，这已被大量试验所证明。如果不采用平截面假设，则很难准确模拟变形的分布规律，从而给设计计算带来极大的困难，由此产生的误差远远大于采用平截面假设所产生的误差。

6　温度自约束应力

图 10.6a）所示为一个梁的横截面，沿着截面高度方向作用有非线性规律分布的温度场 $T(y)$。首先假设梁的各层材料纵向纤维之间没有联系，那么由这种温度场引起的截面纵向变形规律就与温度场本身的分布规律一致［图 10.6b）］。但实际上各材料纤维是联系在一起且相互制约的，因此截面的最终变形 $Z(y)$ 必须遵守一定的规则，即平截面假设，而一般情况下变形 $Z(y)$ 与温度场的分布规律 $T(y)$ 不一致。于

是截面的材料纤维就会因为这种差异而相互约束，从而引起约束正应力，即温度自约束应力［图 10.6b)］：

$$\sigma(y) = E\big[\alpha T(y) - Z(y)\big] \tag{10.2}$$

其中，E 为材料弹性模量；α 为热膨胀系数。由于这种情况下没有外力作用，因此这种自约束应力的合力和合力矩应均为零，即应满足自平衡条件。

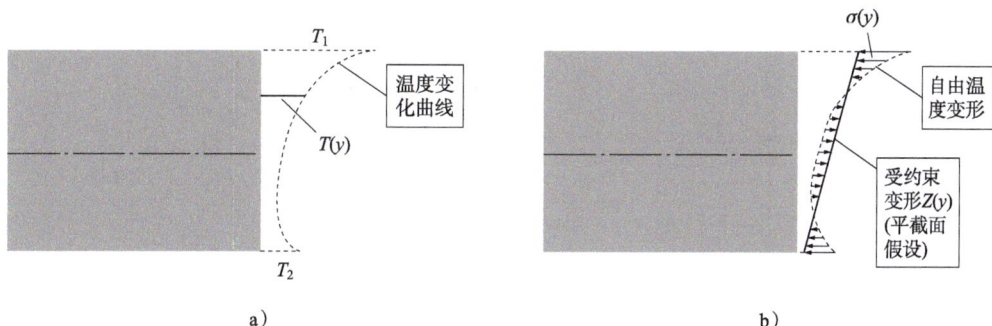

图 10.6　非线性温度场引起的自约束应力

计算温度自约束应力，就必须知道上述的截面变形所必须遵守的规则函数 $Z(y)$。这里仍然采用了平截面假设［图 10.6b)］，即函数 $Z(y) = a + by$，为线性函数，有 2 个未知量，即 a 和 b。利用平截面假设，就可以通过两个自平衡方程式（10.3）和式（10.4）求解参数 a 和 b，从而由式（10.2）求得自约束应力函数 $\sigma(y)$。

纵向合力：

$$\int_A \sigma(y)\mathrm{d}A = 0 \tag{10.3}$$

合力矩：

$$\int_A \sigma(y)y\mathrm{d}A = 0 \tag{10.4}$$

7 杆件受拉（压）及扭转

除了受弯构件涉及平截面假设以外，其他受力状态的杆件也与之相关。比如承受轴向拉或压的杆件，不考虑荷载局部效应时，横截面上不存在剪应力，轴向变形是均匀的，因此符合平截面假设，正应力在横截面上也呈均匀分布状态。而对于受扭的等截面直杆，如果横截面是极对称的，比如圆形的横截面，则由于受扭剪切变形必然为极对称形式，因此符合平截面假设，即受扭前为平面的横截面，受扭后仍然为平面，并且仍然垂直于杆轴线。对于非极对称截面，则由于剪切变形具有非对称性，受扭后杆件横截面不再保持为平面，而是发生了翘曲，见图 10.7。

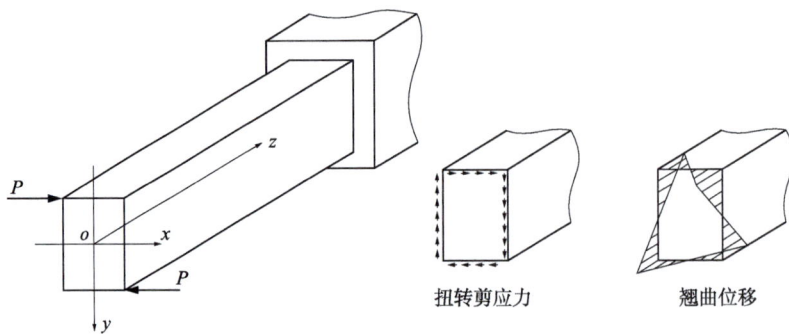

扭转剪应力　　　翘曲位移

图 10.7　非极对称截面杆件扭转及翘曲

　　本文根据"西南交大桥梁"微信公众号于 2018 年 12 月 25 日发布的文章《李乔说桥 -19：平截面假设及其应用》改写。

11

重力刚度的本质

1 悬索桥的重力刚度

在悬索桥理论中，经常看到"重力刚度"这个词，其一般的定义是：柔性的主缆因承受（恒载）重力而产生的抵抗（活载）变形的刚度（图 11.1、图 11.2）。由此定义可以得到以下几个概念：(1) 重力刚度来自恒载重力；(2) 恒载重力越大，重力刚度就越大；(3) 重力刚度是指抵抗活载变形的能力，而不是指抵抗恒载变形的能力。因为对于桥梁结构，恒载变形能够在建造过程中通过设置预拱度来消除。

图 11.1　悬索桥

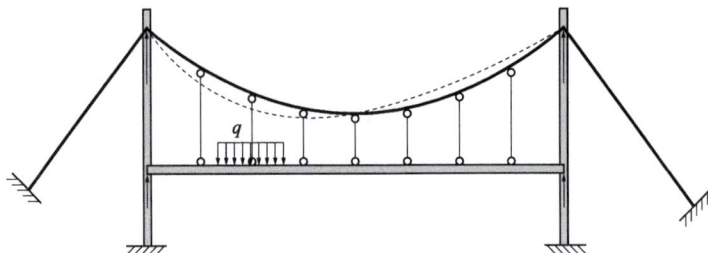

图 11.2　悬索的竖向刚度

事实上，上述的定义和概念都是从工程视角得出的，它们在工程实际应用领域内是正确的。但如果从基本的力学视角来看此问题，又该如何呢？即：柔性水平索的竖向刚度最本质的来源是什么？是重力吗？这里只分析水平悬挂（两个支点在同一水平面内）的索，对于斜索（两个支点不在同一水平面内），其原理是相同的。

② 无重水平索的竖向刚度

为了简单易懂且不失一般性，以一根无重量的柔性（无抗弯刚度）水平索为例进行分析。如图 11.3 所示，索的两端支点 A 和 B 为铰接，A 与 B 之间的距离为 L，索的无应力长度 $S = AC + CB$，且 $S > L$。

在没有任何外力（亦无自重）的情况下，索是松弛的，轴力为零，其构形可以在约束及长度允许范围内呈任意形状。因为要研究中点 C 的竖向刚度，所以设索的初始构形为图 11.3 黑线所示的折线形状。此时 AC 或 CB 与水平线夹角为 t_0。

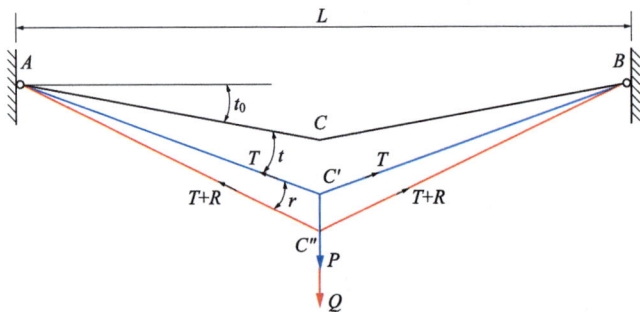

图 11.3　无重水平索受力简图

当在 C 处作用一个竖向力 P 时，索的构形因下挠而成为新的折线状态（图 11.3 的蓝线），索的斜线与水平线夹角变为 $t_0 + t$，索的轴拉力变为 T。根据 C 点竖向平衡条件（图 11.3）可知

$$P = 2T\sin(t_0 + t) \tag{11.1}$$

这是以索变形后的构形为参考构形所建立的平衡方程,是几何非线性方程(因为 T 也是 t 的函数)。

如果在此基础上,在 C 点又增加一个与 P 同向的作用力 Q,则索产生新的角度增量 r 和拉力增量 R,构形将因新的变形而发生变化(图 11.3 的红线),在新的位置处于新的平衡状态。此时有

$$P + Q = 2(T + R)\sin(t_0 + t + r) \tag{11.2}$$

所以

$$
\begin{aligned}
Q &= P + Q - P \\
&= 2(T + R)\sin(t_0 + t + r) - 2T\sin(t_0 + t) \\
&= 2T\left[\sin(t_0 + t + r) - \sin(t_0 + t)\right] + 2R\sin(t_0 + t + r)
\end{aligned} \tag{11.3}
$$

式(11.3)是作用力增量 Q 与变形增量 t 及 r 之间的非线性关系式,其右端第二项是拉力增量 R 的贡献,而第一项则是原有拉力 T(或 P)的贡献。以 P 作用之后且 Q 作用之前的状态为初始状态,则由于角度增量 r 与挠度增量 $C''C'$ 直接相关,式(11.3)也可以理解为"在初始状态基础上产生变形 r 所需要的竖向力 Q 的大小"。

从式(11.3)可以看出,如果不考虑变形增量 t 和 r 对构形的影响,即按线性理论计算,则式(11.3)右端第一项变为零,第二项变为 $2R\sin t_0$。很明显,对于产生变形 r 所需要的力 Q,考虑几何非线性效应时比不考虑时要大,即前者情况下的刚度比后者大,并且原有的外力 P 或拉力 T 越大,式(11.3)右端第一项所增加的量就越大。因存在初始几何构形(t_0)以及几何非线性效应($t + r$),原有作用力 P(或拉力 T)产生了对刚度的贡献。其中,初始几何构形引起的就是线性理论得到的刚度贡献,变形($t + r$)引起的就是几何非线性效应的刚度贡献。

要严格推导刚度表达式,需求 $\mathrm{d}P / \mathrm{d}t$ 的表达式。为简便,设 $t_0 = 0$,并注意 T 也是 t 的函数,可容易推导得到 C 点处的刚度 K 为

$$K = \frac{\mathrm{d}P}{\mathrm{d}t} = 2EA\left(\sec^2 t - \cos t\right) \tag{11.4}$$

其中,E 和 A 分别为索的弹性模量和横截面面积。

从式(11.4)可以看出,$t_0 = 0$ 时,索的竖向刚度完全来自变形 t 对构形的影响,即几何非线性效应。如果没有或者不考虑变形 t 对构形的影响,则 $K = 0$,即没有刚度。

由上可总结出水平索的两个规律:(1)几何非线性效应使竖向刚度加大;(2)初始竖向力 P 使竖向刚度加大,并且 P 相对 Q 越大,Q 所引起的变形 r 相对原有的变形($t_0 + t$)就越小。

上面的结论定性地说明了水平索的竖向刚度与初始作用力 P 以及几何非线性的关系，严格的理论推导也可以证明上述结论的正确性，此处不赘述。另外，上面只是分析了在中点作用一个竖向力的情况，对于多个集中力或者分布力作用情况，其基本机理是一样的，上面的结论同样有效。

③ 重力刚度本质是几何效应

说到重力，或万有引力，不禁想起它的物理学意义。在万有引力定律中，牛顿认为万有引力是有质量的物体本身所固有的特性。但在广义相对论中，爱因斯坦认为万有引力是时空弯曲产生的几何效应。这里谈这个物理学的概念并不是因为本文问题与这个直接相关，而是在说法上有点相似，即都与几何效应有关。

从上节的分析可以看出，如果原有作用力 P 是重力，那么由它所引起的刚度增加量就是所谓的重力刚度。可见重力刚度问题只是前述一般问题的一个特例。另外，在上节所总结的两个规律中，刚度的增加都是由几何非线性所引起的，因此从力学角度来看，水平索刚度的增加在本质上是几何效应，重力刚度本质上也是几何效应，或者说是"几何刚度"。没有几何非线性效应或者其不明显，即使有重力也不会有明显的刚度增加量；相反，如果几何非线性效应明显，没有重力也能获得较大的刚度增加量。例如，如图 11.4 所示，上下两根索（红色与蓝色）紧绷且中间用连接索（黑色）相连，就会大幅度增加竖向刚度。

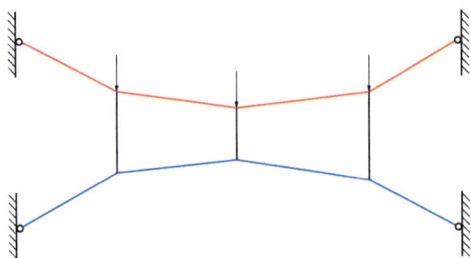

图 11.4　两根索相连形成竖向刚度

再次强调，如本文开头所述，本文是从力学基础的视角来看待重力刚度，寻求它的产生根源，而不是从工程的视角来看待的，目的是让读者除了了解其工程意义之外，也了解其力学本质。

④ 从几何非线性理论角度理解重力刚度

为分析结构刚度，参照式（11.3），可将 Q 看作竖向外力 P 的增量 ΔP，r 则为对应的角位移增量 Δt（可看作反映竖向位移的变量），R 为对应的内力增量 ΔT。为简便，设 $g_1 = \sin(t_0 + t)$，$g_2 = \sin(t_0 + t + \Delta t)$，$g_{12} = g_2 - g_1$，$g_1$ 和 g_2 是反映索在不同受力状态下几何构形的函数，因此 g_{12} 反映的是在 ΔP 的作用下索几何构形发生的变化量的函数，且当不考虑几何非线性影响时，该值为零。注意到 $g_2 = g_{12} + g_1$，则式（11.3）可改写为如下增量形式：

$$\Delta P = 2Tg_{12} + 2\Delta Tg_{12} + 2\Delta Tg_1 \tag{11.5}$$

把方程两边同除以角位移增量 Δt，便得到割线刚度表达式，如下：

$$\frac{\Delta P}{\Delta t} = \frac{2Tg_{12}}{\Delta t} + \frac{2\Delta Tg_{12}}{\Delta t} + \frac{2\Delta Tg_1}{\Delta t} \tag{11.6}$$

增量形式的割线刚度是指力 - 位移关系曲线上两个点之间连线的斜率，因此式（11.6）是索从承受外力 P 状态变化到承受外力（$P + \Delta P$）状态这个增量区间的割线刚度（图 11.5）。式（11.6）右端第一项是几何构形改变与原有内力 T（P 的作用效应）相互作用产生的竖向刚度，也就是几何非线性理论中的几何刚度，见文章 9（《再谈桥梁结构几何非线性》）；式（11.6）右端第二项是几何构形改变与新增内力 ΔT 相互作用产生的竖向刚度，即几何非线性理论中的大位移刚度；式（11.6）右端第三项是原有几何构形与新增内力 ΔT 相互作用产生的竖向刚度，即线性刚度。

从图 11.3 可以看出，索的初始构形为一折线（图 11.3 中黑线），相当于由两根杆件组成的桁架，因此具有初始的线性刚度。

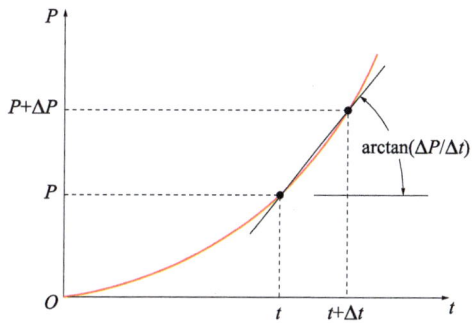

图 11.5　割线刚度

而如果 $t_0 = 0$，则表示索的初始构形为一连接 A 和 B 的水平直线（图 11.6 中黑线），式（11.4）是 $t_0 = 0$ 情况下索的切线刚度表达式。从式（11.4）以及力学概念都可以看出，当无外力 P 时，竖向切线刚度为零。而只要有横向外力 P，就会引起角度 t，使原来的水平索变成一个桁架，因而考虑非线性效应时就有了竖向刚度。

t_0 不等于 0 情况的切线刚度为如下形式：

$$\frac{\mathrm{d}P}{\mathrm{d}t} = 2EA\left[\sec^2(t_0 + t)\cos t_0 - \cos(t_0 + t)\right] \tag{11.7}$$

由于式（11.7）中考虑了初始的角度 t_0，因此该式所表示的切线刚度包括初始构形（图 11.3 中的桁架 ACB）的线性刚度。

以上分析为了简便，将外力 Q 与 P 都作用在同一个点 C 处。若二者不在同一点，例如 Q 作用在 AC 之间，则也有类似的特性，只不过此时 Q 方向的刚度表达式更复杂一些，并且几何构形的变化也不能简单地用 t 和 r 表示，外力 - 位移曲线也与图 11.5 有所差别。

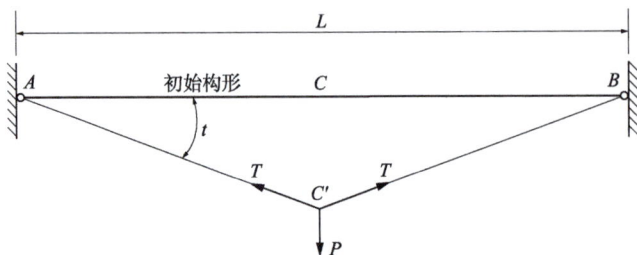

图 11.6　初始构形为水平直线的索

5　一般桥梁结构的重力刚度

从上面的分析可以看出，重力刚度只是悬索结构几何刚度的一种，是由恒载重力产生的几何刚度。假如把凡是恒载重力产生的几何刚度都叫作重力刚度，那么除了悬索桥结构以外，其他桥型结构有没有重力刚度？

答案是肯定的。在考虑几何非线性效应时，其他桥型结构存在几何刚度和恒载重力，当然也存在重力刚度。但从几何刚度的表达式可以看出，几何刚度的数值大小及正负（并不一定都是正值）取决于基准状态的内力和几何构形的改变量。在悬索桥以外的其他桥型结构中，由于主要承重结构不是柔性的悬索，重力刚度远比悬索桥结构小，而且很多时候还是负值，即重力刚度使总刚度减小。典型的例子是受压的桥墩柱子，上部结构及自身的重力越大，因非线性侧弯变形引起的附加弯矩就越大，竖向刚度就越小（类似压杆稳定问题）。

对于斜拉桥结构，虽然作为主要承重结构的斜拉索也是柔性索，但从前面的分析可知，重力刚度是指索的两个支点之间的各点抵抗竖向变形的能力，索本身的重量和加劲梁的重量也是作用在支点之间的，而斜拉索利用两支点连线方向的刚度，索的自重使这个连线刚度降低，梁的自重作用在索端部，因此在斜拉桥中不能利用重力刚度来抵抗活载变形。

本文根据"西南交大桥梁"微信公众号于 2019 年 5 月 24 日及 5 月 30 日发布的文章《李乔说桥 -22：重力刚度的本质》《李乔说桥 -23：重力刚度的本质（续）》改写。

12

结构的状态－过程相关性原理及有关问题说明

1 引言

　　大型桥梁及建筑等复杂的工程结构，一般是经过一系列的建造步骤（即施工过程）逐步形成的（图 12.1），因此要准确分析整个施工过程的结构内力与位移状态，在进行结构计算时就要考虑该过程中结构体系、约束条件、材料特性、荷载及环境等因素的演化过程，分阶段进行计算并累计结果，直至结构最后的成形状态。但在设计时往往需要对不同施工方案进行（过程）比选，在施工中也时常需要调整原定施工过程。那么，不同的施工过程是否会改变结构最终成形状态？这是结构设计计算和施工控制计算的重要问题。

图 12.1　分阶段施工的桥梁结构

为了解决这个问题，秦顺全院士提出并论证了无应力状态法及其原理，其后出现的几何控制法也采用了类似的原理，同时还包括误差调整、敏感性分析、结构优化以及几何控制实施方法等内容，形成了一个施工控制体系。虽然无应力状态法原理的理论证明是在结构满足几何与材料均为线性特性的前提下完成的，但该方法在考虑几何非线性的桥梁结构施工控制和设计计算中也得到了广泛的应用。

这种超前应用对理论研究提出了挑战，不仅亟须从理论上证明无应力状态原理对几何非线性情况的适用性，还亟须从理论上分析材料非线性、混凝土的收缩和徐变、温度效应等对此的影响以及影响的程度，即归结为结构状态与其成形过程的相关性问题。这里的结构状态特指结构的静力响应：位移、内力、应力、应变等。

根据这种需求，文献 [1] 考虑几何非线性及材料非线性弹性特性，建立了一个更具一般性的理论框架，提出并证明了结构的状态 - 过程相关性原理。从该原理出发，根据不同的条件不仅可以推导出传统的无应力状态原理，还可以推导出扩展无应力状态原理、强 / 弱相关性结构以及去相关等概念。本文拟对文献 [1] 中提出的一些新定义和新概念进行简要的说明和解释。

② 结构状态三因素

虽然一个受力结构的状态与很多因素有关，但究其本质，可归结为三个基本因素，用集合表示为材料特性 $M(t)$、几何体系 $G(t)$ 和作用体系 $A(t)$，文献 [1] 称其为结构状态三因素，是该文定义的新概念之一。

几何体系 $G(t)$ 包括结构体系 $S(t)$ 及构件的现时无应力构形 $L(t)$ 两个子集，其中结构体系 $S(t)$ 包括结构各构件的几何连接关系和几何约束，而现时无应力构形 $L(t)$ 类似传统无应力状态原理中的无应力状态量，但含义有所差别。

作用体系 $A(t)$ 包括荷载 $P(t)$、基础不均匀沉降作用力 $Q_d(t)$ 和装配力 $Q_p(t)$。装配力 $Q_p(t)$ 是成对出现的自平衡力系，当增加构件或约束，并且连接节点两侧相对几何关系与指定连接关系有差别（间隙和角度差）时，为消除这种差别实现连接点处的连接，需施加强迫作用力（力或力矩），该强迫作用力即为装配力 $Q_p(t)$；同理，在撤除构件或约束时，需要施加与内力或反力等值相反的作用力，该作用力也是装配力 $Q_p(t)$。

③ 结构的状态与时间的关系

假设一个结构共分为 n 个施工阶段，逐步成形，在此过程中，结构状态三因素可能都会随着施工阶段和时间 t 发生变化。分阶段施工的结构状态 - 时间关系如图 12.2 所示，图中竖坐标为结构状态（响应）$U(t)$，横坐标为施工进程时间 t。

t_0 为施工开始时间，t_n 为施工结束时间，而 t_i、t_j 和 t_k 为中间过程的任意时刻，且 $t_i < t_j < t_k$。在任意时刻 t_j，结构产生一个瞬间弹性响应增量 U_{0j}，所以图中曲线有一个竖向突变，随后会产生随着时间变化而变化的响应增量 U_{tj}，如图 12.2 所示。

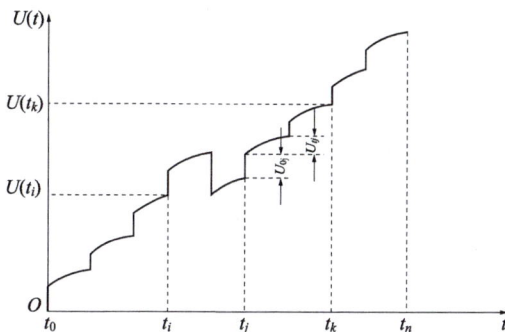

图 12.2 分阶段施工的结构状态 - 时间关系示意图

④ 结构的状态 - 过程相关性原理及证明方法

结构的状态 - 过程相关性原理可表述为：在不考虑系统误差的前提下，在时间区间 (t_i, t_k) 内，一个非线性时变结构，当其材料本构关系中的加载与卸载路径相同时，结构状态改变量 $\Delta U(t_{i,k})$ 与几何体系 $G(t)$ 及作用体系 $A(t)$ 在 (t_i, t_k) 内的演变过程无关；反之，结构状态改变量与演变过程相关。

要证明这个原理，可能的方法有两种。第一种方法是直接或间接（比如能量法就是一种间接法）推导出问题的微分方程和边界条件，然后求解并得出状态与过程的关系方程。但由于结构的多样性和过程的复杂性，几乎没有可能得出解析表达式，不管是显式还是隐式形式都极为困难，所以这种方法不具有可操作性。第二种方法是利用已有的力学和结构概念，通过严密的逻辑关系进行证明，该方法可以绕过复杂的解析式，只要在逻辑上能够证明状态与过程的关系符合前述的原理，就可以证明该原理成立。文献 [1] 就采用了这种方法。

是否可以采用数值方法来证明呢？结构分析中的数值方法是把无限点构成的连续求解域划分为离散且有限的子区域，在每个子区域内采用简单函数近似表达真实的位移场或应力场，然后利用各子区域之间的连续性关系并考虑初始条件和 / 或边界条件，直接或间接建立起近似的总体方程。给定一组初始数值，就可以求出一组对应的数值解。首先，如前所述，数值方法一般都是近似的，不能用来作为理论证明的方法。其次，即使在较为少见的情况下（例如无翘曲梁单元有限元方法），所采用的数值方法以精确函数描述子区域的位移场或应力场，在用数值方法建立方程组时，由于事先不知道状态与过程是否相关，因此有两种可能的前提假设，即假设状态与过程相关或无关。如果先假定状态与过程相关，就必须全过程建立分阶段增量的方程组，每个阶段的方程组都是在其前一阶段状态基础上的增量表达式，最终状态方程组也不例外。不过利用这样的一些增量形式的方程组无法证明最终状态与过程是否相关。而如果先假定状态与过程无关，就会直接得到一个与过程无关的全量形式最终状态方程组，看上去似乎证明了状态与过程无关，但这等于把"状态与过程无关"既当作前提假定，又当作要证明的结论。无论采用直接法还是间接法建立方程组都是如此，因为结构能量由对应的状态决定，所以状态与过程相关就等价于对应的能量与过程相关，反之亦然。由此可以看出，数值方法只能用来得到近似的具体数值解，而不能用来表达和证明内在且连续的一般性力学规律，这是由方法本身性质决定的。

⑤ 扩展无应力状态原理

在结构的状态 - 过程相关性原理中令 $t_i = t_0$，则 $U(t_i) = U(t_0) = \{0\}$，于是可得出推论：当结构的材料本构关系中加载与卸载路径一致，即材料为与时间无关的非线性弹性材料，并且当前时刻 t_k 的结构体系 $S(t_k)$ 和作用体系 $A(t_k)$ 已知时，结构在时刻 t_k 的状态 $U(t_k)$ 就取决于此刻的现时无应力构形 $L(t_k)$，而与结构体系 $S(t_k)$ 和作用体系 $A(t_k)$ 的演变过程无关。本文称这个推论为扩展无应力状态原理。

与传统无应力状态原理相比，扩展无应力状态原理具有如下特点：一是适用范围从线性弹性材料和几何线性扩展到非线性弹性材料和几何非线性，二是采用动态的现时无应力构形 $L(t_k)$ 代替了初始无应力构形 $L(t_{0e})$，三是明确了加载与卸载路径一致这个前提条件。

6 过程的强 / 弱相关性及弱相关性的去相关处理

由结构的状态 - 过程相关性原理可知，如结构在加载与卸载过程中的现时无应力构形 $L(t)$ 不一致，则二者的状态就不一致，结构的状态就与过程相关。

影响 $L(t)$ 的因素可以分为两类：一类与应力、应变和时间都有关，如弹塑性本构关系和徐变，使得结构体系和作用体系变化都影响 $L(t)$，且 $L(t)$ 的改变不可恢复，故将其称为强相关因素；另一类与应力无关，仅与应变和时间有关，如温度变化和收缩引起的变形，一般情况下结构的状态与过程相关。但在理论计算中，如果能使在某一特定时间区间 (t_i, t_k)，构件的温度变化总量和收缩总量不变，此时状态改变量就与过程无关，这种性质的影响因素称为弱相关因素。

有强相关因素时的相关性称为强相关性，仅有弱相关因素时的相关性称为弱相关性。对于弱相关性的结构，若已知各构件的对应作用在时间区间 (t_0, t_k) 内的改变总量，就可应用扩展无应力状态原理，达到所谓去相关性的目的。

参考文献

[1] 李乔. 结构的状态 - 过程相关性原理 [J]. 桥梁建设，2020（5）：22-29.

本文根据"西南交大桥梁"微信公众号于 2021 年 1 月 7 日发布的文章《李乔说桥 -29：结构的状态 - 过程相关性原理及有关问题说明》改写。

13

压杆稳定及预应力

① 惯性思维的误区

惯性思维是每个人常用的思维方式，运用得好，可以达到举一反三的效果；但若运用不好，则可能会进入误区。

误区 1：图 13.1a）所示为承受轴压荷载的细长杆件，其失稳分为第一类失稳和第二类失稳，前者又称为弹性失稳，后者又称为弹塑性失稳或极值点失稳。于是有人认为，压弯构件的失稳破坏就是强度破坏，是由材料达到强度极限所致。

这是不正确的认识，是对失稳问题本质的误解。

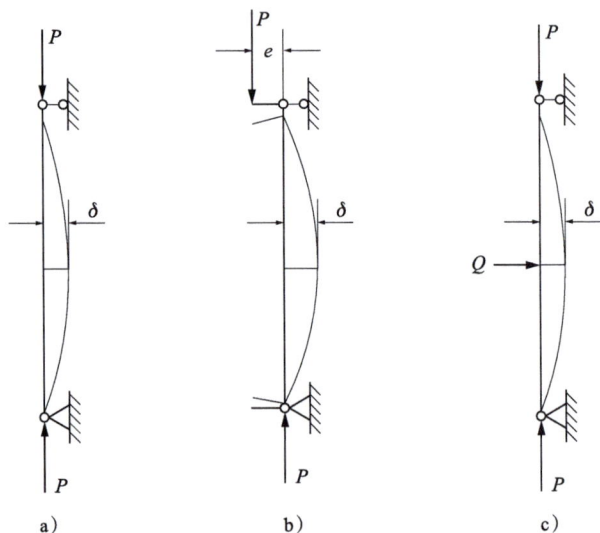

图 13.1　压杆失稳及变形

误区 2：预应力构件在预加力作用下也属于受压构件（图 13.2），因此预加力大到一定值时，构件也会因此而失稳。这是惯性思维得到的结论，但多数情况下是不正确的。

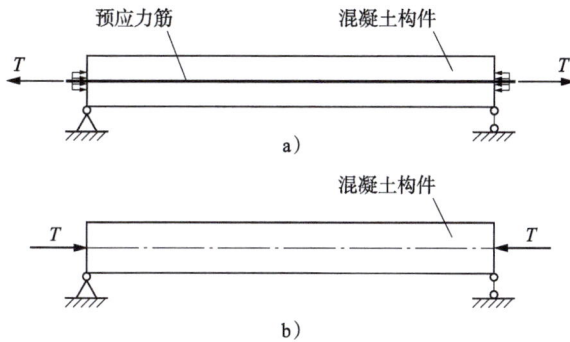

图 13.2　预应力沿轴心布置的混凝土构件受压特征

误区 3：由于初曲率影响，预应力平面曲线梁的水平面内对称于轴心布置的体内预应力筋会有绷直的趋势，因而会引起绕竖轴的横向弯矩，试图使梁也产生变直的趋势。这也是一个误区。

误区 4：在斜拉索水平分力作用下，斜拉桥的主梁也是受压构件，因此在最大悬臂状态 ［图 13.3a)]，主梁的稳定性计算模型相当于一个悬臂梁，其上作用斜拉索力和主梁重力，如图 13.3b）所示。这同样是不正确的，这样计算得到的失稳荷载远低于正确结果。

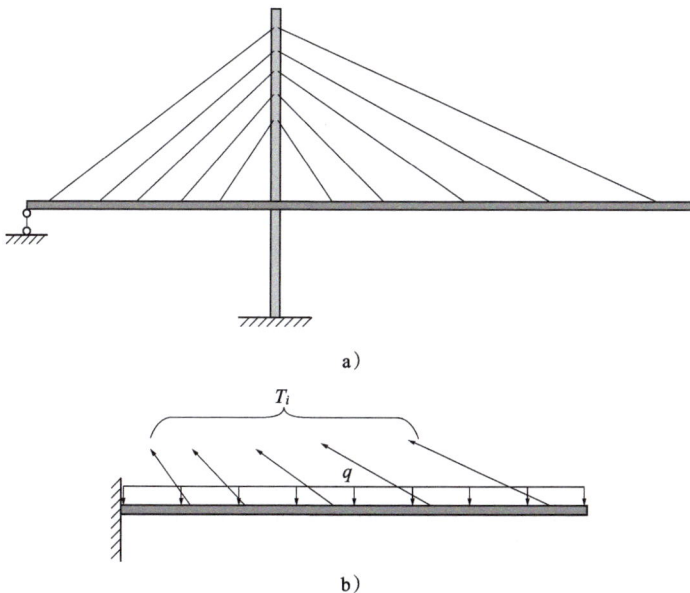

图 13.3　斜拉桥主梁稳定性

② 杆件失稳特征与定义

本文只讨论受压的非薄壁杆件的两类稳定性，不讨论薄壁杆件的压弯扭失稳和受弯侧向失稳模式。

如图 13.4a）所示，理想轴心受压杆件上的压力 P 达到某个临界值 P_{cr}（P_{cr} 为欧拉临界力）时［图 13.4a）中的 A 点］，杆件平衡状态出现分支，即直线平衡状态和微弯平衡状态分支的临界状态，这是一种不稳定的平衡状态。这个临界状态就被定义为理想轴心受压杆弹性失稳。

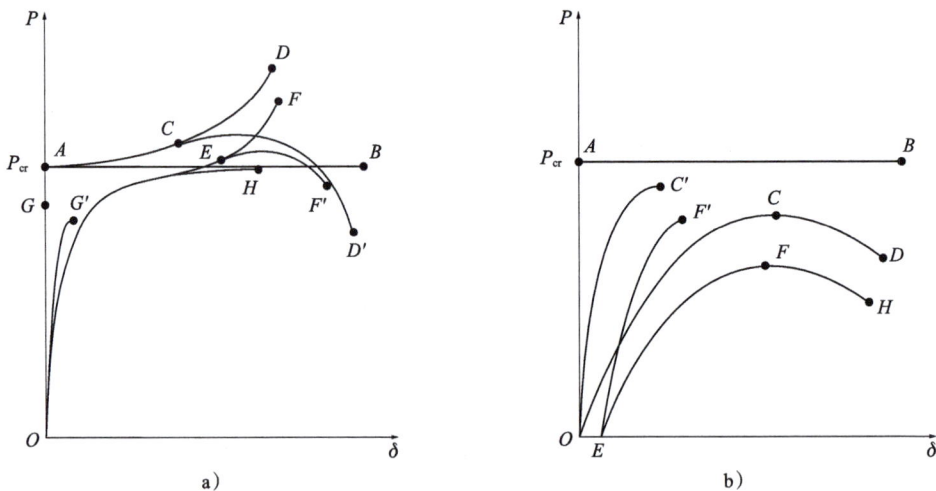

图 13.4　压杆 P-δ 曲线

在图 13.4a）中，直线 AB 是采用小变形理论即弯曲曲率 $K = \delta''$ 得到的 P-δ 关系曲线，这时的挠度是不确定的。曲线 ACD 则是采用大变形理论，即 $K = \delta'' / \left[1 + \left(\delta' \right)^2 \right]^{3/2}$ 得到的，这时的挠度 δ 与荷载 P 具有一一对应关系。这两条曲线都未考虑材料弹塑性性能，如果考虑材料弹塑性性能，则曲线 ACD 将变为 ACD'。

图 13.4a）中的 OG 和 OG' 分别表示不考虑和考虑材料弹塑性性能时，在轴力达到 P_{cr} 之前，应力就达到材料强度极限而使杆件失效，这显然是强度破坏而非失稳破坏，中短柱即属于这种情况。

前面讨论的是理想轴心受压杆件，在工程实践中，由于不可避免地存在材料的非均匀性、初始几何缺陷以及荷载位置误差等，必然会有初始偏心存在，因而杆件从开始受压就存在侧向挠曲，其 P-δ 曲线将如图 13.4a）中的 OH、OEF 和 OEF' 所示，其中 OH 为小变形理论结果，它向右延伸，无限逼近直线 AB；OEF 和 OEF' 分别为采用大变形理论时，不考虑和考虑材料弹塑性性能的结果。OEF' 曲线代表的就是弹塑性失稳，即第二类失稳。类似地，对于图 13.1b）、c）所示的偏心受压构件，其 $P-\delta$ 曲线如图 13.4b）所示，其中 OCD 表示无初始挠度的偏压细长构件第二类失稳，OC' 则表示偏压中短构件强度破坏。EFH 表示有初始挠度的偏压细长构件第二类失稳，EF' 则表示偏压中短构件强度破坏。

曲线中代表弹塑性失稳的最高点〔图 13.4b）中的 C 点和 F 点〕对应的荷载，就是其极限轴向荷载 P_u，即所谓的压溃荷载。

③ 如何区分杆件弹塑性失稳与强度破坏

区分理想轴心受压构件的弹性失稳与强度破坏是容易的，但对于一个受压弯联合作用的杆件，如何区分其弹塑性失稳与强度破坏却是一个经常令人困惑的问题，也是一个容易产生分歧的问题。

"压弯构件的失稳破坏就是强度破坏"这种观点是不正确的，柏拉希（F. Bleich）批评这种观点时说："偏心压杆的破坏荷载不是由于纤维应力达到某一临界值（如纤维开始屈服或杆中出现塑性铰），而是由于在某一屈曲荷载下，内外弯矩之间的平衡成为不可能，企图把偏心柱子的稳定问题作为应力问题来考虑肯定会失败的，因为这完全误解了问题的本质。"

仔细分析杆件的失稳特征，可以发现，使杆件失稳的最主要因素是非线性 $P-\delta$ 效应，即由于压力与变形交互影响而产生附加弯矩，也就是柏拉希所说的外弯矩，这是杆件失稳的"驱动力"；而杆件自身的抗弯刚度则提供抵抗弯矩，即柏拉希所说的内弯矩，是杆件失稳的"抵抗力"。以图 13.4b）的曲线 EFH 为例，曲线的上升段 EF 表示增大荷载 P 所引起的"驱动力"与杆件自身产生的"抵抗力"处于稳定平衡状态。而到达 F 点时，杆件进入随遇平衡状态，之后杆件就进入不稳定平衡状态，挠度迅速加大，必须降低荷载 P 才能维持平衡，否则"驱动力"的增加速率就会大于"抵抗力"的增加速率，导致杆件失稳。

由此可见，杆件失稳的最主要特征是从稳定平衡状态进入不稳定平衡状态，或者不太严谨地说，在杆件控制截面的材料尚未完全达到强度极限时，由于杆件挠度迅速增加，弯矩迅速加大，弯矩又迅速加大挠度，达到近乎"失控"状态，即随遇平衡状态，从而使杆件对轴向力的承载能力达到最高极限。其后要想继续维持平衡，必须降低轴向荷载。而强度破坏的特征是在挠度"失控"之前，就已经因截面的材料全部达到强度极限而失去继续承载的能力［图 13.4b）中的 F' 点］。

在工程上由于无法求得解析解，因此真正区分失稳破坏与强度破坏并不容易。一般采用有限元数值方法求解，并且是直接计算结构而非单个构件的极限承载力，作为结构的压溃荷载，而不去具体区分是强度破坏还是失稳破坏。

虽然上述的区分和描述仅具有理论意义，但从机理上理解失稳的内涵，对正确分析结构特性和建立清晰的力学概念还是非常重要的。有限元只是数值计算工具，不能代替力学概念。

④ 预应力构件的稳定性

对于图 13.5a）所示的轴心承受预加力的体内预应力构件，在只考虑预加力荷载时，如果发生侧向弯曲，则预应力钢筋与混凝土同步发生相同的变形［图 13.5b）、c）］，作用在杆件端部的预加力 T 会随着杆端转动，同步变成曲线的预应力筋则会产生指向曲率中心的径向压力 P。因此如图 13.5b）所示，预加力不仅是非保守力，还是一个自平衡力系，并且任意截取一段作为分离体都是如此。T 的水平分力 H 与杆件挠度 δ 构成附加弯矩 $M_1 = H\delta$，而分布力 P 与杆端压力 T 的竖向分力 V 引起反方向附加弯矩 M_2，可以称其为"恢复力"。因预加力是自平衡力系，故可以证明 $M_2 = -M_1$，总附加弯矩 $M = M_1 + M_2 = 0$，即预加力不会因杆件侧弯而引起附加弯矩。

这里的关键点在于：（1）预应力筋与混凝土构件同步变形；（2）预加力自平衡。

根据这两点，对于非轴心和非直线布置预应力筋的构件，也容易得出上述结论。因为构件侧弯导致其挠曲线产生一个增量，由此引起的径向力 P 的增量及杆端预加力 T 方向改变量所产生的两个附加弯矩增量 $\mathrm{d}M_1 = -\mathrm{d}M_2$，总附加弯矩增量 $\mathrm{d}M = \mathrm{d}M_1 + \mathrm{d}M_2 = 0$。

那么对于超静定构件如连续梁等，情况又会怎样呢？在超静定梁上施加预应力，其挠曲变形会受到多余约束的限制，产生次反力和次弯矩。这种限制会减小预应力引起的挠曲变形总量，或者说只改变构件和预应力筋曲率的大小，但因曲率变化引起的 $\mathrm{d}M_2$ 和 $\mathrm{d}M_1$ 始终反号，所以总附加弯矩增量 $\mathrm{d}M$ 始终为 0。

综上所述，并参照前面关于压杆失稳的分析可得出结论：体内预应力构件不会因预应力作用而发生失稳现象。

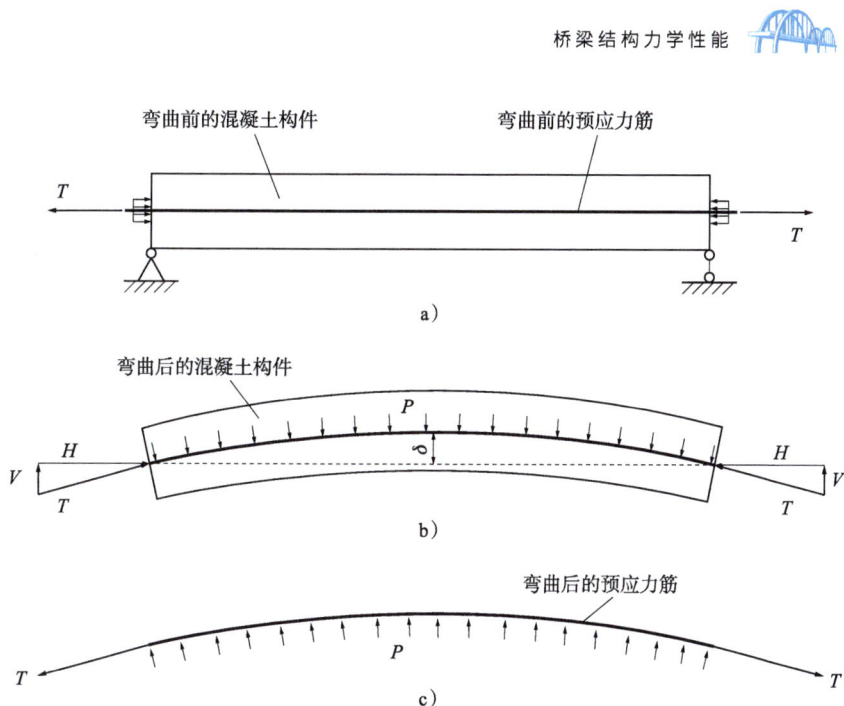

图 13.5 预应力混凝土构件力学分析

因此，计算构件承载力时，如果轴向压力仅由预应力引起，例如预应力阶段，则不必考虑稳定性因素，例如不必验算构件在预应力弯矩面外方向的稳定性，验算面内承载力时也不必考虑二次效应产生的那部分偏心距增大效应。

⑤ 预应力曲线梁力学特性

假设图 13.5b）所示的轴心承受预加力的体内 PC 构件不是因受力而弯曲的，而是一个具有初曲率的平面曲线梁，那么根据前面的分析，容易得出一个推论：轴心施加（体内）预应力的曲线梁，预应力在其横截面上引起的横向弯矩为零。想象一下自行车手刹线的软管，就不难理解上述推论了。

⑥ 体外预应力构件

前面的分析都是针对体内预应力构件，对于体外预应力构件，前述结论需要附加条件才能适用。在前面的分析中，很关键的一点是预应力筋与混凝土构件同步变形，这对于体内预应力构件是自然满足的，但对于体外预应力构件，如图 13.6 所示，只在端部锚点和中间固定点（或转折点）处满足，且转折点处产生集中恢复力 Q，而在这些点之间的自由长度 L 范围内不满足。因此，若 L 较大，构件有可能在这些区间因预加力过大而失稳。只有当中间转折点较多，L 较小时，整个杆件性能接近体内预应力构件，才不会发生失稳。

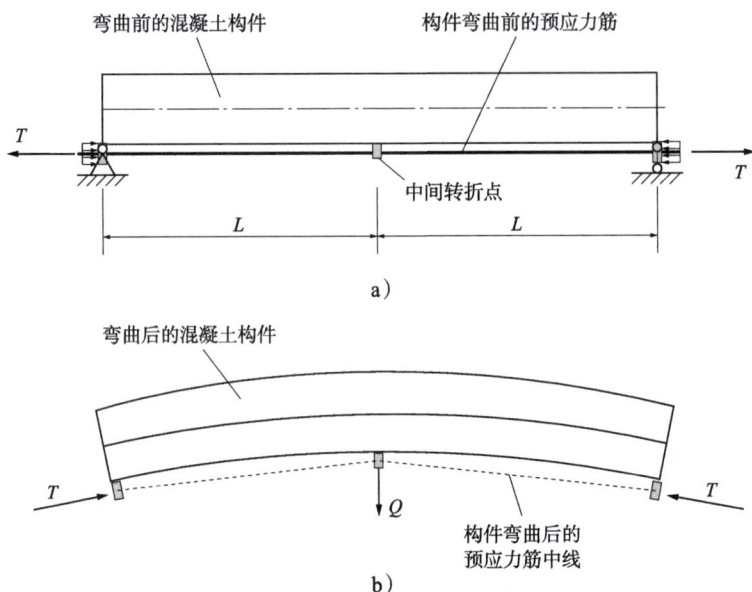

图 13.6　体外预应力构件示意图

7 斜拉桥主梁及自锚式悬索桥加劲梁的稳定性

在本书文章 3（《预应力体系的基本力学特征》）中曾提到，斜拉桥也可以看作一种预应力结构，斜拉索相当于体外预应力筋。在分析斜拉桥主梁稳定性时，不管是竖直面内（竖向）还是水平面内（横桥向）的稳定性，斜拉索对主梁都具有弹性约束作用。如图 13.7 所示，主梁发生竖向变形时（图中虚线），会导致斜拉索索力增加 ΔT_i，其作用相当于约束变形的竖向"恢复力"。当主梁发生横桥向水平变形时，会导致斜拉索横向倾角变化及对应的横向水平分力增加，从而产生横向"恢复力"。因此，在进行主梁稳定性分析时，不能仅仅用固定的索力代替斜拉索作用，而是要将斜拉索的刚度考虑在模型中，从而考虑其产生"恢复力"的作用。这样计算得到的压溃荷载远高于图 13.3 悬臂梁模型计算得到的结果。斜拉桥桥塔虽然也有类似的特性，但由于塔的侧向位移对斜拉索索力的影响不如对主梁变形那样明显，所以其对塔稳定性的影响也较主梁小一些。

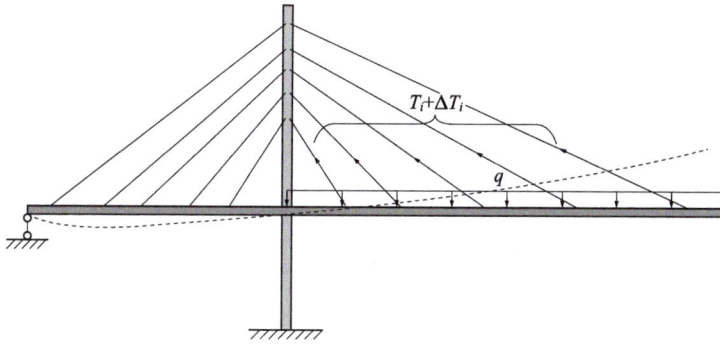

图 13.7 变形引起斜拉索 "恢复力"

对于自锚式悬索桥，主缆对加劲梁产生轴向压力，而吊杆力则会因加劲梁竖向位移而产生变化，即 "恢复力"，因此也有类似斜拉桥的特性，只是此时的吊杆力变化规律与斜拉索不同而已。

本文根据 "西南交大桥梁" 微信公众号于 2021 年 6 月 9 日发布的文章《李乔说桥 -33：压杆稳定及预应力》改写。

14

✦分钟理解约束扭转

❶　自由扭转与约束扭转

为便于理解约束扭转，首先回顾一下材料力学中关于杆件扭转分析的内容。如图 14.1a）所示，在材料力学中，主要讲述圆形截面直杆的扭转分析方法，包括实心圆杆和薄壁圆管。这种圆形截面杆受扭变形有一个重要特征，即平截面特征，横截面受扭前为平面且与杆件轴线正交，受扭后仍然为平面且与杆件轴线正交，并且横截面上各点处无轴向变形。而对于矩形截面杆件［图 14.1b）］，横截面受扭后不再为平面，且横截面上各点处会发生大小和方向各不相同的轴向变形。这种非均匀的轴向变形被称为翘曲，图 14.1b）中杆件右端红色虚线所示为矩形截面边缘处翘曲位移示意，为清晰显示，此处将其画在了截面变形前原位置上。除了矩形截面杆件外，实际工程中使用的多数非圆形杆件受扭后会发生翘曲。

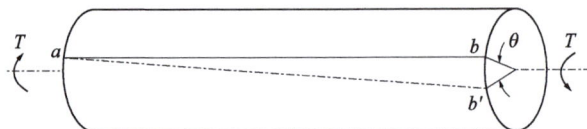

a）受扭圆形截面杆

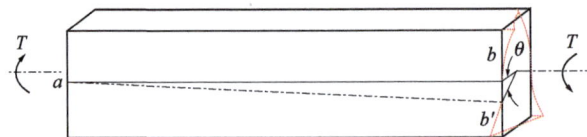

b）受扭矩形截面杆

图 14.1　杆件受扭变形示意图

知道了翘曲现象以后，就可以定义自由扭转和约束扭转了。翘曲不受约束的扭转称为自由扭转，翘曲受到约束的扭转则称为约束扭转。

如图 14.1a）所示，圆形截面直杆受扭本来就没有翘曲，自然不存在受到约束的问题，所以属于自由扭转。除了圆形截面外，正多边形截面也不产生翘曲位移，这可以从正多边形边数趋于无穷时就变为圆形这点来理解。而矩形截面等受扭时有翘曲的杆件，如果翘曲没有受到约束，可以自由地变形，就属于自由扭转，否则就属于约束扭转。

② 判别准则

虽然根据上节的定义可以判别自由扭转和约束扭转，但过于抽象，不熟悉的人很难一眼看出翘曲是否会受到约束，不便于应用。

对于有翘曲的杆件，通过受力特征分析可以总结出更直观的判别准则，即满足"等截面直杆，外扭矩只作用在两端，各横截面无对翘曲的外加约束"这三个条件时，为自由扭转，否则为约束扭转。

有人可能会问：有上述第三个条件就够了，前两个条件不是多余吗？

请注意，对翘曲位移的约束不仅来自外部的直接约束，如固结约束或刚性块约束等，还有来自杆件内部的约束。当杆件的扭矩沿轴向不是常量时，翘曲位移也不是常量，因而相邻截面由于变形不一致就会产生相互制约，即产生相互约束效应，从而发生约束扭转。

回到上述的前两个条件：如果杆件是变截面杆、曲杆或外扭矩作用在杆件中间区域，则杆件的扭矩必然不是常量，必然会产生对翘曲的内部约束，从而发生约束扭转。

③ 约束扭转引起的附加应力

首先，由于翘曲位移受到约束，翘曲引起的横截面上任意一点处的轴向位移 w 的轴向（z 轴）变化率 $\mathrm{d}w/\mathrm{d}z$ 不为零，因此会在横截面上引起正应力为

$$\sigma_z = E\varepsilon_z = E\frac{\mathrm{d}w}{\mathrm{d}x} \tag{14.1}$$

该正应力称为约束扭转正应力或翘曲正应力。

此外，由于翘曲位移与扭转引起的其他效应耦合，因此约束扭转还会引起其他附加应力，包括约束扭转剪应力、畸变剪应力、扭曲应力等。

理论分析和试验结果都表明，约束扭转引起的附加应力只在薄壁截面杆件中有较大的数值，有时与弯曲应力属于同一数量级；在其他截面形式杆件中数值很小，工程上可以忽略不计。工程结构中的绝大多数钢制杆件属于薄壁杆件［图14.2，图14.3a）、b）］，混凝土箱梁等也属于薄壁杆件［图14.3c）、d）］。

对于开口薄壁杆件，仅需考虑约束扭转正应力；而对于闭口薄壁杆件，需考虑约束扭转正应力、约束扭转剪应力、畸变剪应力和扭曲应力，其中的约束扭转正应力在混凝土箱梁中因数值不大而可以被忽略，扭曲应力在钢箱梁中一般数值也不大。

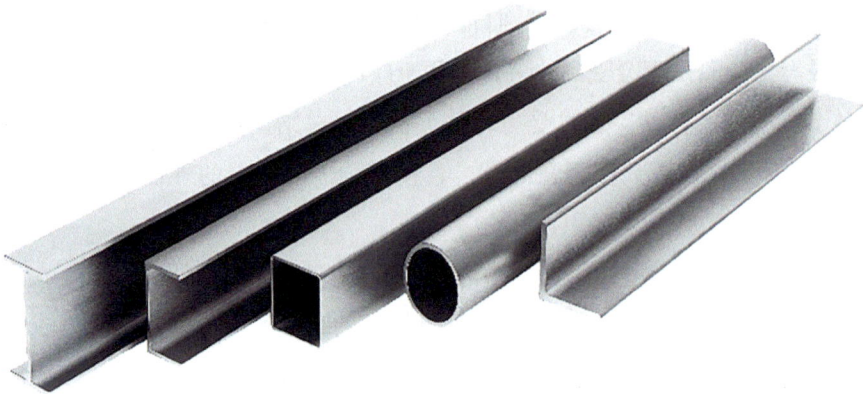

图14.2　型钢薄壁杆件杆段

a）正在吊装的钢箱梁

图　14.3

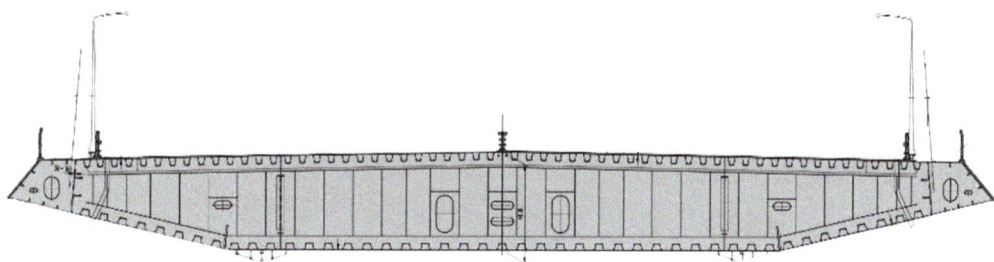

b）钢箱梁横截面

c）施工中的混凝土箱梁

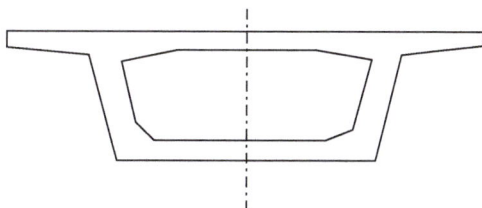

d）混凝土箱梁横截面示意图

图 14.3　钢箱梁及混凝土箱梁

④ 翘曲位移的发生机理

翘曲位移对约束扭转如此重要，那么它是如何产生的呢？图 14.4 所示的具有两个对称轴的工字形截面薄壁杆件，在一对力 P 构成的力偶矩作用下，其各横截面的上、下翼缘绕扭转中心转动，其水平位移分量相当于每个翼缘在其自身平面内发生了横向弯曲，导致横截面发生绕竖直轴的转动，从而引起横截面上各点处的纵向位移 w。因上、下翼缘横向弯曲方向相反，故对应位置的纵向位移 w 也相反，横截面不再保持为平面，发生翘曲位移。

对于其他形状横截面杆件，虽然其变形规律没有工字形截面杆件那样明显，但其基本机理是相同的。例如，矩形闭口薄壁截面杆件（图 14.5）受扭后，其顶底板和两个腹板也会发生各自平面内的弯曲变形。由于各板件在截面角点处互相连接在一起，因此相连板件在此处的纵向位移会相互约束，总的纵向位移等于各相交板件纵向位移相互约束后的结果。显然，如果两个板件相交且各自的纵向位移等值反向，则该处总的纵向位移为零；如果截面上每个相交点处都这样，这个截面就不发生翘曲，比如相同材料的等壁厚正方形截面就是如此。

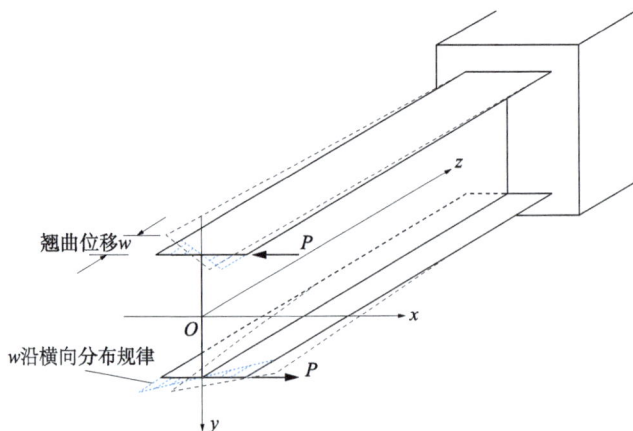

图 14.4　开口薄壁杆件的约束扭转

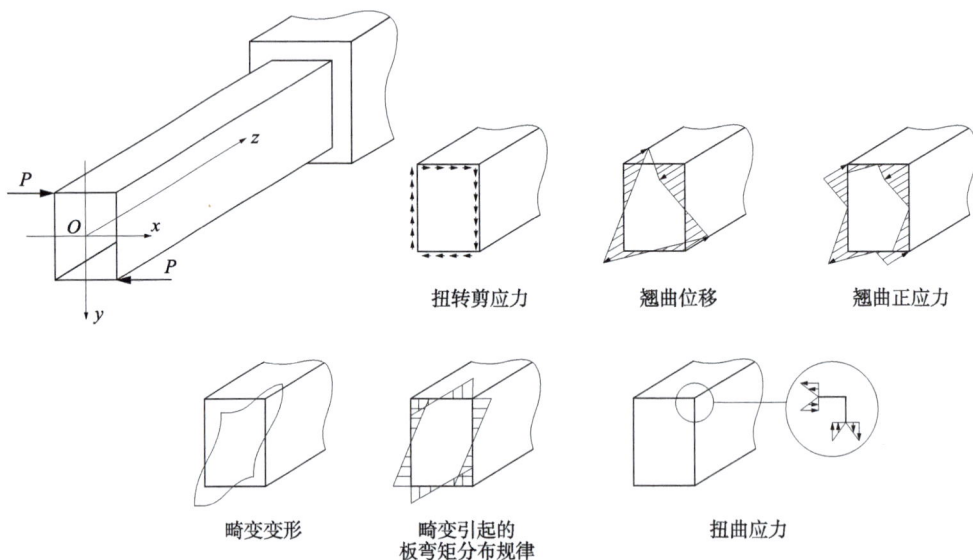

图 14.5　闭口薄壁杆件的约束扭转

上述的翘曲位移是由横向弯曲产生的正应变和剪应变双重变形所引起的，但对于开口薄壁杆件，自由扭转剪应力在中曲面上为零，不引起面内剪切变形，而约束扭转剪应变又很小，因此每个板件在其面内的弯曲变形服从平截面假设，但杆件整个横截面各板件弯曲方向不同，故整个横截面不服从平截面假设。而对于闭口薄壁杆件，由于自由扭转剪应力和约束扭转剪应力在中曲面上都不为零且不可忽略，故各板件的面内弯曲变形不符合平截面假设，因此存在两类理论方法：一类是把剪切变形平均分配在板件宽度范围内，认为翘曲引起的纵向位移在板件宽度范围内仍按直线规律变化（图 14.5），但变形后的板件截面不再正交于其轴线；另一类是让纵向位移采用非线性分布规律变化，这类方法主要应用于不考虑横截面畸变的情况。

5 为何薄壁闭口截面比开口截面的抗扭刚度大得多？

众所周知，对于薄壁杆件，闭口截面比开口截面的抗扭刚度要大得多，一般会大 1～2 个数量级，所以大跨度桥的主梁多采用闭口截面形式的箱形梁。但为什么会是这样呢？

以图 14.6 所示的双对称矩形闭口和开口薄壁截面为例来说明，其他类型截面的原理与此相同。图中的开口薄壁截面是由闭口薄壁截面在底部中间切开一个很小的切口得到的。如果不计切口的面积，则二者的面积和抗弯惯性矩相同。同时注意，切开切口后，截面扭转中心 A 从形心位置移到了顶板的上方。

假设二者受扭时均为自由扭转，且受相同扭矩 T，则抗扭刚度越大，其扭转剪应力就会越小；反之亦然。实验和理论均表明，二者的扭转剪应力 τ 分布如图 14.6 所示。由图 14.6 可知，将各板剪应力合力 τth 或 τtb 乘它们到扭转中心 A 的距离（力臂）并求和，即得闭口薄壁截面的剪应力所合成的扭矩，即 $T_0 = 2\left[(\tau th)b/2 + (\tau tb)h/2\right]$，它们的力臂分别是 $b/2$ 和 $h/2$；而开口薄壁截面每个板件中线外侧和内侧剪应力合力 $\tau th/4$（或 $\tau tb/4$）恰好等值反向，构成一个力偶矩，力臂为 $2t/3$。因此，整个截面的剪应力所合成的扭矩为 $T_1 = 2\left[(\tau th/4)2t/3 + (\tau tb/4)2t/3\right]$。由于薄壁截面的厚度 t 远小于板的宽度 b 或 h，且闭口薄壁截面剪应力沿壁厚为同向均匀分布，开口薄壁截面剪应力沿壁厚线性分布且内外侧方向相反，因而图中二者的剪应力合力相差 4 倍。所以，如果二者剪应力 τ 相等，闭口截面剪应力的合成扭矩 T_0 远大于开口截面的合成扭矩 T_1，即闭口截面的抗扭能力（即抗扭刚度）远大于开口截面。

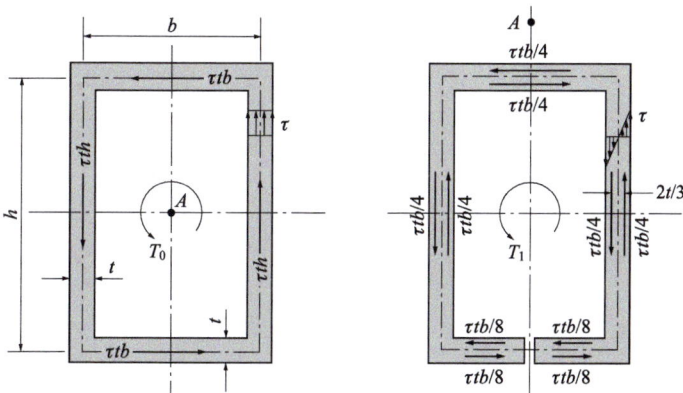

图 14.6 闭口及开口薄壁杆件的扭转剪应力及合力

注：A 为扭转中心。

进一步简化可得：$T_0 = \tau t \Omega$，$T_1 = \tau t^2 S / 3$。其中 $\Omega = 2hb$，为周边所围面积的 2 倍；$S = 2(h+b)$，为周边长度。可明显看出，$T_0 \gg T_1$。

6 有限元计算结果是否包含约束扭转效应？

有限元软件是目前计算分析桥梁等结构的有力工具和主要手段，其计算结果是否包含约束扭转效应呢？这要看你采用什么单元模型进行计算。如果采用一般的平面梁单元（每节点 3 自由度）或者空间梁单元（每节点 6 自由度），则没有考虑约束扭转效应；如果采用带有约束扭转自由度的梁单元，则包含部分或全部约束扭转效应。比如每节点 7 自由度（6 个常规自由度加 1 个翘曲自由度），则可计算开口薄壁杆件或不考虑畸变的闭口薄壁杆件结构，而若每节点还有畸变相关自由度，则包含全部约束扭转效应。

如果采用壳单元模型，并且划分为较密的单元网格，则包含所有的约束扭转效应在内。但如果单元网格很稀疏，比如箱梁的每块板横向只用一两个单元模拟，则无法准确模拟约束扭转效应。实际上稀疏的单元网格不能较好地模拟所有的力学效应。

本文根据"西南交大桥梁"微信公众号于 2022 年 3 月 11 日发布的文章《李乔说桥 -40：十分钟理解约束扭转》改写。

15

由约束扭转所联想的

1 力学行为解析思路的相似性

在长期的教学实践中，作者始终坚持课程内容与科学研究方法并重的理念，在讲解课程内容的同时，也对这些内容的研究方法和思路进行解释，并总结其与以往学过的知识之间的关联和相似性。本文拟通过开口薄壁杆件约束扭转问题的研究思路来展示与结构或构件相关的力学问题在研究方法上的相似性。鉴于这个目的，文中并未完整地列出全部推导过程和公式，只是展示研究思路的主线。

回顾一下学过的材料力学、弹性力学等工程力学知识，可以发现在进行构件或固体力学行为分析时，所采用的基本途径是相似的：先设定问题的前提条件，即基本假设；接着通过变形分析找出位移与应变之间的关系，即几何方程；再通过应力 - 应变关系（即物理方程）得到应力与位移之间的关系，通过平衡条件得到内力与应力或内力与位移之间的关系；然后，对微元体进行分析，利用平衡条件、协调条件、能量方法等推导出问题的控制微分方程；最后，根据具体情况，给出初始条件和边界条件，求解微分方程，得到问题的解。

控制微分方程是所研究问题的数学描述，不仅力学问题如此，所有物理学及相关领域的理论大都会归结为一个或一组微分方程，例如广义相对论方程、薛定谔方程、麦克斯韦方程等，这是科学与数学在探索宇宙奥秘过程中的完美结合。

从以上的叙述可以看出，研究结构、构件、块体等各种力学行为的基本途径具有相似性。所以，当你希望进行一项新的力学行为问题研究时，不要首先想着用有限元计算，虽然那是一个强有力的计算工具，但毕竟它只是计算工具，不能代替数学方程来描述规律。你应该试一下，看可否通过前述的基本途径推导出控制微分方程，即使导出的方程不能求得解析解，也可以通过微分方程及变形分析得到一些基本规律，对了解问题的本质具有指导性作用。

如果读者对约束扭转不太熟悉，则建议在阅读本文之前，首先读一下文章 14（《十分钟理解约束扭转》），以便理解本文的一些术语。

② 必要前提——基本假设

与物理学等基础理论研究不同，作为应用基础理论的工程力学研究有其适用范围和前提条件，所以首先要明确其基本假设。开口薄壁杆件约束扭转问题的基本假设如下：

（1）材料为弹性、匀质、各向同性的，且服从胡克定律。

（2）小变形假设。

（3）扭转时横截面周边（各分肢中线）投影不变形，即横截面不发生畸变（图 15.1）。

（4）忽略中曲面上的剪应变。

前 3 个假设较为容易理解，现在解释一下第 4 个假设。由于中曲面上存在约束扭转剪应力，因此也存在剪应变，但实验和理论都证明，约束扭转剪应变与

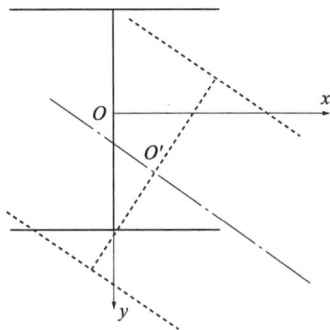

图 15.1　周边投影不变形假设

自由扭转剪应变相比很小，在分析位移与变形规律时可以忽略不计，从而使问题得以简化。第 4 个假设是开口薄壁杆件约束扭转理论的关键。

③ 前序——变形与应力、内力分析

（1）坐标系。

坐标系是任何研究和分析的基本参照系，所以必须明确定义，否则就会带来混乱和错误。

本问题总体坐标系如图 15.1 所示，z 轴（图中未示出）则按右手螺旋法则，为顺杆件轴线方向。流动坐标系如图 15.2 所示，s 和 n 分别为周边切线和法线方向坐标轴。

（2）翘曲位移分析。

约束扭转是指翘曲位移受到约束的扭转，所以有必要先分析翘曲位移的分布规律。首先分析自由扭转时的翘曲位移，然后根据基本假设（4），得到约束扭转时的翘曲位移表达式。

图 15.2a）所示为开口薄壁杆件自由扭转时的剪应力分布规律，根据基本假设（4）中曲面上剪应变 $\overline{\gamma}_{zs}$ 为零，可得

$$\overline{\gamma}_{zs} = \frac{\partial w}{\partial s} + \frac{\partial v}{\partial z} = 0 \tag{15.1}$$

其中，$w = w(z,s)$ 为周边纵向（z 向）翘曲位移；$v = v(z,s)$ 为周边切向（s 向）位移。

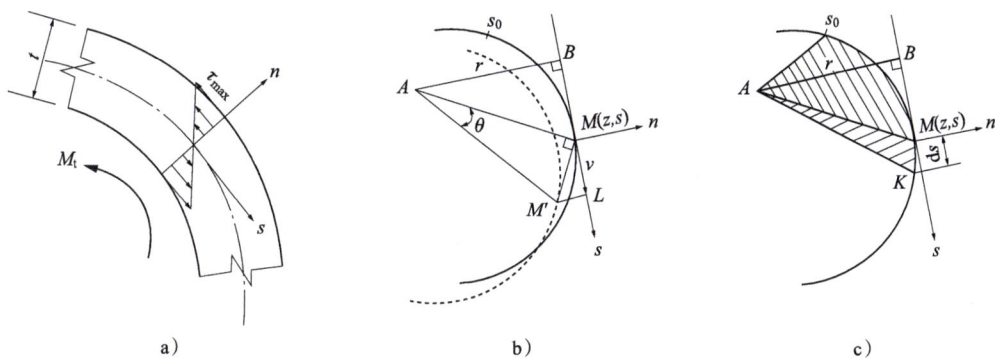

图 15.2 剪应力与扭转变形

参考图 15.2b），图中 θ 为扭转角，s_0 为坐标 s 的起点，$r(s)$ 为扭转中心 A 到周边任意一点 M 的垂直距离。根据小变形假设，可得

$$v(z,s) = r(s)\theta(z) \tag{15.2}$$

代入式（15.1）并积分可得

$$w(z,s) = \int \frac{\partial w(z,s)}{\partial s} \mathrm{d}s = w_0(z) - \int_0^s \frac{\partial v(z,s)}{\partial z} \mathrm{d}s \tag{15.3}$$

式中，$w_0(z)$ 为 s 积分起点 s_0 处的翘曲位移。

将式（15.2）代入并设

$$\omega(s) = \int_0^s r(s)\mathrm{d}s \tag{15.4}$$

可得开口薄壁杆件自由扭转翘曲位移表达式为

$$w(z,s) = w_0(z) - \theta'(z)\omega(s) \tag{15.5}$$

$\omega(s)$ 称为扇性坐标，因其等于图 15.2c）中扇形 As_0M 面积的 2 倍，在式（15.5）中又起到一个坐标（广义坐标）的作用，故得名。

（3）应力与内力。

在约束扭转情况下，翘曲位移受到约束，所以对应的约束扭转正应变为

$$\varepsilon_z = \frac{\partial w}{\partial z} = w_0'(z) - \theta''(z)\omega(s) \tag{15.6}$$

如果采用主极点和主零点为参考点（见文献 [1]），则有 $w_0'(z) = 0$。再由胡克定律，可得约束扭转正应力为

$$\sigma_\omega(z,s) = E\varepsilon_z = -E\theta''(z)\omega(s) \tag{15.7}$$

作为杆件，横截面上的应力一定对应着一个内力。但由于约束扭转正应力在横截面上是自相平衡的，因此其对应内力不是诸如弯矩那样可以通过平衡条件得到的常规意义上的内力，而是一个广义内力。定义这个广义内力为

$$B_\omega(z) = \int_A \sigma_\omega \omega \mathrm{d}A = -E\theta''(z)\int_A \omega^2 \mathrm{d}A = -EI_\omega\theta''(z) \tag{15.8}$$

把 B_ω 称为双力矩，因为从式（15.8）可以看出它的量纲为力乘长度的平方，例如 $\mathrm{kN\cdot m^2}$，相当于力矩再乘长度，为力矩之矩，故被称为双力矩。而 $I_\omega = \int_A \omega^2 \mathrm{d}A$，称为扇性惯性矩或抗翘曲惯性矩，量纲为 $\mathrm{m^6}$。

将式（15.8）代入式（15.7），可得如下用双力矩表示的约束扭转正应力，形式上与弯曲正应力表达式非常相似，而且明显看出 $\omega(s)$ 相当于一个坐标。

$$\sigma_\omega(z,s) = \frac{B_\omega(z)\omega(s)}{I_\omega} \tag{15.9}$$

因为采用了中曲面剪应变为零的基本假设（4），所以不能利用几何与物理方程求得约束扭转剪应力 τ_ω，而要类似求解弯曲剪应力，利用分离体平衡条件求得 τ_ω。类似前面的分析，亦可推导出约束扭转力矩 M_ω、自由扭转力矩 M_t 及剪应力 τ_t（限于篇幅，此处略去推导过程），即

$$M_\omega(z) = -EI_\omega\theta'''(z) = \frac{\mathrm{d}B_\omega(z)}{\mathrm{d}z} \tag{15.10}$$

$$M_t(z) = GI_t\theta'(z) \tag{15.11}$$

$$\tau_\omega = \frac{M_\omega S_\omega^*}{tI_\omega} \tag{15.12}$$

$$\tau_t = \frac{2M_t n}{I_t} \tag{15.13}$$

其中，I_t 为圣维南扭转常数；S_ω^* 为部分面积扇性静面矩。

4 规律描述——控制微分方程

前面已经推导出所有应力和内力表达式，但其中都含有一个未知函数——扭转角 $\theta(z)$，需要建立关于 $\theta(z)$ 的控制微分方程才能求解。建立微分方程可以采用能量法，也可以直接采用微分杆段平衡条件，本文采用后者。

从图 15.3a) 所示受扭杆件中取一长度为 dz 的微分杆段，其受力状态如图 15.3b) 所示，两端横截面上作用有扭矩 $L(z)$ 和 $L(z)+\mathrm{d}L(z)$，杆段上作用有分布外扭矩 $m(z)$。其中，扭矩 $L(z)$ 是横截面上的总扭矩，等于约束扭转力矩 $M_{\omega}(z)$ 和自由扭转力矩 $M_{\mathrm{t}}(z)$ 之和，即

$$L(z) = M_{\omega}(z) + M_{\mathrm{t}}(z) \tag{15.14}$$

利用微分杆段的扭矩平衡条件，可得

$$L(z) + \mathrm{d}L(z) - L(z) = m(z)\mathrm{d}z \tag{15.15}$$

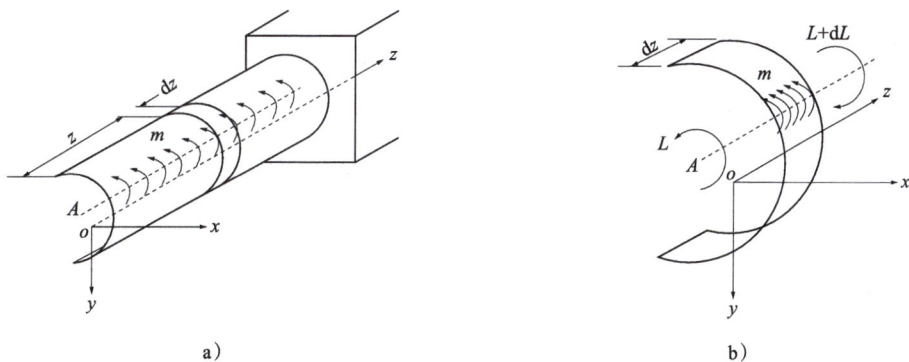

a)   b)

图 15.3 微分杆段的平衡力系

将式（15.10）、式（15.11）、式（15.14）代入式（15.15）并整理，可得开口薄壁杆件约束扭转控制微分方程为

$$\theta''''(z) - K^2\theta''(z) = -\frac{m(z)}{EI_{\omega}} \tag{15.16}$$

其中，$K^2 = GI_{\mathrm{t}}/(EI_{\omega})$。

5 必要条件——初始条件或边界条件

控制微分方程式（15.16）为四阶常微分方程，其通解含有 4 个待定积分常数

$C_1 \sim C_4$，必须另外找出 4 个初始条件或边界条件来确定。对于受扭杆件，总是能根据其两端的约束及受力情况找出 4 个边界条件的。

因待定积分常数 $C_1 \sim C_4$ 只有数学意义，而无明确的物理意义，使用不方便，所以可先用 $z=0$ 处有明确物理意义的 4 个初始条件表示 4 个积分常数 $C_1 \sim C_4$，从而列出各位移和内力的表达式

$$\theta(z) = \theta_0, \theta'(z) = \theta_0', B_\omega(z) = B_0, L(z) = L_0 \tag{15.17}$$

其中，θ_0、θ_0'、B_0、L_0 称为初参数，含有它们的位移和内力的表达式称为初参数方程。在进行具体构件分析时，可利用具体的边界条件确定 4 个初参数。本质上还是相当于利用边界条件确定积分常数，只是为了使待定积分常数具有物理意义，从而可以利用其力学含义方便地确定其值。

6　利用物理意义求微分方程特解

控制微分方程式（15.16）是一个非齐次微分方程，由高等数学可知，其通解为对应齐次微分方程的通解加上非齐次微分方程的一个特解。由于是典型方程，因此采用纯数学方法容易求得其齐次通解，将其求导并代入各内力表达式，然后采用初参数表达积分常数，便可得到含有 4 个初参数的内力与位移表达式，即初参数方程为

$$\{F(z)\} = [P(z)]\{F_0\} \tag{15.18}$$

其中，

$$\{F(z)\} = \{\theta(z), \theta'(z), B_\omega(z), L(z)\}^{\mathrm{T}} \tag{15.19}$$

$$\{F_0\} = \{\theta_0, \theta_0', B_0, L_0\}^{\mathrm{T}} \tag{15.20}$$

$$[P(z)] = \begin{bmatrix} 1 & \dfrac{\mathrm{sh}Kz}{K} & \dfrac{1-\mathrm{ch}Kz}{GI_t} & \dfrac{1}{GI_t}\left(z - \dfrac{\mathrm{sh}Kz}{K}\right) \\ 0 & \mathrm{ch}Kz & -\dfrac{K\mathrm{sh}Kz}{GI_t} & \dfrac{1}{GI_t}(1-\mathrm{ch}Kz) \\ 0 & -\dfrac{GI_t\mathrm{sh}Kz}{K} & \mathrm{ch}Kz & \dfrac{\mathrm{sh}Kz}{K} \\ 0 & 0 & 0 & 1 \end{bmatrix} \tag{15.21}$$

$[P(z)]$ 为 4×4 的矩阵，称为影响矩阵，其元素称为影响函数，描述 $\{F(z)\}$ 与 $\{F_0\}$ 的关系以及随坐标 z 的变化规律。

对于其非齐次特解，如果仍采用纯数学方法求解较为麻烦。此时要利用其物理

意义进行求解，这样可避开烦琐的数学推导而达到同样的目的。

观察控制微分方程式（15.16），使其成为非齐次方程的右端项 $m(z)/(EI_\omega)$ 反映外扭矩的影响。参考图 15.4，如果把距离原点 ξ 的微分杆段 $\mathrm{d}\xi$ 上的外扭矩合力矩 $m\mathrm{d}\xi$ 看作一个集中扭矩，那么它对 $z>\xi$ 截面的影响规律，与总扭矩初参数 L_0 对这些截面的影响规律应该是相同的，只不过二者作用的位置不同，前者作用在距离原点 $(z-\xi)$ 处，后者作用在距离原点 z 处。所以，可以利用式（15.21）中 $[P(z)]$ 对应初参数 L_0 的函数（即矩阵 $[P(z)]$ 的第 1 行第 4 列元素）来描述 $m\mathrm{d}\xi$ 的影响，但须把其中的坐标 z 换成 $(z-\xi)$，以反映作用位置的不同。于是均布外扭矩 m 对截面 z 总的影响等于将 $m\mathrm{d}\xi$ 的影响从 ξ 到 z 的积分，即得微分方程的非齐次特解。例如，m 对扭转角 $\theta(z)$ 的影响为 $[P(z)]$ 第 1 行第 4 列元素的积分，如下：

$$\int_\xi^z \frac{1}{GI_\mathrm{t}}\left[(z-\xi)-\frac{\mathrm{sh}K(z-\xi)}{K}\right]m\mathrm{d}\xi = \frac{m}{GI_\mathrm{t}}\left[\frac{(z-\xi)^2}{2}+\frac{1}{K^2}-\frac{\mathrm{ch}K(z-\xi)}{K^2}\right] \tag{15.22}$$

对于其他类型的外力，也可采用类似的方法求得其对应的影响，即非齐次特解。

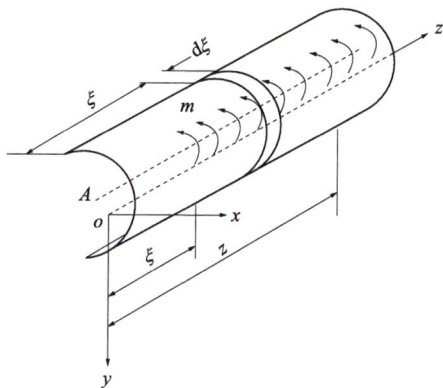

图 15.4　分布外扭矩的影响

7　结语

通过上述的分析和推导过程，可以大致了解结构或构件的力学行为研究的基本路径，并对其中常用的策略和技巧有所感悟。当然，文中所及仍然有限，虽然管中窥豹，但移动管口多窥几斑，亦可略知豹色。

参考文献

[1] 奚绍中，郑世瀛. 应用弹性力学 [M]. 北京：中国铁道出版社，1981.

本文根据"西南交大桥梁"微信公众号于 2022 年 5 月 6 日发布的文章《李乔说桥 -44：由约束扭转所联想到的》改写。

第二篇

桥梁结构设计计算

PART

II

桥梁
纵论

力 与 结 构 及 其 他

16

利用互等定理计算影响线

① 引言

在结构力学中，有功的互等定理，并根据它推导出实用的其他互等定理，例如位移互等定理、反力 - 位移互等定理等。在学习结构力学时，都应用过这些互等定理。但当学习桥梁专业课的时候，或者在工作后进行桥梁结构分析时，是否也应用过它们呢？应该说，肯定用过，只不过可能不是直接使用，而是间接使用罢了。比如，使用有限元程序计算桥梁结构的影响线时，这个程序可能就是采用互等定理来计算影响线的（当然并不是所有的有限元程序都用互等定理来计算影响线）。

计算影响线需要采用互等定理吗？按结构力学的定义，计算桥梁结构影响线应该是采用一个单位力 $P（P=1）$，令其通过桥面上的每个点（如果使用有限元法，则是逐个作用在桥面上的各个节点处），依次计算出所要求的要素（内力、位移、反力等），就得到影响线了。假设桥面有 n 个节点，就需要加载并计算 n 次。但这里面好像并没有用到互等定理。

下面就来回顾一下互等定理，并看看其在有限元法中是如何应用的。

② 利用反力 – 位移互等定理计算支座反力影响线

如图 16.1 所示，设桥面有 n 个节点， $m（m=1,2,3,\cdots,n）$ 是其中的任意一个节点。根据反力 - 位移互等定理，作用在 m 点处的单位力 $P（P=1）$ 引起的支座 k 的反力 R_{km}，

等于支座 k 发生顺 R_{km} 方向单位位移 Δk（$\Delta k = 1$）在单位力 P（$P = 1$）方向上引起的位移（以顺 R_{km} 方向为正）。

图 16.1　反力 - 位移互等定理

根据影响线的定义，作用在 m 点处的单位力 P（$P = 1$）引起的支座 k 的反力 R_{km}，就是支座反力 R_k 的影响线在 m 处的值。因为 m 是桥面上的任意一个节点，所以反力 R_k 的影响线在各点处的值就是 $\Delta k = 1$ 所引起的桥面各点挠度 δ_{mk}，即

$$R_{km}\left(m = 1, 2, 3, \cdots, n\right) = \delta_{mk}\left(m = 1, 2, 3, \cdots, n\right) \tag{16.1}$$

于是，利用反力 - 位移互等定理，求支座反力影响线问题就变成求支座单位位移引起的挠度问题。

③　利用位移互等定理计算位移影响线

有了上面的经验，很容易根据位移互等定理（图 16.2）直接得出位移影响线竖标

$$\delta_{km}\left(m = 1, 2, 3, \cdots, n\right) = \delta_{mk}\left(m = 1, 2, 3, \cdots, n\right) \tag{16.2}$$

图 16.2　位移互等定理

即节点 k 的位移影响线值 δ_{km}，等于在节点 k 作用一个单位力 P（$P = 1$）所引起的各点的挠度值 δ_{mk}。

④　利用位移互等定理计算内力影响线

前面计算反力和位移影响线时，都是直接利用互等定理得出影响线的数值。看到这里，有人可能会说：如此简单，不用继续说了。但请别高兴太早，当要计算的

是内力影响线时，就没有那么简单了，需要作一些推导才能得到，而不是像前面那样直接得到。

如图 16.3 所示，欲求单元 m 的内力影响线，通常的做法是将单位力 $P(P=1)$ 按一定间隔从梁的一端向另一端移动，依次计算单位力在各个位置时单元 m 的内力，便可得到其内力影响线。但这样做，求一条影响线就要求解很多次方程组。如果利用位移互等定理，则可以简单地通过一次计算就得到一条影响线。

由位移互等定理知，当单位力作用在 k 点时（图 16.3），在 i 截面引起的位移与单位力或力矩作用在 i 点在 k 截面引起的挠度之间有下列互等关系

$$\theta_{ik}\big|_{P=1}=v_{ki}\big|_{M_i=1},\ u_{ik}\big|_{P=1}=v_{ki}\big|_{N_i=1},\ v_{ik}\big|_{P=1}=v_{ki}\big|_{Q_i=1} \tag{16.3}$$

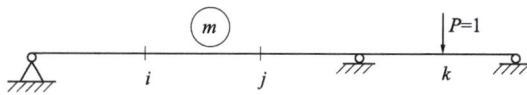

图 16.3　计算内力影响线

其中，$\theta_{ik}\big|_{P=1}$、$u_{ik}\big|_{P=1}$、$v_{ik}\big|_{P=1}$ 分别为单位力 $P(P=1)$ 作用在 k 点时在 i 截面引起的转角、轴向位移和竖向位移；$v_{ki}\big|_{M_i=1}$、$v_{ki}\big|_{N_i=1}$、$v_{ki}\big|_{Q_i=1}$ 分别为在 i 点作用单位的弯矩 $\bar{M}_i=1$、轴力 $\bar{N}_i=1$ 和剪力 $\bar{Q}_i=1$ 时在 k 截面引起的挠度。

对于截面 j 也有类似的关系，可统一写成矩阵形式

$$\{d_{mk}\}_{P=1}=\{v_{km}\}_{\{P_m\}=1} \tag{16.4}$$

式中，$\{d_{mk}\}_{P=1}$ 为单位力 $P(P=1)$ 引起的单元 m 两端 i,j 的位移列向量；$\{v_{km}\}_{\{P_m\}=1}$ 为在单元 m 的 i,j 两端分别加载 $\bar{M}_i=1$，$\cdots$ 荷载在 k 处引起的挠度。

$$\{d_{mk}\}_{P=1}=\{\theta_i,u_i,v_i,\theta_j,u_j,v_j\}_{P=1}^{\mathrm{T}} \tag{16.5}$$

$$\{v_{km}\}_{\{P_m\}=1}=\{v_{km}\big|_{\bar{M}_i=1},v_{km}\big|_{\bar{N}_i=1},\cdots,v_{km}\big|_{\bar{\theta}_j=1}\}^{\mathrm{T}} \tag{16.6}$$

设单元节点单位荷载列向量为

$$\{P_m\}=\{\bar{M}_i,\bar{N}_i,\bar{Q}_i,\bar{M}_j,\bar{N}_j,\bar{Q}_j\}^{\mathrm{T}} \tag{16.7}$$

单位力 $P(P=1)$ 引起的单元节点（内）力为

$$\{F_m\}=\{M_i,N_i,Q_i,M_j,N_j,Q_j\}^{\mathrm{T}} \tag{16.8}$$

则

$$\{F_m\}=[K_m]\{d_{mk}\}_{P=1}=[K_m]\{v_{km}\}_{\{P_m\}=1}=\{v_{km}\}_{\{P_m\}=\{K_m\}_l(l=1,2,\cdots,n)} \tag{16.9}$$

其中，$[K_m]$ 为单元刚度矩阵。下脚标 $\{P_m\}=\{K_m\}_l(l=1,2,\cdots,n)$ 表示 $\{P_m\}$ 分别等于 $[K_m]$ 的第 l 列，因而式（16.9）中 $\{v_{km}\}_{\{P_m\}=\{K_m\}_l(l=1,2,\cdots,n)}$ 表示在节点荷载分别等于刚度矩阵各列时的单元节点位移。

由此可见，分别将单元刚度矩阵 $[K_m]$ 的各列作为荷载加于单元 m 两端，求出的位移 $\{v_{km}\}$ 就是单元 m 各节点力的影响线在 k 处的值。

5 内力影响线的修正

桥面节点上的剪力影响线在计算节点处有突变，但上述方法通过位移来求影响线时无法得到该突变，因为 v_{km} 在 $m=k$ 时只有一个值。因此，对计算出的剪力影响线必须进行修正，以得到突变值。

如图 16.4 所示，按前述方法计算影响线时，实际上只计入了因节点位移而引起的单元内力，也就是荷载作用在单元 m 范围以外，没有考虑单位荷载作用在单元 m 上时引起的固端力，即没有考虑图 16.4b）和图 16.4c）的情况。当单位力 P（$P=1$）作用在 i 或 j 节点时，认为只是图 16.4a）或图 16.4d）所示情况。因此，对于单元 m 来说，按上述方法所解的 i 端的剪力影响线坐标是对应图 16.4a）位置的（用 Q_{ia} 表示），j 端的剪力影响线坐标则是对应图 16.4d）位置的（用 Q_{jd} 表示）。要得到突变值，还必须补充与图 16.4b）和图 16.4c）位置对应的影响线坐标（Q_{ib} 和 Q_{jc}）。显然，由于荷载值 $P=1$，因此突变增量必为 1，即

$$Q_{ib}=Q_{ia}+1,\quad Q_{jc}=Q_{jd}-1 \qquad (16.10)$$

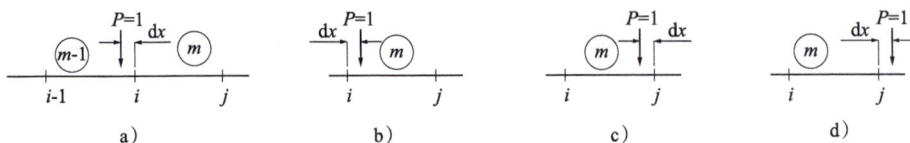

图 16.4　单位力作用位置

例：对于简支梁，其跨中剪力影响线如图 16.5 所示。

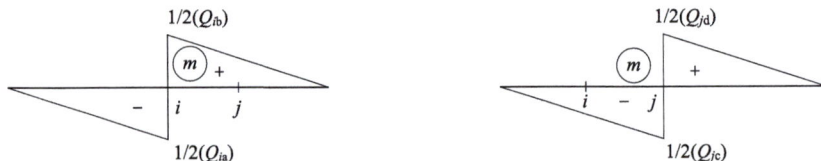

图 16.5　简支梁跨中剪力影响线

本文根据"西南交大桥梁"微信公众号于 2017 年 2 月 7 日发布的文章《李乔说桥 -8：利用互等定理计算影响线》改写，文中图片由石磊重新绘制。

17

斜拉桥调索经验谈

1 什么叫调索？为什么要调？能调多少？

什么叫调索？斜拉桥结构体系主要是由桥塔、主梁和斜拉索组成（图 17.1）。其中斜拉索的作用有两个：一是把主梁自重及其承担的荷载传递到桥塔上去；二是调整主梁和桥塔的内力分布和线形（线形指结构的几何形状和位置）。因此，斜拉索的拉力（称为索力）大小和分布规律对结构内力和线形起决定性作用。而调索就是指在原有状态基础上对斜拉索的索力进行调整，来达到调整结构内力和变形的目的。

图 17.1　斜拉桥

　　为什么要调？原因有两个：一是在斜拉桥施工过程中，由于各种误差的存在，实际结构的内力和线形不可能跟设计时进行的理论计算的结果完全一致，因此需要在施工过程中通过改变索力来调整结构内力和线形，克服上述误差影响；二是由于斜拉桥大多采用分阶段施工方法，施工过程中的结构体系与成桥后的结构体系不同，所要求的索力也不同，因此有时需要在接近成桥阶段的适当时机进行调索，以适应成桥阶段的要求。

　　能调多少？并不是任何误差都能通过调索来纠正的，调索要以结构安全和满足相关规范要求为前提。例如，为了调整因索力误差引起的线形偏差或内力偏差而进行的调索是必要的和有利的，但为了调整因制造和安装误差引起线形偏差而进行的调索，对于线形是有利的，但同时会产生新的内力偏差。这时首先应该查找原因，通过安装手段作几何调整，这是不改变内力状态的调整方法。如果通过安装手段仍然不能完全调整回来，再考虑调索。

❷ 调索过程中的结构受力变化特点

　　斜拉桥是高次超静定结构体系，一般来说，任何一根斜拉索索力的变化都会影响与之关联的全结构的内力与线形。在实际结构中，对不同的构件和不同的位置，这种影响的大小是不同的。如图 17.2a）所示的悬臂施工中的斜拉桥，假设此时由于误差而使悬臂端部 20 号节点高程低于理论高程，拟通过调索来恢复线形。如果通过张拉使 9 号斜拉索的索力增大 ΔT_9，主梁会向上抬升，这个抬升会使 1～8 号索变松弛，索力下降 ΔT_1～ΔT_8，于是各斜拉索的索力改变量即增量如图 17.2b）所示，9 号斜拉索的索力增量是正值（拉力），1～8 号斜拉索的索力增量则是负值（增量为压力，但总的索力还是拉力）。这里 1～8 号斜拉索产生反向索力增量的原理很简单，可以把它们当作 8 根杆件撑在那里，在 9 号斜拉索拉力增量作用下，杆件内会产生压力增量。因此，主梁挠度的变化如图 17.2b）中蓝色线所示，越靠近张拉的 9 号斜拉索，其挠度改变效果越明显。一般在大悬臂状态下只对张拉索相邻的 3～4 个梁段影响较为明显，而对于短悬臂状态，影响范围更小。如果张拉的不是端部的斜拉索而是中间的，影响规律也是如此，图 17.2c）是调整 6 号斜拉索索力引起的主梁位移增量图。

　　由此可知，一般情况下，需要调整的不会只是一根斜拉索，而是多根斜拉索，并且是依次调整而不是一次同时张拉。在这种情况下，根据上面的分析容易想到，后张拉的斜拉索索力会使先张拉的相邻斜拉索索力变小，因此调索完成后各斜拉索的索力并不等于张拉当时的索力。而且如果采用力作为张拉控制量，调索完成后各斜拉索的索力还与张拉顺序有关。由此可见，调索的效果取决于调索完成后的索力而不是张拉当时的索力。

那么是否有办法使调索完成状态与张拉顺序无关呢？答案是肯定的。具体方法是，依据调索完成状态计算出斜拉索的伸长量，采用伸长量作为张拉控制量，这样最后状态就与张拉顺序无关了。这个方法的理论根据来源于秦顺全院士的无应力状态法，也是几何控制方法所依据的主要原理。

类似于调索对线形的影响，调索对内力的影响也只是对相邻的有限个梁段较为明显，但比对线形的影响范围要大一些，并且张拉索附近的主梁弯矩的增量受张拉力直接影响较大，而稍远处由于对应的斜拉索索力变小，弯矩增量符号会反过来。图 17.2d）是调整 6 号斜拉索索力引起的主梁弯矩增量图。

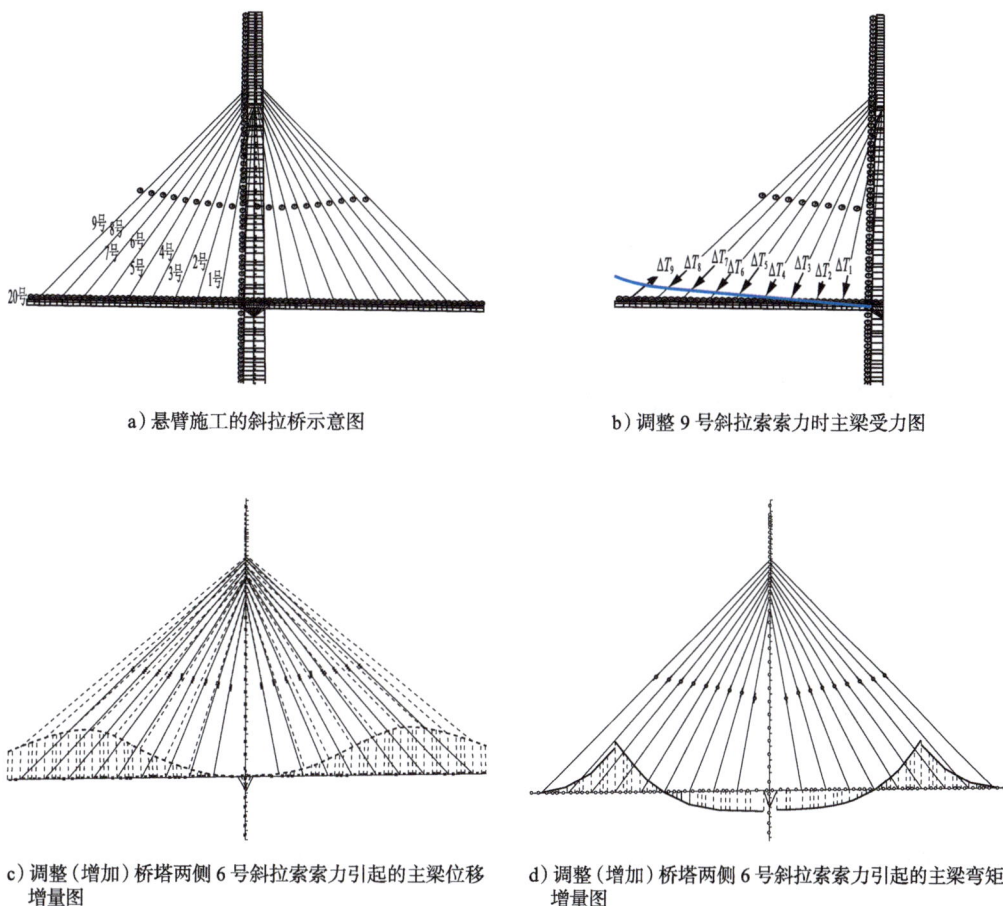

a）悬臂施工的斜拉桥示意图

b）调整 9 号斜拉索索力时主梁受力图

c）调整（增加）桥塔两侧 6 号斜拉索索力引起的主梁位移增量图

d）调整（增加）桥塔两侧 6 号斜拉索索力引起的主梁弯矩增量图

图 17.2　斜拉桥调索受力特点

③ 调索方法与经验

调索的方法包括两个方面：一是确定每根索调整的索力值，二是控制调索的实施。确定索力调整值的方法有很多，除了人工估算法外，还有许多采用优化理论及误差分析的方法，如最小二乘法、卡尔曼滤波法、人工神经网络法、无应力状态法、影响矩阵法等。关于这些方法的具体内容，有很多的文献可查，此处不详细介绍。这些方法各有优缺点，而且每种方法求解出结果后，都要进行一定的人工干预，以适应实际需要，因为直接求解出的结果是数学的结果，受数学模型本身或者约束条件等影响，其中会包含部分不合理的索力值。根据作者多年的经验，似乎无应力状态法配合人工估算法最为实用，当然这要求计算者具备一定的斜拉桥结构计算经验。

采用无应力状态法及人工估算法时，一般是采用人工估算法得到调索结束后的结构状态（当然也可以通过其他数学方法得到这个状态，但调索数目不多时，不一定比人工估算法简单、有效），以此作为目标状态，求出此状态下的无应力索长，减去调索前的无应力索长，就得到斜拉索的调索伸长量。这个数值是斜拉索的受力伸长量和结构变形量（塔梁锚点之间相对位移）之和，以此伸长量作为控制指标进行调索。虽然从理论上说采用这种方法时目标状态与调索顺序无关，但实际的实施顺序必须注意张拉过程中结构的安全性和施工的可行性与便利性。

④ 斜拉索种类及张拉控制

斜拉索张拉控制的准确性是斜拉桥调索的关键因素，也是整个斜拉桥结构内力和线形的最主要控制因素之一。目前有两种主要的斜拉索类型，即平行钢丝束斜拉索［图 17.3a）、b）］和平行钢绞线斜拉索［图 17.3c）］。平行钢丝束斜拉索是最早出现和应用最多的斜拉索类型，其优点是完全在工厂制作，因而制作精度高，张拉采用整体张拉方式，每根钢丝受力均匀，索力调整方便，调整范围大，张拉控制精度高，锚固可靠性高。缺点是其较平行钢绞线斜拉索安装重量大，对索外套防护要求高。平行钢绞线斜拉索出现得晚一些，采用逐根钢绞线安装方式，其优点是安装重量小因而安装方便，前期采用单根钢绞线张拉方式因而张拉方便，单根钢绞线和整索都能够进行防护，在非锚固区段的防腐能力较强，整体造价低于平行钢丝束斜拉索。缺点是其有相当一部分索力采用单根钢绞线张拉，虽然目前也有一些控制受力均匀性的方法，但各根钢绞线之间受力均匀性仍较平行钢丝束斜拉索差。由于采用夹片锚具和螺纹锚杯结合方式，且前者不能作放松索力调整，后者的长度有限，其索力调整能力较平行钢丝束斜拉索差。

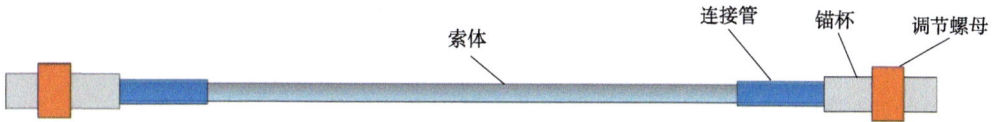

a）平行钢丝束斜拉索总体构造示意图

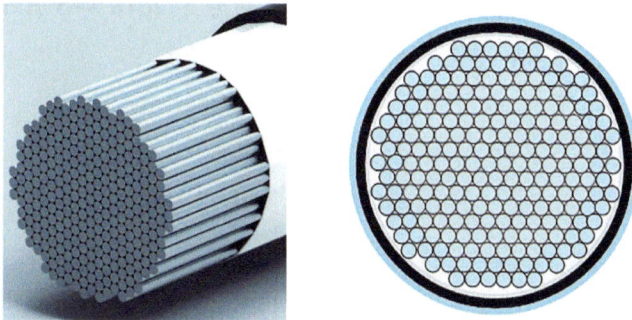

b）平行钢丝束斜拉索钢丝

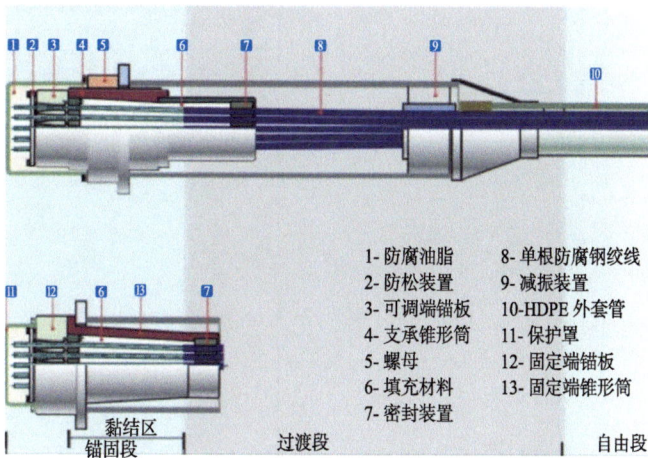

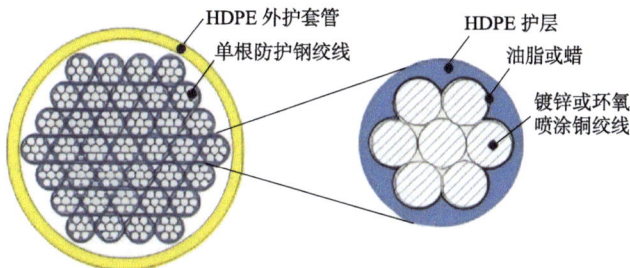

1- 防腐油脂　　　8- 单根防腐钢绞线
2- 防松装置　　　9- 减振装置
3- 可调端锚板　　10-HDPE 外套管
4- 支承锥形筒　　11- 保护罩
5- 螺母　　　　　12- 固定端锚板
6- 填充材料　　　13- 固定端锥形筒
7- 密封装置

黏结区
锚固段　　　　　　过渡段　　　　　　自由段

c）平行钢绞线斜拉索构造

图 17.3　斜拉索构造示意图

　　总体上来说，平行钢丝束斜拉索技术更加成熟一些，优点似乎也略多。但平行钢绞线斜拉索技术也正在不断改进，国内一些知名企业和高校正在研发新的技术，以克服现有技术的缺点。例如，可采用智能张拉控制技术来克服各根钢绞线受力不均匀及控制精度问题，采用加大锚杯长度、减小单根张拉索索力的方式来提高受力均匀性和调索能力等。而从施工控制方法的角度看，可以采用几何控制法，并扩大对张拉的几何控制范围，从而提高张拉控制精度和钢绞线受力均匀性等。

　　本文根据"西南交大桥梁"微信公众号于 2018 年 5 月 18 日发布的文章《李乔说桥 -14：斜拉桥调索经验谈》改写。

18

桥梁结构常规计算中的困惑

1 常规计算的含义及计算软件

在一座桥梁的设计中，必须进行一系列的计算分析，这些计算分析可以（不太严谨地）分为常规计算和特殊计算两大类。前者是指多数情况下需要的计算，比如结构在自重、车辆、行人、温度、混凝土收缩和徐变、支座沉降、预加力、施工荷载等作用下的内力和位移计算。后者是指对某些不常遇到的问题进行的特殊计算分析，比如大跨度柔性结构的抗风计算、高烈度地震区的抗震专项计算（非常规计算）、钢结构的疲劳计算、动力效应明显的桥梁的车桥耦合计算、复杂构造局部应力分析等。

目前用于桥梁设计常规计算的软件较多（图18.1），例如国产软件有西南交通大学研发的 BSAS、ASCB 和 NLABS，交通运输部公路科学研究院研制的 GQJS，上海同豪土木工程咨询有限公司研发的桥梁博士等；国外软件有 Midas/Civil、TDV 等。此外，还有很多通用有限元软件可以用于桥梁计算，如 ANSYS、ABAQUS、LUSAS 等。

图 18.1　桥梁计算软件

② 常规计算方法和软件都非常成熟了吗？

　　既然是常规的设计计算，又有这么多计算软件，是不是说明各计算方法都已经非常成熟了呢？对同一问题，各种计算软件的计算结果是否都一样呢？很多人认为答案当然是肯定的，但很遗憾，实际情况并非如此。用不同的软件计算同一个桥梁结构，在正确使用的前提下得到的结果也会有差别，这种差别有时候可能还不小。虽然也不排除个别软件存在问题，但一般来说，不是软件本身的错误，而是不同的软件采用了不同的计算方法所致。也就是说，即使是常规的计算分析，其计算方法也并不完全成熟。诸如自重效应、临时荷载效应、车辆和人群活载效应、温度效应等的计算方法，应该说已经非常成熟，不同软件的计算结果也基本一致。但对于诸如混凝土收缩和徐变效应、预应力损失、非线性效应等，并无公认的成熟计算方法。

　　有人可能会说温度效应计算也不准确，是否也不成熟？的确，温度效应计算不准确是目前桥梁结构计算分析中最主要的问题之一。但这不是因为温度效应计算方法本身不成熟，而是因为无法准确获得结构内部的温度场，或者说是温度场计算方法或测试方法不成熟。

3 混凝土徐变效应

混凝土徐变与结构弹性变形和时间都有关，并且一般来说，徐变变形跟弹性变形之间是非线性关系，但目前非线性徐变理论还处于探索阶段，尚不能被应用于工程计算，工程上还是采用线性徐变理论。本文不涉及非线性徐变理论。

徐变效应的计算涉及两方面内容：一是徐变系数的计算方法，二是时变应变情况下徐变效应的计算方法。

关于徐变系数的计算，桥梁设计规范中都采用计算公式配合图表的方式。例如在我国公路桥梁设计规范中，《公路钢筋混凝土及预应力混凝土桥涵设计规范》（JTJ 023—85）采用国际预应力混凝土协会（简称"FIP"）于 1978 年提出的公式和图表，《公路钢筋混凝土及预应力混凝土桥涵设计规范》（JTG D62—2004）采用 FIP 于 1990 年提出的公式和图表，《公路钢筋混凝土及预应力混凝土桥涵设计规范》（JTG 3362—2018）仍采用 FIP-1990 公式和图表，但增加了温度修正和添加剂修正。我国铁路桥梁设计规范中，《铁路桥涵设计规范》（TBJ 2—85）没有关于徐变系数计算的条文，《铁路桥涵钢筋混凝土和预应力混凝土结构设计规范》（TB 10002.3—99，TB 10002.3—2005）和《铁路桥涵混凝土结构设计规范》（TB 10092—2017）在有关计算徐变次内力的附录中给出了计算方法，均采用 FIP-1978 公式和图表。将这些公式和图表用于计算软件时，必须对其中的图表采用数学表达式进行拟合，不同软件的拟合方程精度也不尽相同。

关于时变应变情况下徐变效应的计算方法，在不同的软件中会有较大的差别。桥梁结构在施工过程中，结构内的弹性应变是随时间变化的函数，而徐变变形在弹性变形为常量的情况下与时间相关，当弹性变形也是时间函数时，如何计算这种双重时变的效应，不同的软件会采用不同的方法。因此，计算结果也会不同，有时差别可能还不小。

除了上述的计算方法之外，目前至少有十几种关于混凝土徐变和收缩效应的计算方法，不同方法的计算结果会存在差别，这些方法包括上述规范中的方法，没有哪一种方法被公认为比其他方法更准确。

4　混凝土收缩效应

混凝土收缩也是与时间相关的影响因素，一般与混凝土徐变计算相提并论，并且一起给出计算方法。比如 FIP 就同时给出收缩和徐变的计算公式，我国公路桥梁设计规范（1985 版至 2018 版）也同时引用这些公式计算收缩效应。但我国铁路桥梁设计规范（1985 版至 2017 版）没有给出收缩应变的计算方法，因而不同的计算软件可能采用了不同的计算方法，导致计算结果不同。

同样，到目前为止，没有任何一种计算收缩时变效应的方法被公认为最好的方法，计算结果都与试验值有差距。

5　混凝土徐变效应与其他效应的交互影响

由于混凝土徐变具有时变特性，它会与其他时变效应产生相互的影响。比如在超静定混凝土结构中，混凝土收缩引起次内力（即内力重分布）。关于次内力，可见本书文章 6（《漫谈桥梁次内力》），从而改变了结构的应力和应变，这反过来又会影响结构的徐变效应。同样，结构的徐变效应也会影响结构收缩次内力，即它会释放一部分收缩次内力，从而使得徐变效应和收缩效应相互影响。桥梁地基基础随时间推移会发生不均匀沉降，从而引起结构的次内力。而混凝土的徐变效应同样受这种次内力的影响，同时徐变也会释放一部分沉降次内力，产生交互影响。

关于这种交互影响的计算，一些软件并没有考虑，并且由于各因素本身的计算就存在不确定性，因此交互影响计算也同样存在偏差。

6　预应力损失计算

表面上看，预应力损失计算似乎是很成熟了，但从前面的分析很容易推论出，混凝土收缩、徐变、应力松弛引起的与时间相关的预应力损失计算仍然是不成熟的，并且它们之间也会有交互影响。不仅如此，由于预应力损失具有时变性，预应力初效应和次效应都会具有时变特性，因而亦会与结构的收缩、徐变效应产生交互影响。这种交互影响的计算方法仍然是不成熟的。

7 计算精度问题

本来很简单的常规设计计算问题，经上面那么一说，变得不那么常规了，而且存在不可忽略不计的误差。那么，目前这些计算误差到底有多大呢？这是个较难回答的问题。首先，我们能够知道的误差都是相对的，绝对精确的值很难得到。一般是将计算值与试验值进行比较，判断计算的误差有多大。做过试验的人都知道，对于混凝土结构，即使是测试已知荷载作用下结构处于弹性状态时的荷载效应，计算值与试验值之间的误差也会达到 ±5%～20%。如果比较混凝土收缩、徐变效应，则这种误差会更大。

所以，考虑到计算误差的不确定性，千万不要认为常规计算非常精确，也千万不要把规范中各种限值用到极致。虽然现在制定设计规范时，也考虑了计算误差的随机性，但不代表已经考虑了所有的误差，留有余地是必要的。

此外，有些规范里面的限值规定并不一定合理。比如对于徐变变形限值，以毫米级精度要求，这在实际工程中根本做不到，只能是纸面上的一个数据，而且用一个软件计算合格了，换一个软件计算又不合格了，再换一个软件可能差距更大。

本文根据"西南交大桥梁"微信公众号于 2018 年 7 月 27 日发布的文章《李乔说桥 -16：桥梁结构常规计算中的困惑》改写。

19

桥梁结构有限元建模中的若干问题

① "万能"的有限元

　　在结构分析领域，有限元法是目前应用最为广泛的数值方法。按照未知数的特性划分，有限元法分为位移法、力法和混合法，其中位移法因其高度的灵活性和适应性、强大的模拟能力和求解能力，成为主要的结构分析方法。

　　桥梁结构分析属于结构分析家族中的一员，当然离不开有限元法（图 19.1）。目前，从桥梁的设计计算到施工模拟计算、从理论研究到应用研究，都高度依赖有限元法。对于桥梁结构分析而言，有限元法近乎"万能"。有限元法对桥梁工程技术人员如此重要，但使用者真的熟悉它，了解它的"个性"吗？

a）悬索桥空间有限元模型

图　19.1

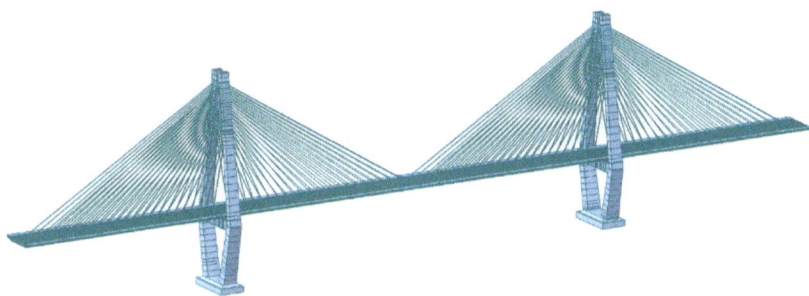

b）斜拉桥空间有限元模型

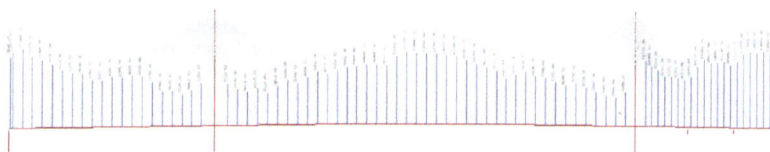

施工阶段 243　结构索力图（kN）

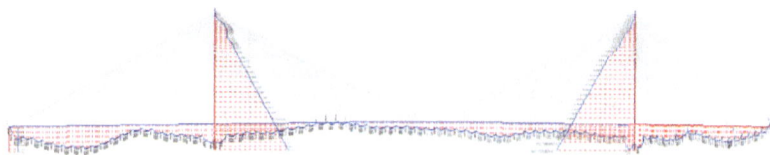

施工阶段 243　结构弯矩图（kN·m）

c）斜拉桥施工过程中的结构索力图与结构弯矩图

图 19.1　桥梁结构有限元分析

在对桥梁结构进行有限元建模时，首先要了解桥梁结构分析的理论，了解有限元法的原理和特性。只有这样，才能建立一个能够反映结构实际特征、符合力学原理的有限元数值模型。忽略力学原理，只把结构计算当作一堆没有物理意义的数字对待，这是目前不少学习者存在的问题。本文拟对常规的桥梁结构有限元建模进行讨论，主要讨论其中一些容易被忽略的问题以及建模中的技巧，供大家参考。为了简便，以下均以平面单元和梁单元为例，对于其他单元，其原理是一样的。

② 问题一：有限元法是一个精确的方法吗？

有限元是一个强有力的、有较高精度的数值方法，但并不是一个精确的方法。简单回顾一下有限元法理论，就能知道这一点。下面以位移法有限元为例来说明。

有限元法是把连续的（具有无穷多个质点的）求解域划分为含有有限个子域（单

元）的离散网格形式（图 19.2）。这些单元之间通过有限数量的网格节点相互连接，用这些离散的节点处的位移表示实际结构中连续的位移场。在这些节点上，位移是连续的，但位移的各阶导数并非都是连续的，其是否连续取决于节点位移未知数中是否包含这些导数。这是有限元法的第一个近似之处。在单元内部，由于不知道真实的位移场函数，因此有限元法采用近似的数学表达式（如多项式）通过节点位移进行插值描述，该表达式被称为插值函数。这是有限元法的第二个近似之处。在节点之间的连续边界上，位移及其各阶导数是否连续则取决于单元位移模式和插值函数的形式，一般最多使一阶导数连续。这是有限元法的第三个近似之处。

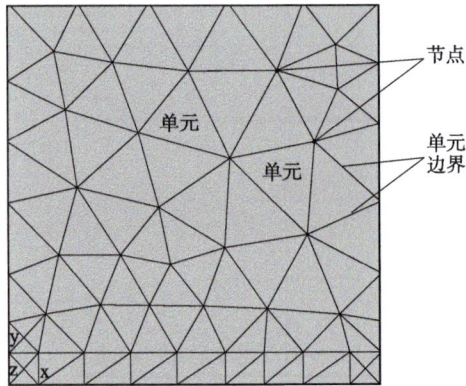

图 19.2　有限元网格

在位移法有限元中，采用能量原理建立以节点位移为基本未知数的平衡方程组，所以将求解有限元问题归结为求解一个大型线性方程组的问题（即使对于非线性问题，在进行每一迭代步或者增量步求解时，也是一个线性的方程组）。该线性方程组一般为式（19.1）所示的形式。

$$[K]\{\delta\} = \{P\} \tag{19.1}$$

其中，$[K]$ 为方程组的系数矩阵，称为总刚度矩阵；$\{\delta\}$ 为方程组的基本未知数，即结构的节点位移列向量；$\{P\}$ 为荷载列向量。

方程组可能含有成千上万乃至几百万个未知数，那么由于计算机中数字的字长（通俗地说，就是有效数字位数）是有限的，因此在求解过程的大量计算中，会因为舍入误差而产生计算误差，这是有限元法的第四个近似之处。这些只是有限元法本身的近似之处，还不包括力学理论、模型与实际结构差异、计算参数与实际结构差异等引起的误差。

上面的描述虽然不太严谨，但已经能够清楚地看出，有限元法是一种近似的数值方法，是有误差的方法。

3 **问题二：如何划分单元网格及确定相邻单元刚度？**

如上所述，既然有限元是一种离散的、近似的数值方法，那么它的计算精度显然与网格的划分密切相关，并非随便怎么划分网格都能得到准确的结果。

网格密度：当没有经验可借鉴时，网格密度则需要通过不同网格划分的数值计算比较（也可称为数值试验）来确定。虽然从纯理论上说网格越密，计算结果越逼近精确解，但过密的网格会导致计算量加大，也会增加舍入误差。所以实际计算时并不是网格越密越好。而网格过稀则同样会导致计算精度降低。

单元的形状：如上所述，单元内部的位移场是用节点位移通过插值函数来近似表达的。以一个平面四边形单元为例，如图 19.3a)、b)所示，如果要在平面内的两个方向上通过插值得到对位移场较好的近似，显然单元的形状应该尽量接近正方形，而不能过于歪斜。如果采用图 19.3c)所示形状的单元，则插值出来的位移场与实际会有较大的偏差，从而导致较大的计算误差。

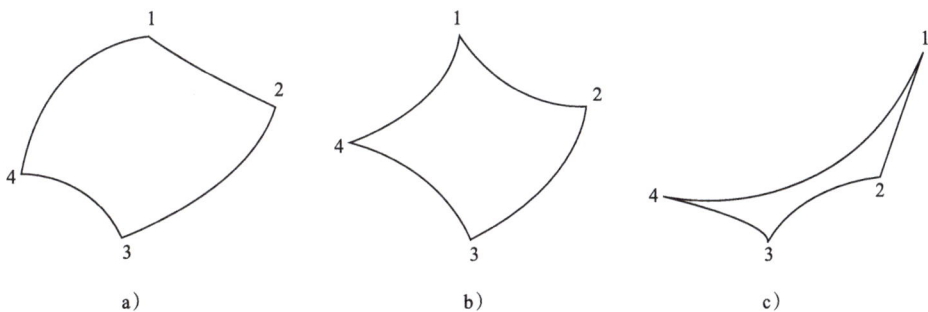

图 19.3　平面四边形单元

单元的尺度：首先讨论相邻单元之间的相对尺度。式（19.1）中的总刚度矩阵 $[K]$ 是由各单元的刚度矩阵叠加得到的，而各单元刚度矩阵则与单元的几何构形、材料特性以及插值函数等相关。如果相邻单元的尺度相差过大，相邻单元刚度矩阵的数值相差就会很大，导致系数矩阵 $[K]$ 中相邻的元素数值相差过大。当这种差别的量级接近计算的有效数字位数时，方程组就会成为数学上所谓的"病态"方程，从而使计算结果产生误差，严重的"病态"方程会得出完全错误的结果。因此，相邻单元尺度不能相差过大，要逐步过渡。有限元软件一般采用 8 字节长度的浮点数字，按十进制大约有 15 位有效数字。因此，相邻单元的尺度差别一般不过于悬殊（比如梁单元长度相差 10 倍以内）就不会导致太大的误差。

相邻单元材料的弹性模量：这是最容易导致"病态"方程的问题。有时为了刚性连接两个节点，就在这两个节点之间设置一个弹性模量比常规单元材料高十几个甚至几十个数量级的单元。这会导致严重的"病态"方程和错误结果。所以请注意，不要使相邻单元的弹性模量相差过大。

④ 问题三：何为主从节点和带刚臂单元？

在很多有限元软件中，都有主从节点和带刚臂单元，利用它们可以模拟很多结构的连接和特殊构造，在下面的讨论中会看到它们的用途。那么，它们的工作原理究竟是什么？

主从节点：如图 19.4 所示，设有两个节点 j_A 和 j_B，二者坐标可以相同（即位置重合），也可以相距一段距离 (L_x, L_y)。如果节点 j_B 的部分位移 $\{d_B\}$ 不是独立的，而是与 j_A 的对应位移 $\{d_A\}$ 直接相关（即如果知道了 $\{d_A\}$，就可以求得 $\{d_B\}$），这时就称这两个节点为主从节点，其中 j_A 称为主节点，j_B 称为从节点，$\{d_A\}$ 与 $\{d_B\}$ 则称为有主从关系的自由度。根据线性方程组的特性，必须在式（19.1）中去掉不独立的未知数 $\{d_B\}$ 及其对应的方程，否则方程组就没有解。假如在有限元软件里面不考虑主从节点之间的距离效应，处理方法就是直接令 $\{d_B\} = \{d_A\}$。如果考虑主从节点之间的距离效应，就必须考虑主从节点间转动与平动的相互关系。

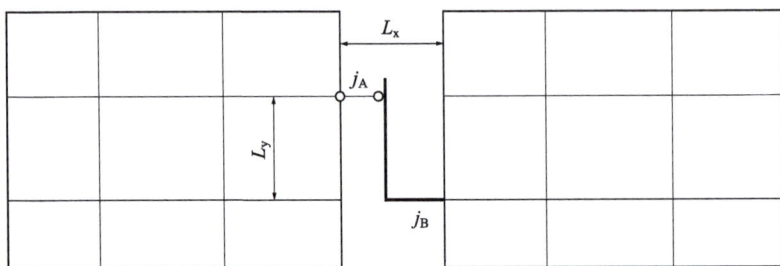

图 19.4　主从节点（图中两个节点之间的水平位移有主从关系）

带刚臂单元：图 19.5 所示为一个平面梁单元，在其两端 i' 和 j' 处各带有一个刚度无穷大的刚臂 $i'—i$ 和 $j'—j$。单元是通过刚臂与节点 i 和 j 连接的，而不是梁端点直接连接节点。这样的单元就叫作带刚臂单元。此时 i 和 j 是整个有限元模型中的独立节点，它们的位移是独立的未知数。而 i' 和 j' 不是独立节点，它们只是带刚臂单元的内部端点。显然，它跟普通梁单元不同之处在于多了刚臂，因此每个刚臂的两端（i' 与 i，j' 与 j）之间的转动与平动相互关联。例如，不但 i 的平动会引起 i' 的平动，i 的转动也会引起 i' 的平动，反之亦然。

图 19.5　带刚臂单元

5　问题四：如何模拟连续梁 / 刚构的墩梁连接部位？

如图 19.6a）所示，节点 j_B 为连续梁支点处的节点，位于梁轴线上，节点 j_P 为对应的桥墩顶部节点。显然 j_B 与 j_P 间距离 h_{BP} 为梁轴线到其下缘的距离加上支座高度。要正确模拟这种连接，有三种方法可供使用：

（1）在两个节点之间设置一个刚度较大的单元［图 19.6b）中的 e_{P1}］。为避免重复计算重量，该单元自重应该设为零。同时该单元刚度应该比对应的桥墩单元大（大 1~3 个数量级），但不能过大，否则会出现前面说的"病态"方程问题。如果墩梁之间是铰支座，那么在点 j_P 处应该设置两个坐标重合且具有主从关系的节点 j_{P1} 和 j_{P2} ［图 19.6b）］，其中 j_{P1} 为单元 e_{P1} 的下端，j_{P2} 为单元 e_{P2} 的上端。如果是连续刚构，则只用一个节点 j_P 作为上下单元 e_{P1} 和 e_{P2} 的公共节点即可。

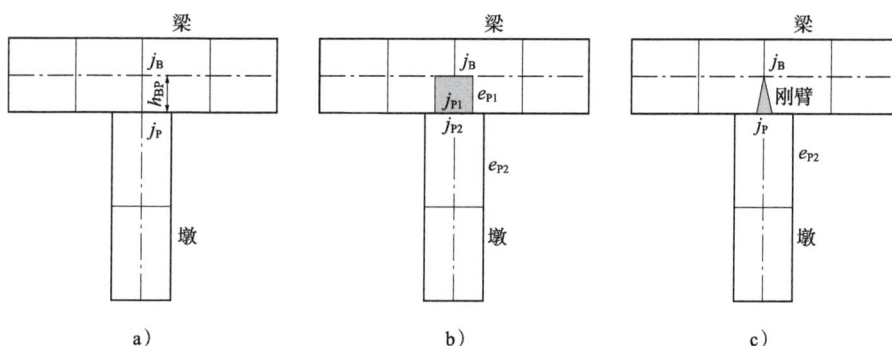

图 19.6　墩梁连接部位模拟

（2）采用考虑了距离效应的主从节点模拟。如可把 j_P 作为主节点，j_B 作为从节点，二者之间的所有自由度都有主从关系（连续刚构），或者 2 个平动自由度有主从关系（固定铰支座），或者只有竖向自由度有主从关系（活动铰支座）。这时要特别注意不同的软件对距离效应的处理方式是不同的。

（3）采用带刚臂单元模拟［图 19.6c）］，这种情况只适合连续刚构。e_{P2} 为上端 j_P 带有一个刚臂的单元，连接到主梁节点 j_B。注意此时的 j_P 不再是一个独立的节点（相当于图 19.5 中的 i' 或者 j'）。

在计算梁拱组合体系桥梁时，拱肋在拱脚处跟主梁的连接部位与上面的梁墩连接类似，也可以用前述的方法进行模拟。

6 问题五：如何模拟斜拉索锚固点？

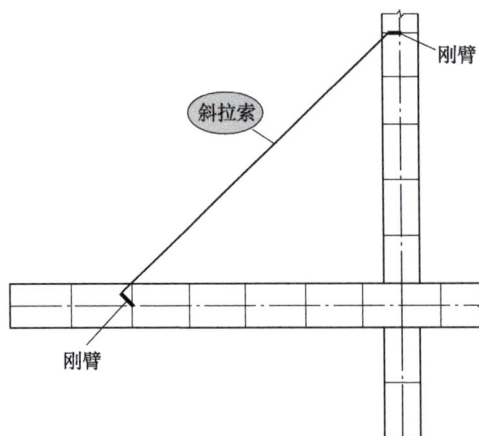

图 19.7　斜拉索偏心距模拟示意图

多数斜拉桥的索 - 梁及索 - 塔锚固点坐标与梁轴线或者塔轴线不重合，即都具有偏心距，如图 19.7 所示。此时斜拉索的拉力除了对梁或塔施加一个索轴线方向的拉力外，还会有一个附加力矩（拉力乘偏心距）。这种附加力矩对结构的影响不可忽视，所以不能简单地把锚固点直接搬到梁轴线或者塔轴线上。正确的模拟应该是把斜拉索也作为带刚臂的索单元，通过刚臂连接到梁及塔的轴线上（图 19.7）。

7 问题六：如何用梁单元模拟钢 - 混凝土组合梁？

如图 19.8a）所示，钢 - 混凝土组合梁是由混凝土桥面板和钢梁组成的，在大跨度桥梁（如斜拉桥）中使用这种结构时，一般是先架设钢梁，然后进行斜拉索初张拉，再架设预制桥面板，最后通过剪力连接件和湿接缝把混凝土桥面板和钢梁连接起来，形成组合截面。显然，钢梁自重、斜拉索初张力、预制混凝土桥面板重量以及湿接缝重量都是作用在钢梁上的，只有在湿接缝强度达到要求后施加的索力和荷载才由组合截面承受。

在进行这种结构的有限元建模时，如果简单地直接把两种材料构成的组合截面梁作为一个整体来模拟，即每个单元都包含混凝土桥面板和钢梁［图 19.8a）］，采用换算截面几何特性（把两种材料换算成一种材料），单元轴线为组合截面轴线［图 19.8a）中的红线］，就等于忽略了钢梁和混凝土桥面板分别架设的过程，而这些过程可能是钢梁受力的最不利阶段；这种模拟也无法正确计算混凝土桥面板的收缩和徐变效应，因为即使将截面换算成混凝土，所计算的收缩和徐变也是全截面的，而不仅仅是桥面板的，同时由于忽略了分阶段安装过程，构件受力产生差别，也导致收缩和徐变计算不正确。

那么，怎样才能正确模拟组合梁呢？第一种方法是采用上下两个单元分别模拟混凝土桥面板和钢梁，从而可以分别在不同时间安装它们，并可正确计算混凝土桥面板的收缩和徐变效应。该方法的关键不在于此，而在于如何考虑桥面板轴线与钢梁轴线之间的距离 h［图 19.8a）］。切不可把上下单元端部节点直接共享，这将导致严重的错误，因为这忽略了距离 h 的作用，使桥面板和钢梁轴力差构成的那部分弯矩被忽略，而这部分弯矩是组合梁弯矩中的主要组成部分。有效的办法是钢梁采用普通梁单元模拟，而混凝土桥面板采用问题三所述的带刚臂单元模拟，它通过刚臂连接到钢梁单元节点上，如图 19.8b）所示。当然这种模拟方法也有缺点。因为混凝土桥面板和钢梁只在单元两端连接，中间部位没有连接，这与实际的组合截面梁有所差异。当单元中间部位没有荷载作用时尚能正确模拟，但当中间有荷载时，就会产生误差。所以，采用这种方法时，要加密单元划分以缩小单元长度，减小误差。实际计算表明，只要单元长度不过大，这种方法能够正确模拟组合截面桥梁。

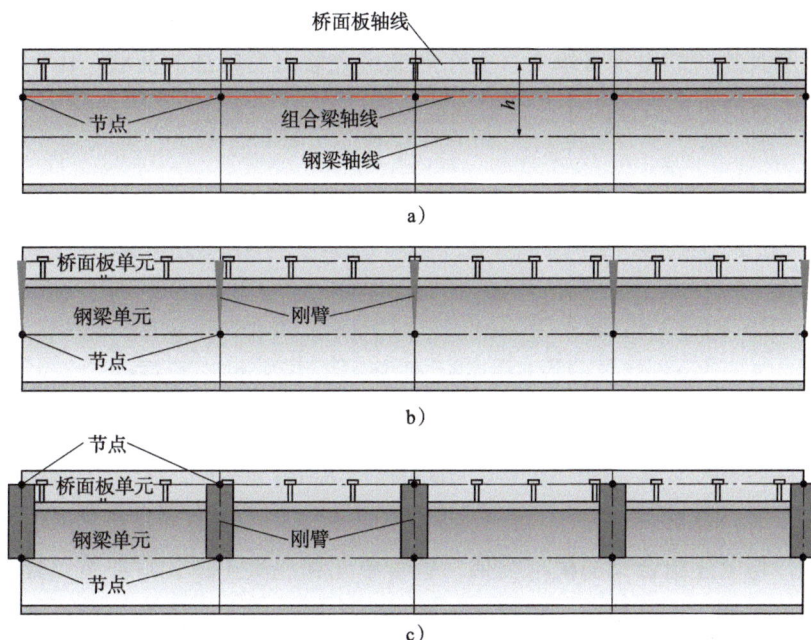

图 19.8　组合梁的模拟

　　模拟组合梁的第二种方法是把上述的刚臂换成短的大刚度梁单元［图 19.8c）中的连接单元］，即通过连接单元把混凝土桥面板单元和钢梁单元连接起来。其优点是当所用的有限元软件没有带刚臂单元时也能计算；缺点则是增加了单元和节点数量，同时为了使桥面板单元和钢梁单元满足组合截面的平截面特性，必须使二者间的连接单元刚度比桥面板单元和钢梁单元大几个数量级，但由于这样的单元数量众多，会在整个结构刚度矩阵中形成大量的刚度差异区域，从而会影响计算精度。

　　模拟组合梁的第三种方法是在形成组合截面之前操作，与第一种方法和第二种方法相同，而在形成组合截面之后，把原来的钢梁单元拆掉，换成组合截面梁单元。也可以通过改变梁单元截面几何与材料特性，演变成组合截面单元。但截面由钢梁变为组合截面后，轴线位置发生变化（轴线上移），变化前后的截面应力如何继承与累加是一个问题。如果软件不具备自动处理这种关系的功能，那么得到的计算结果可能会有较大的误差。

8　问题七：如何模拟钢管混凝土结构？

　　钢管混凝土结构的模拟较为简单，类似于上述组合梁，仍然把钢管和管内混凝土分别建立单元（图 19.9），并在不同阶段安装。此时钢管单元与混凝土单元轴线重合，端节点重合，不需要设置刚臂。在混凝土浇筑后且强度没有达到要求之前，混凝土重量及其他荷载由钢管承受。而在形成组合截面后施加的荷载，由钢管和混凝土共同承受。这里重点谈谈如此模拟到底忽略了什么，以及应该注意什么。

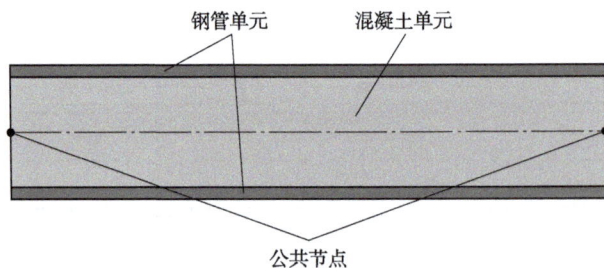

图 19.9　钢管混凝土结构模拟

　　第一，与上述组合梁的模拟类似，钢管单元和混凝土单元只在节点处连接，因此单元长度不能太大。第二，没有考虑钢管对管内混凝土的套箍作用，因此不能考虑由于套箍作用而使混凝土强度提高，也不能考虑由套箍作用引起的混凝土单元变形与单向受力单元变形的差异。好在这种近似是偏于保守的。第三，忽略了由于上述套箍作用而使混凝土的徐变效应发生的变化，这种变化导致钢管和混凝土之间承受荷载比例发生变化，也导致整个结构徐变次内力发生变化。这到底是偏于保守还是偏于不安全不能一概而论，对不同的构件产生的影响是不同的。

⑨ 问题八：如何模拟双薄壁墩－承台－桩基础体系？

很多连续刚构桥采用双薄壁墩结构，如图 19.10a）所示。其墩梁连接的模拟已在问题四中讨论，此处讨论双薄壁墩与承台及桩基础组成的体系如何模拟［图 19.10a）中圆圈内的部位］。

对于这种连接的模拟可以采用多种方法。例如，可以按照图 19.10b）所示方法进行模拟。因为承台的主要受力为受弯和受剪，所以图中的承台单元为水平放置的梁单元。墩单元和桩单元可以采用带刚臂单元与承台节点连接，也可以不用带刚臂单元，并采用主从节点与承台节点相连。对于基础的弹性支承作用，则可近似采用竖向及水平弹簧支承于桩单元节点上（图中未画出）。

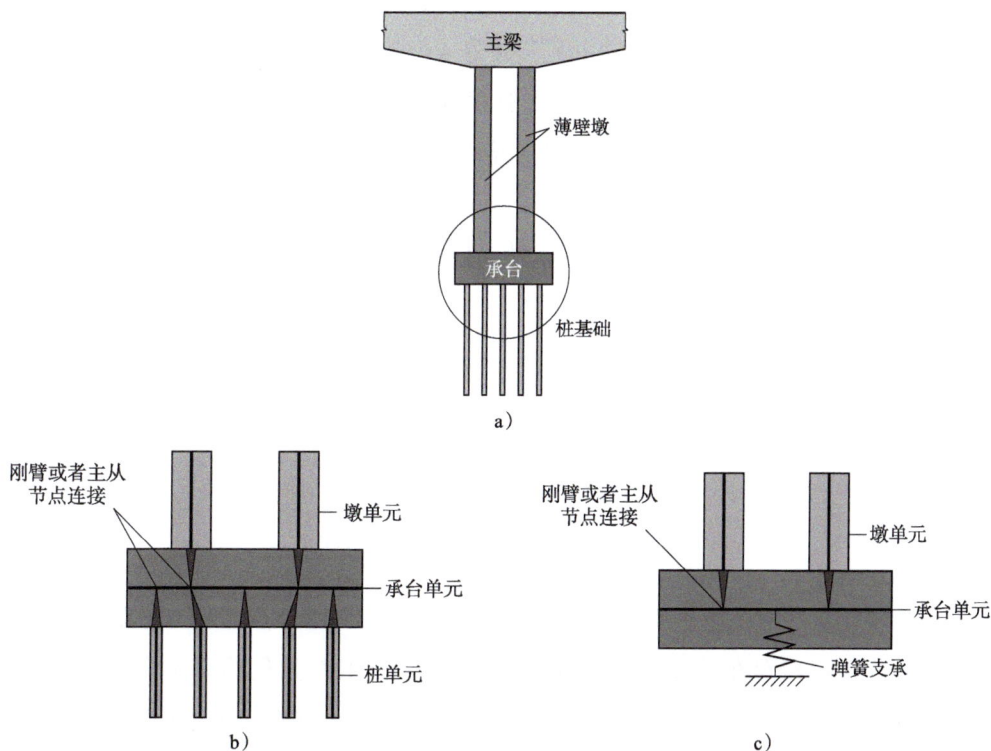

图 19.10　双薄壁墩 - 承台 - 桩基础的模拟

如果想简化计算，也可以如图 19.10c）所示那样，把所有桩基础及所受约束简化为一个弹簧支承，该弹簧具有水平、竖向及转动约束。这样做还有一个好处，即当需要计算基础不均匀沉降引起的次内力时，能够通过一个支承使同一基础上的双壁墩的两个壁（即两个墩柱）同时沉降，比较符合实际情况。而若采用图 19.10b）的模型，则各根桩都有独立的约束，因此很难进行最不利的基础不均匀沉降组合。如果把承台取消，直接在两个墩柱底各设置一个约束，当有限元软件不能自动把两个墩柱识别为一个基础时，也会使两个墩柱分别沉降，从而引起巨大的次内力，这是不符合实际情况的。

10　问题九：有限元软件输出的恒载位移是什么？

这个问题的一般答案是恒载位移就是恒载引起的位移，还能是什么？先别急着下结论，看了下面的例子再说。

图 19.11 所示为一等截面悬臂梁，由同一种材料构成。从结构力学可知，该梁在其自重作用下，自由端的挠度为 $f = qL^4/(8EI)$。其中，q 为自重荷载线集度；L 为梁长；EI 为截面抗弯刚度。但如果采用有限元软件计算，并且分阶段安装各单元，比如划分为 4 个单元［图 19.12a）］，并分 4 个阶段依次安装 1～4 号单元，则多数有限元软件输出的自由端挠度 f 会比上述的 $qL^4/(8EI)$ 小很多。而如果把所有单元在一个阶段内一次安装上去，输出的自由端挠度就是 $qL^4/(8EI)$ 了。可是据结构力学原理，对于这样一个结构，若荷载不变，一次安装与分阶段安装的挠度好像不应该有什么区别。那么问题来了，有限元软件输出的恒载挠度到底有什么含义呢？如此看来，本节提出的问题也并非毫无意义了。

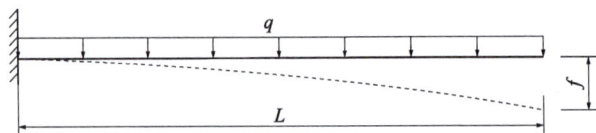

图 19.11　自重作用下的悬臂梁

在有限元软件中，当一个单元被安装时［例如图 19.12b）所示的 3 号单元安装］，该单元与先前已经存在的节点 3 相连接的左边端点，其初始位移只能等于节点 3 已经发生的位移 v_3。但本次新安装的节点 4，程序对其初始位移有两种处理方法：一种方法是新安装 3 号单元沿着前面已存在的节点 3 的切线方向放置［图 19.12b）中的红线], 从而得到新安装节点的初始位置 4' , 这种方法称为"切线安装法"。另一种方法是将新安装节点 4 的初始位移设定为零 [图 19.12b) 中蓝线及点 4″], 称为"零位置安装法"。

在分阶段安装过程中, 软件采用上述两种处理方法所得到的恒载位移是不一样的。采用切线安装法时, 分阶段安装和一次安装的最终结果是一样的, 对于上述例子, 自由端挠度与结构力学公式结果相同。但当采用零位置安装法时, 因为每个节点的初始位移为零, 所以最终位移是从其安装开始到最终状态之间的位移增量。对于上面的例子, 自由端挠度值只是 4 号单元被安装后由其重量引起的挠度。与切线安装法相比, 零位置安装法少了安装时由于前面已安装单元发生的位移和转角而引起的刚体位移。图 19.12b) 中的 v_4 就是节点 4 的这种差异。

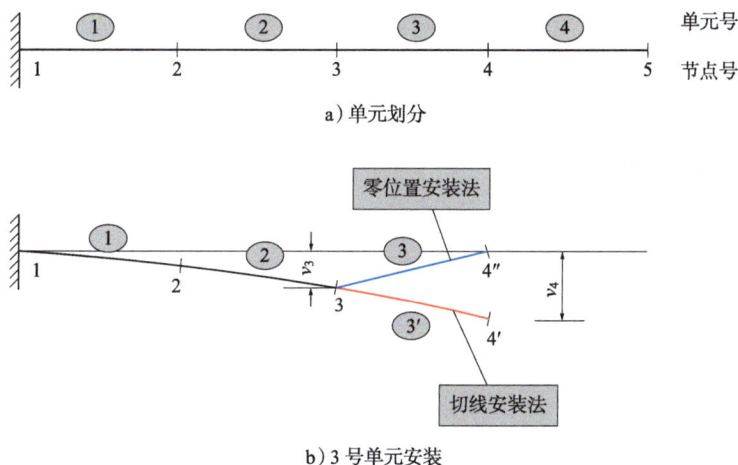

a) 单元划分

b) 3 号单元安装

图 19.12　两种分阶段安装方法

综上所述, 在使用有限元软件计算恒载位移时, 要弄清楚软件采用的是什么安装法。目前大多数软件在默认情况下采用零位置安装法, 因为这种方法有很多方便之处, 如编程方便、计算安装线形方便、模拟施工过程各节点位移方便(从吊装或者立模高程起算)等。如果要想用切线安装法计算位移, 可以先一次性把体系转换前的所有单元都安装上去, 但各个单元的重量为零, 然后分阶段施加单元重量和其他荷载。这样得到的体系转换前的位移就是切线安装法的位移, 因为此时没有施加重量和其他荷载的单元随着前面的单元一起发生刚体位移。而在体系转换之后的位移, 仍然可以用切线安装法计算, 但涉及的问题较为复杂, 且已经超出了本文的研讨范围, 限于篇幅, 这里不进行讨论。

11 结语

以上讨论了采用有限元法进行桥梁结构建模时常遇到的一些问题，由于建模问题具有复杂性和多样性，本文只涉及其中很少的一部分，希望能够为初期使用有限元建模的人员提供一些参考。另外，文中只是以平面有限元为例进行说明，至于三维有限元建模，其道理是类似的，只是更麻烦一些。

本文根据"西南交大桥梁"微信公众号于 2018 年 11 月 26 日和 12 月 1 日发布的文章《李乔说桥-17：桥梁结构有限元建模中的若干问题（上）》《李乔说桥-18：桥梁结构有限元建模中的若干问题（下）》改写。

20

结构体系整体稳定性，你算对了吗？

1 结构体系整体稳定性特点及两个关键问题

桥梁结构尤其是大跨度桥梁（图20.1、图20.2）的整体稳定性是非常重要的设计指标，目前有限元软件已经成为分析这类复杂结构整体稳定性的主要工具，特别是进行结构体系的整体第二类稳定性分析。那么，是否只要建立了结构的三维非线性有限元模型并进行加载，就能得到正确的第二类稳定性结果呢？答案是否定的。

图20.1 大跨度桁梁桥

图 20.2　大跨度拱桥

采用有限元软件进行结构体系的整体第二类稳定性分析时，基本过程如下：

(1)建立结构体系的三维非线性有限元模型，考虑几何与材料双重非线性。

(2)以设计的永久荷载 $\{P_G\}$ 及可变荷载 $\{P_Q\}$ 的组合 $\{P_0\}$ 为基本荷载，不改变荷载的布置和组合方式，按比例逐步提高荷载，直到结构达到极限承载能力。此时的极限荷载 $\{P_J\}$ 与荷载组合 $\{P_0\}$ 之比 $K = \{P_J\}/\{P_0\}$，即第二类稳定性安全系数。

乍一看，似乎也不复杂，只要会用有限元软件就行了，但仔细分析一下就会发现并非如此。与单个构件的稳定性不同，结构体系包含众多构件及荷载组合模式，因而其失稳模式较单个构件要多得多，其第二类失稳模式除与结构体系和材料特性相关外，还与加载方式和初始缺陷密切相关。

因此，有两个问题必须注意：第一，荷载组合方式。荷载组合中，永久荷载与可变荷载的组合系数应各取多少？如何考虑可变荷载的最不利布置？第二，极限状态识别。怎么判断结构体系是否达到了极限状态？怎么识别所达到的极限状态是失稳而不是强度破坏？怎么保证这个极限状态就是最小失稳极限荷载（或最小稳定性安全系数）对应的极限状态？或者说，怎么保证在这个状态之前没有出现过比它更低的极限荷载？

如果这两个问题处理不当，所得结果就可能是不正确的，甚至是偏于不安全的。

② 永久荷载与可变荷载的组合方式

无论第一类还是第二类稳定性问题，都与荷载相关。那么，在荷载组合 $\{P_0\}$ 中，

永久荷载 $\{P_G\}$ 与可变荷载 $\{P_Q\}$ 的组合系数应各取多少？

一般可以从两个角度来理解稳定性安全系数 K：

（1）从容许应力法角度，安全系数 K 是一个总的安全余量的概念，$\{P_0\}=\{P_G\}+\{P_Q\}$ 是荷载标准值组合，$\{P_J\}$ 是结构失稳极限荷载，$\{P_J\}=K\{P_0\}$。在进行结构分析时材料分项系数 γ_m 值取为 1.0。这应该是当前我国桥梁设计规范中稳定性安全系数 K 的定义。只按规范进行稳定性验算时，应采用上述荷载组合。

（2）从极限状态法角度，安全系数 K 是能力与需求之比，$K=\{P_J\}/\{P_0\}$。此时 $\{P_J\}$ 是结构抵抗失稳的能力，$\{P_0\}=\gamma_0\left(\gamma_G\{P_G\}+\gamma_Q\{P_Q\}\right)$ 是荷载设计值（需求）。此时的结构重要性系数 γ_0、作用分项系数 γ_G 和 γ_Q 都不恒等于 1.0，计算过程中的材料分项系数 γ_m 也不等于 1.0。这种情况下计算出的 K 与前面容许应力法的结果不同，且其限值也不应采用现行规范中所给的值，因为 K 的定义不同了。在大跨度桥梁结构设计时，可采用这种方式计算，并与上述容许应力法进行对比分析。

关于结构体系整体稳定性分析中荷载组合方式，有很多研究者进行了深入的研究，并且探讨了很多的加载方式，感兴趣的读者可自行查阅相关文献参考。

3　可变荷载最不利布置的影响

对于结构体系的不同部位、不同效应，可变荷载具有不同的最不利布置方式，但对于结构体系的整体稳定性，如何确定其最不利布置方式？这是一个较为复杂的问题，鉴于双重非线性计算的耗时特性，不可能采用穷尽法，只能采用近似方法。目前使用较多的是按照经验判断出数种可能的最不利布置，分别进行数值分析，然后选出其中最不利的结果。

这样做具有较大的随机性且比较依赖计算人员的判别能力，所以在具体实施计算时，应注意如下两点：

（1）分析所计算结构对可变荷载布置是否敏感。对不同的结构形式及不同的荷载类型，这种敏感性是不同的，例如：大跨度拱桥结构（图 20.2）对可变荷载布置的敏感性就比大跨度斜拉桥结构（图 20.3）要强，桁架式拱肋（图 20.4）对可变荷载布置的敏感性就比箱式拱肋（图 20.2）要强，同样的结构对铁路活载就比对公路活载敏感性要强（图 20.5）。

（2）对于最不利荷载布置的形式和数量的选择，必须根据上述敏感性强弱以及结构可能的失稳模式来确定，而不能随意布置。

图 20.3　大跨度斜拉桥

图 20.4　大跨度桁架拱桥

图 20.5　公铁两用桥

4 失稳模式与极限荷载的判别

虽然目前很多有限元软件具有双重非线性分析的功能，并具有判断极限承载力的能力，但必须注意，对于一个复杂的结构体系而言，弹塑性失稳破坏与强度破坏经常交织在一起，并且失效模式不仅与结构形式和加载方式等有关，还与初始缺陷密切相关。而初始缺陷是在计算时人为加入的，加入不同的初始缺陷会导致不同的失效模式，得到不同的极限荷载 $\{P_i\}$ 和安全系数 K。判别极限状态并非仅仅凭能量法或者其他方法找到一个极值点就行。

如图 20.6 所示，同一结构在同一加载方式下，可能存在很多极值点或分枝点，而最小极限荷载 P_J（或 P_F）对应的那个极值点 J（或分枝点 F）才是我们想要的结果。但如果计算时加入的初始缺陷与该失效模式不对应，比如对应极值点 C 失效模式，则所得极限荷载就是 P_C 而非 P_J。显然，要得到 P_J，计算时必须加入能够激发其对应失稳模式的初始缺陷。假如软件能够自动识别考虑非线性效应时的分枝点，则也可以不考虑初始缺陷并在达到

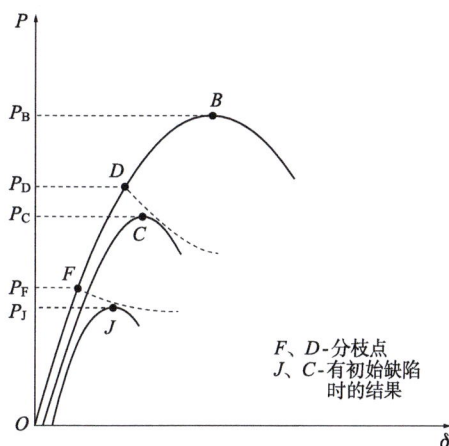

图 20.6 结构体系的荷载 P - 位移 δ 曲线示意图

C 点之前捕捉到分枝点 F 及其对应的极限荷载 $P_F \approx P_J$。

如果计算时不加入初始缺陷，且软件也没有自动判断非线性结构分枝点失稳的功能，那么这种情况下计算得到的结果有 3 种可能：（1）多种可能失稳模式中的一种，它与结构无初始缺陷时在所施加荷载作用下的变形模式接近，比如 B 点，但不一定是最小极限荷载对应的失稳模式，这是偏于不安全的结果；（2）一种非失稳的强度破坏模式，而且不一定是受压破坏，还可能是受拉、受弯等破坏模式；（3）小概率情况下，碰巧是最小极限荷载 P_J 对应的失稳模式。

从上面的分析可见，识别一个结构体系的失稳模式并非随便用一个有限元软件做非线性分析就能办到，还需要更多的力学知识和计算技能。关于这方面的研究，也有很多文献可供参考，例如：建筑结构中对网架结构（图 20.7）稳定性的研究成果以及陈宝春、韦建刚等对拱桥稳定性的研究成果等。

图 20.7　网架结构

本文根据"西南交大桥梁"微信公众号于 2021 年 8 月 2 日发布的文章《李乔说桥 -35：结构体系整体稳定性，你算对了吗?》改写。

21

曲线梁桥的支座预偏心

1 为何曲线梁桥支座要设预偏心？

在桥梁工程中，曲线梁桥应用十分广泛，尤其在城市立交桥中更是随处可见（图 21.1）。在进行曲线梁桥设计时，有经验的工程师会将其支座设计成偏心布置形式，而不是对中设置。如图 21.2 所示，曲线梁的横截面是左右对称的，但横向两个支座的中线却不设在横截面中线上，而是向曲线外侧有一个偏心距 e_i。这是为什么呢？

图 21.1 立交桥中的曲线梁桥

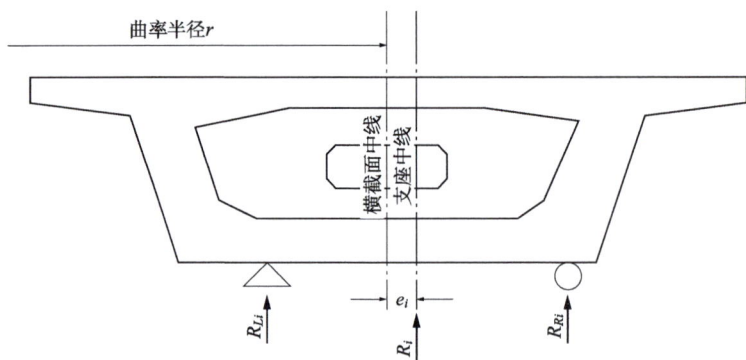

图 21.2　双支座预偏心设置示意图

由于曲率的影响，曲线梁桥在自重作用下会有外翻的趋势，即会产生扭矩和扭转变形，因此对于抗扭支座（例如双支座）而言，会产生反扭矩 R_{zi}。如果支座是对中布置，横向每个支座的反力一定不相等，一般情况下，曲线内侧的支座反力小于外侧的支座反力，有时甚至会产生负反力或脱空。如果预先把支座中线向曲线外侧偏离 e_i，竖向支座反力的合力 $R_i = R_{Li} + R_{Ri}$ 与偏心距 e_i 就会构成一个与前述反扭矩 R_{zi} 方向相反的扭矩 $R_i e_i$。只要偏心距设置合适，就可以完全抵消前述的反扭矩，使曲线内外侧支座反力相等。也就是说，通过设置支座预偏心可以调整梁的扭矩分布，部分或全部消除支座恒载反扭矩，减小梁的扭矩峰值和扭转变形。这就是设置预偏心的原理和作用。同时由于活载作用下也是向外翻转效应大于向内的效应，所以设置支座预偏心也有利于提高梁部的抗倾覆性。

关于曲线梁桥支座预偏心设置已有很多文献和研究成果，感兴趣的读者可去查阅，本文只是抛砖引玉，简述一下其原理和设置原则。

② 支座预偏心的设置原则

在工程实践中，曲线梁桥支座预偏心值的选取并不存在唯一性，而是与设计者所要达成的主要目的相关。例如，想要通过设置预偏心值 e 使双支座截面的两个支座反力相同，即反扭矩为零（图 21.2），同时使单支座截面（图 21.3）的扭转角等于某期望值 φ_0，则应满足条件

$$R_{Li} = R_{Ri} \text{ 或 } R_i e_i = R_{zi} \tag{21.1}$$

$$\varphi_j(e_j) = \varphi_{0j} \tag{21.2}$$

其中，$\varphi_j(e_j)$ 为单支座所在梁截面的扭转角；φ_{0j} 为该支座截面所期望的扭转

角，根据需要确定取值，例如取为 0。

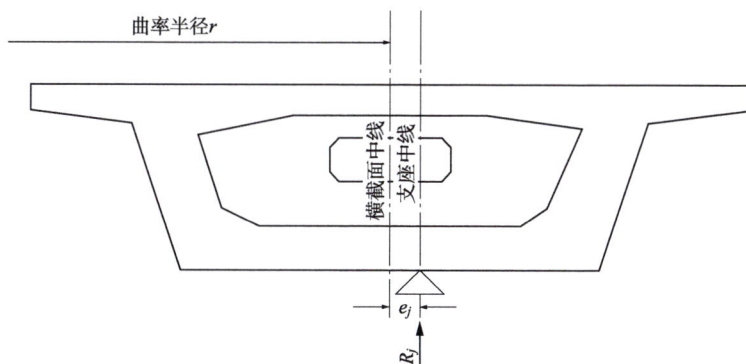

图 21.3 单支座预偏心设置示意图

特别注意的是，各支座的预偏心值是交互影响的，即上述式（21.1）和式（21.2）中的未知变量是耦合的，所以不能单独求解，必须联立求解，即需要求解按下列（ $m+n$ ）个条件建立的联立方程组

$$R_{Li}(e_i, e_j) - R_{Ri}(e_i, e_j) = 0, i = 1, 2, 3, \cdots, m \tag{21.3}$$

$$\varphi_j(e_i, e_j) = \varphi_{0j}, j = 1, 2, 3, \cdots, n \tag{21.4}$$

其中，m 和 n 分别为双（多）支座截面数目和单支座截面数目。

具体计算时可利用有限元软件计算上述方程的系数，也可通过迭代法直接计算得到最终的预偏心值，尤其是当方程组为非线性时。

以上的设置方式有利于提高梁部抗倾覆能力，同时也可调整梁的扭矩分布，但不一定是最优扭矩分布。如果以最优扭矩分布为目的，则应按扭矩最优条件建立优化算法方程求解。

③ 曲线梁的重心轴与形心轴

首先，要明确一根梁或杆件（指整根梁或杆件，而不是一个横截面）的重心轴与形心轴的定义。重心轴：沿杆件长度方向各微分长度为 dz 的杆段重心的连线；形心轴：沿杆件长度方向杆件各横截面形心的连线。

如图 21.4 所示，匀质直杆的重心轴和形心轴是重合的，但匀质曲杆的此二轴不重合，因为微分曲杆杆段的重心位于横截面形心的曲线外侧，这也可以从曲线外侧的材料纵向纤维比曲线内侧长这一点来理解。

这种重心轴偏向曲线外侧的特征虽然是导致支座反力合力偏心的因素之一，但并不是主要因素，最主要的因素还是由梁的曲线形状引起的扭矩。

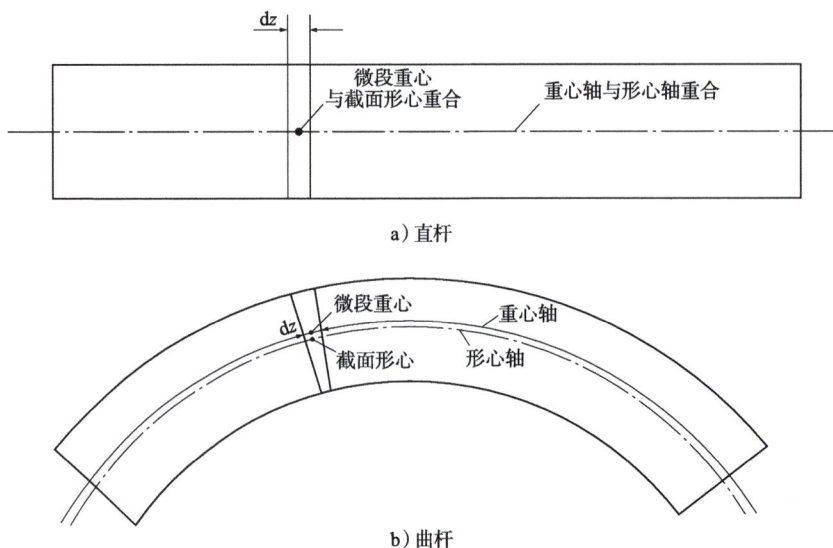

a）直杆

b）曲杆

图 21.4　杆件的重心轴与形心轴

④ 预偏心要不要考虑可变作用?

前面讨论支座预偏心时只考虑了永久作用，而没有考虑可变作用，原因很简单，可变作用是变化的、不确定的，而支座预偏心是固定不变的，不可能适应各种可变作用工况。但需要注意的是，设置了支座预偏心以后，在计算可变作用效应时，必须考虑所设的预偏心，不能仍按中心布置情况计算。

另外，对于相关规范中被列为永久作用且与时间有关的作用，比如混凝土收缩、徐变，基础不均匀沉降等，该如何在设置预偏心时考虑它们？是部分计入还是全部计入，抑或完全不考虑？可能不同的设计师有不同的做法，脱离具体工程实际情况，很难轻易地说哪种更好。这是设计师自己把握的范畴，也是工程师与科学家工作的差别所在。

本文根据"西南交大桥梁"微信公众号于 2022 年 2 月 14 日发布的文章《李乔说桥 -39：曲线梁桥的支座预偏心》改写。

22

薄壁曲线箱梁有限元方法简介

1 薄壁箱梁位移模式

在城市立交桥及交通干线上，曲线梁桥是经常采用的结构形式（图 22.1）。计算曲线梁结构可以采用板壳单元进行模拟分析，其优点是能够计算整体和局部效应，考虑因素全面，但缺点是计算量大，尤其是进行结果分析和使用时特别麻烦，不符合工程设计习惯和要求，配筋及承载力验算困难。所以，一般在设计及施工控制时，更多地采用梁单元进行计算。因为采用曲线梁单元比采用直线梁单元具有更高的模拟精度，而对于薄壁曲线箱梁，除了考虑常规的受力特性外，还要考虑约束扭转和畸变效应，所以其单元节点自由度以及单元刚度矩阵比普通曲线梁单元要复杂一些。

图 22.1 曲线梁桥

对于图 22.2 所示的单箱单室箱梁，其节点广义位移及对应的广义内力为：

$$\{d\} = \{u, v, w, \theta_x, \theta_y, \theta_z, \kappa, W_1, W_2\}^{\mathrm{T}} \tag{22.1}$$

$$\{T\} = \{Q_x, Q_y, N, M_x, M_y, M_z, M_d, B_1, B_2\}^{\mathrm{T}} \tag{22.2}$$

其中，$\{u, v, w, \theta_x, \theta_y, \theta_z\}$ 为常规的 3 个平移和 3 个转角自由度；$\{Q_x, Q_y, N, M_x, M_y, M_z\}$ 为对应的 6 个内力；κ 为截面畸变；W_1 和 W_2 为扭转翘曲和畸变翘曲；M_d 为畸变力矩；B_1 和 B_2 为扭转翘曲双力矩和畸变翘曲双力矩。

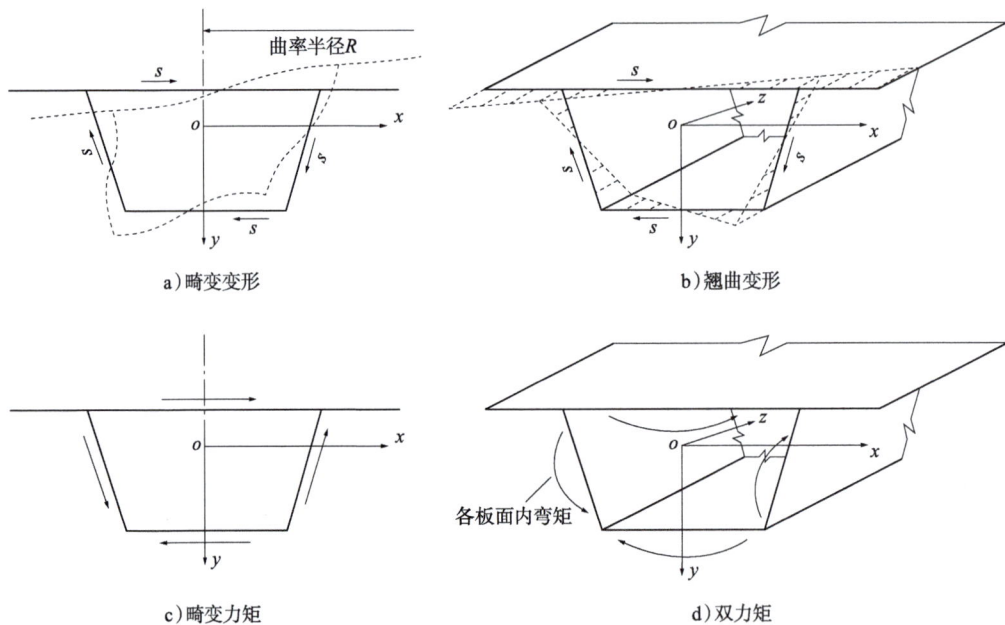

a）畸变变形 　　　　　　　　　　　b）翘曲变形

c）畸变力矩 　　　　　　　　　　　d）双力矩

图 22.2　箱梁横截面及位移模式示意图

广义内力与广义位移的关系为

$$N = EA(w' - Ku - K\theta_z y_1 + K\kappa y_z) = REA \cdot e \tag{22.3}$$

$$M_x = EI_x(-v'' + K\theta_z - K\kappa) = EI_x \chi_x \tag{22.4}$$

$$M_y = EI_y(-u'') = EI_y \chi_y \tag{22.5}$$

$$M_t = M_\omega + M_K \tag{22.6}$$

其中，M_t 是对扭转中心的力矩，M_z 是对 z 轴的力矩。

$$M_\omega = \mu_1 GI_{c11}(\theta_z' + Kv' - W_1) + GI_{c12}(\kappa' - W_x) = \mu_1 GI_{c11}\varphi_1 + GI_{c12}\varphi_2 \tag{22.7}$$

$$M_K = GI_K(\theta_z' + Kv') = GI_K\varphi_K \tag{22.8}$$

$$M_d = GI_{c21}\varphi_1 + GI_{c22}\varphi_2 \tag{22.9}$$

$$B_1 = -EI_{w11}W_1' - EI_{w12}W_2' = B_{11} + B_{12} \tag{22.10}$$

$$B_2 = -EI_{w21}W_1' - EI_{w22}W_2' = B_{21} + B_{22} \tag{22.11}$$

式中，$K = 1/R$ 为梁的初曲率；I_{cij}、I_{wij}（$i = 1,2$；$j = 1,2$）为横截面广义抗扭惯性矩和抗翘曲惯性矩。对曲线箱梁约束扭转理论感兴趣的读者可参考有关文献，如本文作者博士学位论文等，此处不赘述。

② 薄壁曲线箱梁单元节点位移及插值函数

要建立曲线箱梁单元刚度矩阵，首先要考虑采用合适的位移插值函数。对于常规的挠曲自由度，如果是直线梁，则为满足其连续性要求，需采用三次多项式作为插值函数；如果是曲线梁，由于弯扭耦合，翘曲位移变化规律更加复杂，对连续性要求更高，需采用高阶多项式作为插值函数，本文采用五阶多项式。对于约束扭转和畸变相关的位移，根据其对连续性的要求，采用三次多项式即可。

由于五阶多项式需要包含 6 个自由度才能完备，因此单元除了两端节点 i 和 j 之外，还在中间设置一个节点 k，如图 22.3 所示。

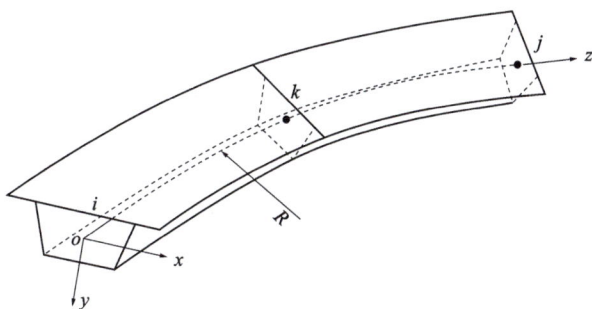

图 22.3　曲线箱梁单元模型

于是，可得单元节点自由度向量为

$$\{\delta_{ij}\} = \{w_i, u_i, \theta_{yi}, v_i, \theta_{xi}, w_{2i}, \kappa_i, w_{1i}, \theta_{2i}, w_j, u_j, \theta_{yj}, v_j, \theta_{xj}, w_{2j}, \kappa_j, w_{1j}, \theta_{2j}\}^{\mathrm{T}} \quad (22.12)$$

$$\{\delta_k\} = \{w_k, w_k', u_k, \theta_{yk}, v_k, \theta_{xk}, w_{2k}, w_{2k}', \kappa_k, x_k', w_{1k}, w_{1k}', \theta_{zk}, \theta_{zk}'\}^{\mathrm{T}} \quad (22.13)$$

如上所述，对 u、v 采用五次多项式，其余采用三次多项式

$$u = N_1 u_k + N_2 \theta_{yk} + N_3 u_i + N_4 \theta_{yi} + N_5 u_j + N_6 \theta_{yi} \quad (22.14)$$

$$w = H_1 w_k + H_2 w_k' + H_3 w_i + H_4 w_j \quad (22.15)$$

v 与 u 相同，其余与 w 相同。$N_1 \sim N_6$ 为五次多项式形函数，$H_1 \sim H_4$ 为三次多项式形函数。写成矩阵形式

$$\{d\} = [N]\{\delta\} \quad (22.16)$$

式中，$[N]$ 为形函数矩阵，由 $N_1 \sim N_6$ 和 $H_1 \sim H_4$ 构成。

$$\{\delta\} = \begin{Bmatrix} \delta_k \\ \delta_{ij} \end{Bmatrix} \tag{22.17}$$

③ 薄壁曲线箱梁单元刚度矩阵

首先推导单位长度梁段的应变能。由于多数读者对弯曲应变能较为熟悉，此处略去推导。只推导剪切应变能和翘曲应变能。

剪切应变能：

设

$$\varphi_{12} = \varphi_1 + \varphi_2, I_{c1} = u_1 I_{c11} - I_{c12}, I_{c2} = I_{c22} - I_{c12} \tag{22.18}$$

$$M_{\omega 1} = GI_{c1}\varphi_1, M_{\omega 2} = GI_{c2}\varphi_2, M_{\omega 12} = GI_{12}\varphi_{12} \tag{22.19}$$

则

$$U_a = \frac{1}{2}\left(M_{w1}\varphi_1 + M_{w2}\varphi_2 + M_{w12}\varphi_{12} + M_K\varphi_K\right) \tag{22.20}$$

类似地，有翘曲应变能

$$U_\omega = \frac{1}{2}\left(B_{\omega 1}W_1' + B_{\omega 2}W_2' + B_{\omega 12}W_{12}''\right) \tag{22.21}$$

式中，

$$B_{\omega 1} = EI_{\omega 1}W_1', B_{\omega 2} = EI_{\omega 2}W_2', B_{\omega 12} = EI_{\omega 12}W_{12}' \tag{22.22}$$

$$W_{12}' = W_1' + W_2', I_{\omega 1} = I_{\omega 11} - I_{\omega 12}, I_{\omega 2} = I_{\omega 22} - I_{\omega 12} \tag{22.23}$$

畸变应变能

$$U_d = \frac{1}{2}EA_d\kappa^2 \tag{22.24}$$

其中，EA_d 为抗畸变刚度。

设广义内力向量 $\{\sigma\}$、广义应变向量 $\{\varepsilon\}$ 和广义弹性矩阵 $[C]$ 为

$$\{\sigma\} = \{N, M_x, M_y, M_z, M_{w1}, M_{w2}, M_{w12}, B_{w1}, B_{12}, Q_d\} \tag{22.25}$$

$$\{\varepsilon\} = \{e, x_x, x_y, \varphi_K, \varphi_1, \varphi_2, \varphi_{12}, w_1', w_2', w_{12}', \kappa\} \tag{22.26}$$

$$[C] = \text{diag}[EA, EI_x, EI_y, GI_K, GI_{c1}, GI_{c2}, GI_{c12}, EI_{\omega 1}, EI_{\omega 2}, EI_{\omega 12}, EA_d] \tag{22.27}$$

则

$$\{\sigma\} = [C]\{\varepsilon\} \tag{22.28}$$

将几何方程（应变-位移关系）的形函数代入

$$\{\varepsilon\} = [B]\{\delta\} \tag{22.29}$$

其中，$[B]$ 为应变矩阵或称几何矩阵。

设 $\xi = \dfrac{2(z-z_i)}{L}$，$L$ 为单元轴线长，则

$$U = \frac{1}{2}\int_{-1}^{1}[\sigma]^{\mathrm{T}}\{\varepsilon\}\frac{L}{2}\mathrm{d}\xi = \frac{1}{2}\{\delta\}^{\mathrm{T}}\left(\int_{-1}^{1}[B]^{\mathrm{T}}[C][B]\frac{L}{2}\mathrm{d}\xi\right)\{\delta\} = \frac{1}{2}\{\delta\}^{\mathrm{T}}[K]\{\delta\} \quad (22.30)$$

式中，$[K]$ 为单元刚度矩阵。

$$[K] = \int_{-1}^{1}[B]^{\mathrm{T}}[C][B]\frac{L}{2}\mathrm{d}\xi \quad (22.31)$$

关于形函数 $N_1 \sim N_6$ 和 $H_1 \sim H_4$ 等推导方法简介：

设

$$w = a_0 + a_1\xi + a_2\xi^2 + a_3\xi^3 \quad (22.32)$$

因

$$\begin{aligned}
&\xi = 0, w = w_k;\ w_k = a_0\\
&\xi = 0, w' = w'_k;\ w'_k = a_1\\
&\xi = -1, w = w_i;\ w_i = w_k - w'_k + a_2 - a_3\\
&\xi = 1, w = w_j;\ w_j = w_k + w'_k + a_2 + a_3
\end{aligned} \quad (22.33)$$

解出

$$a_2 = \frac{w_j + w_i}{2} - w_k,\ a_3 = \frac{w_j - w_i}{2} - w'_k \quad (22.34)$$

于是

$$\begin{aligned}
w &= w_k + w'_k\xi + \left(\frac{w_i}{2} + \frac{w_j}{2} - w_k\right)\xi^2 + \left(\frac{w_j}{2} - \frac{w_i}{2} - w'_k\right)\xi^3\\
&= (1-\xi^2)w_k + (\xi-\xi^3)w'_k + \frac{1}{2}(\xi^2-\xi^3)w_i + \frac{1}{2}(\xi^2+\xi^3)w_j
\end{aligned} \quad (22.35)$$

对比式（22.15）可知

$$H_1 = 1-\xi^2,\ H_2 = \xi(1-\xi^2),\ H_3 = \frac{\xi^2}{2}(1-\xi),\ H_4 = \frac{\xi^2}{2}(1+\xi) \quad (22.36)$$

$N_1 \sim N_6$ 可类似地导出。

由于中间节点 k 的自由度只与 i,j 节点相关，因此可以采用所谓"静力凝聚"方法消去 k 节点的 14 个自由度，将 $[K]_{32\times32}$ 变为 18×18 的矩阵 $[\overline{K}]_{18\times18}$，从而减少了线性方程的未知量数目。

设节点力 $\{F\} = \begin{Bmatrix} F_k \\ F_{ij} \end{Bmatrix}$，$[K] = \begin{bmatrix} K_{kk} & K_{kij} \\ K_{ijk} & K_{ijij} \end{bmatrix}$

由单元平衡方程 $[K]\{\delta\} = \{F\}$ 得

$$[K_{kk}]_{14\times14}\{\delta_k\}_{14\times1} + [K_{kij}]_{14\times18}\{\delta_{ij}\}_{18\times1} = \{F_k\} \quad (22.37)$$

$$[K_{ijk}]_{18 \times 14}\{\delta_k\} + [K_{ijij}]_{18 \times 18}\{\delta_{ij}\}_{18 \times 1} = \{F_{ij}\}_{18 \times 1} \tag{22.38}$$

由式（22.37）可得

$$\{\delta_k\} = [K_{kk}]^{-1}(\{F_k\} - [K_{kij}]\{\delta_{ij}\}) \tag{22.39}$$

代入式（22.38）

$$[K_{ijk}]_{18 \times 14}[K_{kk}]^{-1}\{F_k\} - [K_{ijk}]_{18 \times 14}[K_{kk}]^{-1}[K_{kij}]\{\delta_{ij}\} + [K_{ijij}]_{18 \times 18}\{\delta_{ij}\}_{18 \times 1} = \{F_{ij}\}_{18 \times 1} \tag{22.40}$$

考虑 $[K_{ijk}]^{\mathrm{T}} = [K_{kij}]$，因此，若令

$$[K_{ijij}]_{18 \times 18} = [K_{ijk}]_{18 \times 14}[K_{kk}]_{14 \times 18}[K_{kij}]_{14 \times 14} = [K_{ijk}][K_{kk}]^{-1}[K_{ijk}]^{\mathrm{T}} \tag{22.41}$$

$$[K_{ijij}] - [\overline{K_{ijij}}] = [\overline{K_{ijij}}] \tag{22.42}$$

$$\{F_{ij}\} - [K_{ijk}][K_{kk}]^{-1}\{F_k\} = \{\overline{F_{ij}}\} \tag{22.43}$$

则有

$$[\overline{K_{ijij}}]\{\delta_{ij}\} = \{\overline{F_{ij}}\} \tag{22.44}$$

其中，$[\overline{K_{ijij}}]$ 和 $\{\overline{F_{ij}}\}$ 即为静力凝聚后的单元刚度矩阵和节点力向量。

根据静力凝聚后的单元方程式（22.44），通过坐标变换，组装总刚度矩阵和荷载向量，即可得到曲线箱梁的有限元总体平衡方程。

④ 结语

本文只是简要给出薄壁曲线箱梁的有限元方程，供对此感兴趣的读者参考。与采用板壳单元或者空间实体单元方式相比，采用曲线箱梁单元进行结构分析，不仅大大减少计算工作量，更重要的是可以将预应力、混凝土收缩和徐变、承载力验算等内容融入计算，为工程设计提供参考。

本文根据"西南交大桥梁"微信公众号于 2022 年 4 月 11 日发布的文章《李乔说桥 -42：薄壁曲线箱梁有限元方程简介》改写。

23

无应力构形方法的应用释疑

1 引言

在桥梁设计计算和施工控制分析领域，从无应力状态原理[1]，到几何控制法[2]及其全过程几何控制系统，再到更具普适性的结构的状态-过程相关性原理[3]，以无应力构形为基本要素的理论和方法体系已经趋于完善。为简便，以下简称该体系为无应力构形方法。在工程实践中，它们得到了非常广泛的应用。但在应用过程中，有一些问题容易被忽略，从而导致不正确的计算结果，使人对该方法产生困惑甚至怀疑。例如，在结构有混凝土收缩和徐变影响时以及有各种误差存在时，就不能直接通过该方法进行计算。本文作者根据在该领域的长期研究和应用实践，对这些问题予以说明，以期为今后的应用提供参考。

2 只控制斜拉索无应力长度不能保证结构达到预期状态

在斜拉桥施工控制计算中，可以通过控制斜拉索无应力长度的方法来控制结构成桥状态，这在工程实践和科研中已有非常多的实例和文献。但采用此方法做过斜拉桥结构分析的人会发现，即使不考虑混凝土收缩、徐变和系统误差等因素，仅靠控制斜拉索无应力长度，也不能保证结构达到预期的状态。比如，先是按原施工过程计算得到了成桥状态，后来施工方案发生变化，为保证成桥状态不变，在按新的施工过程计算时，保持各斜拉索无应力长度与原来一致，而包括节点安装坐标等在内的其他参数不变，结果发现计算到成桥阶段后，结构已经偏离原来的状态。这是为什么呢？

回顾一下结构的状态 - 过程相关性原理，在不考虑系统误差的前提下，在时间区间 (t_i, t_k)，一个非线性时变结构，当其材料本构关系中的加载与卸载路径相同时，结构状态改变量与几何体系及作用体系在 (t_i, t_k) 内的演变过程无关；否则，结构状态改变量与演变过程相关。这里 t_k 时刻的结构状态是指相同受力结构按不同演变过程得到的状态。注意，"相同受力结构"在本书文章 2（《结构力学与桥梁结构》）中曾有定义，如果用结构的状态 - 过程相关性原理 [3] 的术语描述，是指结构的几何、材料、作用三因素相同。如果按不同演变过程得到的不是同一个受力结构，那就根本谈不上状态与过程是否相关了。

现在分析一下前述的两个施工过程，新的施工过程只保持了原施工过程成桥阶段的无应力索长不变，但在施工的中间过程，由于施工方案改变，结构变形和内力都发生了改变。梁和塔单元在安装时，如图 23.1 所示，梁单元 m 的一端为已安装节点 j_1，由于结构变形和内力已不同于原过程，该节点位置也不同于原过程，但单元另一端新安装节点 j_2 的安装位置没有变，还是原来的位置，因此单元 m 与其左侧单元的连接角度发生变化，这意味着结构的无应力构形发生了变化。到了成桥阶段，与原来已经不是同一个受力结构了，其状态也自然不是同一状态了。所以，前述现象产生的原因不是无应力构形方法不正确，而是忽略了它的前提条件。

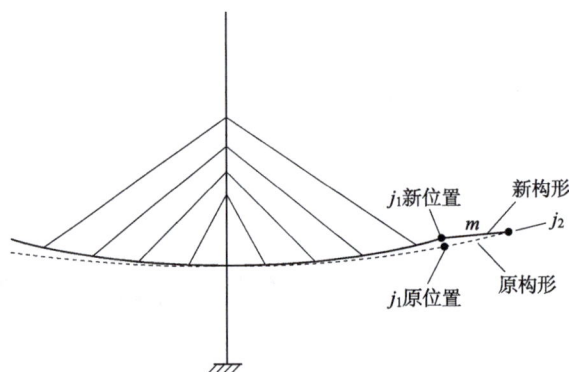

图 23.1　斜拉索的不同张拉工况

关键点：应用无应力构形方法时，必须保持目标状态对应的是同一个受力结构。具体到斜拉桥施工控制，计算中除了保持无应力索长及结构上的作用不变外，还要保持所有其他构件的无应力构形和连接条件也不变，这样才能保持成桥状态不变。

3　全过程用无应力索长控制代替索力控制可行吗?

相较于索力控制，采用无应力索长进行施工控制有诸多优点。但从初张拉到后面的调索都采用无应力索长控制却不一定总是有效的，因为这种方式需要满足一个前提条件，即必须保证斜拉索上下锚固点之间距离的高精度测量，否则根本无法知道斜拉索初始无应力时对应的准确索长，当然也无法准确控制对应的索力了。

如果施工测量不能满足上述精度要求，就只能在初张拉时采用索力控制，在后来的张拉中采用无应力索长增量控制。但这将带来另外一个问题，即仍然不知道斜拉索初始无应力时对应的索长，后面虽然可以采用无应力索长增量控制索力增量，但要通过无应力构形方法进行施工控制，以达到预期的成桥目标状态，就必须知道斜拉索无应力全长而不仅仅是增量。为了确定斜拉索初始无应力时对应的索长，必须知道斜拉索安装前的准确总长度，然后减去初张拉之后锚垫板以外的长度，即可得到对应初张拉的斜拉索初始无应力时对应的索长。出厂时就测量了平行钢丝束斜拉索的总长度，但平行钢绞线斜拉索是现场下料，只有在现场准确测量长度并做好标记，才能获得初始无应力时对应的索长，这是很难达到精度要求的。所以，对平行钢绞线斜拉索，一般采用几何与力双重控制方法，这里的几何不仅仅限于索的无应力长度，还包括结构的其他几何指标。

4　无应力索长增量与索力增量唯一对应时的条件

在上述采用无应力索长增量控制索力增量的方法中，隐含着无应力索长增量与索力增量唯一对应的推论。但这个推论的成立是有条件的，它要求在无应力索长变化过程中，该斜拉索上下锚点之间的刚度、结构作用以及结构几何体系都没有变化，否则推论不成立。如图 23.2 所示，图 23.2a）工况是只安装并张拉索 C_1；图 23.2b）工况是同时安装并张拉索 C_1 和 C_2；图 23.2c）工况是已经安装并初张拉索 C_1 和 C_2，但要对索 C_1 进行二次张拉；图 23.2d）工况是已经安装并初张拉索 C_1 和 C_2，但要对索 C_1 和 C_2 同时进行二次张拉。假设 4 种工况下索 C_1 的无应力索长增量都是 ΔL_1，但索力增量 ΔT_{1a}、ΔT_{1b}、ΔT_{1c} 和 ΔT_{1d} 却各不相同，因为 4 种工况下索 C_1 锚索点之间的刚度、张拉过程中结构上的作用以及张拉前的其他索无应力长度不同。其中，图 23.2a）工况比其他工况少了索 C_2 的刚度和张拉力作用，图 23.2c）工况与图 23.2b）、d）相比，

索 C_2 的张拉力作用不同,而图 23.2b)工况与图 23.2d)相比,索 C_2 的无应力索长不同。最后一种差别,即图 23.2b)工况与图 23.2d)的差别或 ΔT_{1b} 与 ΔT_{1d} 的差别,是由索 C_2 无应力索长不同产生的,但差别很小,理论上存在,工程上可以忽略不计。

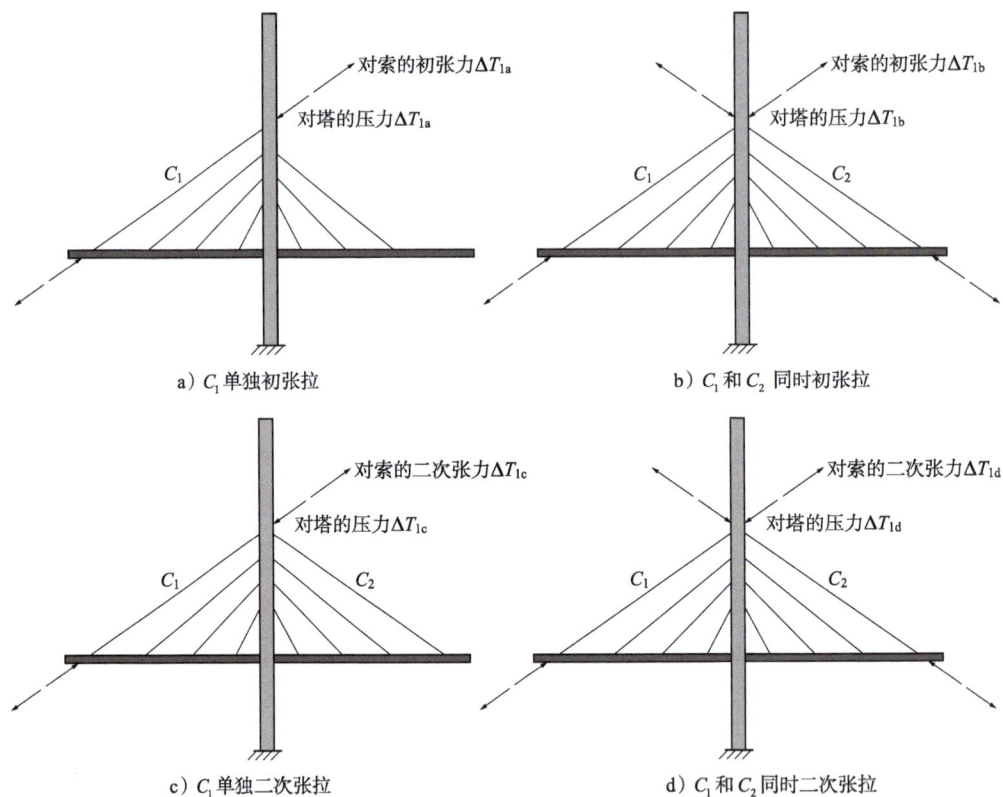

a) C_1 单独初张拉　　　　　　　　b) C_1 和 C_2 同时初张拉

c) C_1 单独二次张拉　　　　　　　d) C_1 和 C_2 同时二次张拉

图 23.2　斜拉索的不同张拉工况

由此可见,无应力索长增量与索力增量的对应关系是有条件的,使用时要特别明确是对应什么条件的关系。

⑤　改变安装线形而不改变结构最终内力的条件

在桥梁结构设计计算及施工控制计算中,常常通过调整安装线形及初始无应力线形来达到调整成桥线形的目的,并且认为这样不会改变结构的成桥内力状态。一种常用的方法是先将设计成桥线形当作安装线形,计算得到成桥理想内力状态后,将结构位移[图 23.3a)]反号并叠加在设计成桥线形上,即得安装线形[图 23.3b)]。

a）结构位移

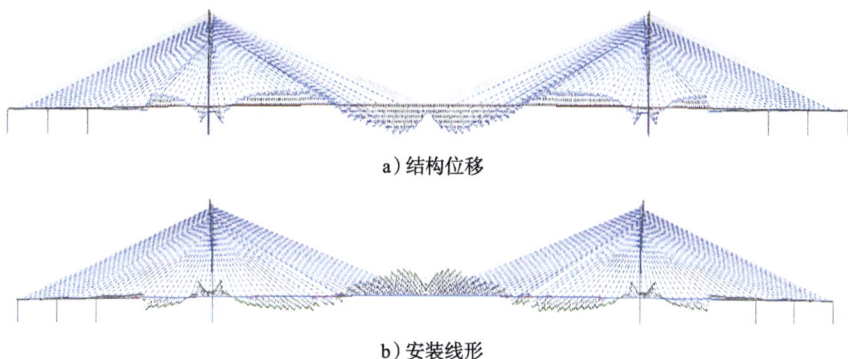

b）安装线形

图 23.3　斜拉桥结构位移与安装线形

根据无应力构形方法的理论，只要结构改变了无应力构形，就与其改变之前不属于同一个结构了，因而必然改变其最终变形和内力状态。所以，上述调整成桥线形的方法是一种工程实用计算方法，其成立的条件有两个：一是安装线形及初始无应力线形调整量很小，处于结构变形量级上；二是结构内力状态对初始无应力构形不敏感。第一个条件在工程应用中是容易满足的，第二个条件则需要具体分析。例如，对连续梁或刚构桥及跨度不是非常大的斜拉桥等，第二个条件较容易满足。对悬索桥、拱桥及大跨度斜拉桥，其结构内力状态对初始无应力构形敏感度增加，因而不能直接采用前述方法，其中悬索桥和拱桥的桥面系线形可以通过调整吊杆或拱上立柱长度来调整，且不会对主缆和拱肋内力状态产生大的影响。实际上，以上述方法确定的新安装线形为基准重新进行计算，就会发现最终成桥变形和内力状态都会较原来有所偏移，无论什么桥型，无论采用线性还是非线性分析方法都会如此，只是不同情况下的偏移不同而已。此外，在工程实践中，对于非线性效应较强的结构，需要采用反复迭代的方法来计算安装线形，而不能直接将结构位移反号并叠加在成桥线形上。

6 万变归宗

上述问题虽然各不相同，但它们却有一个共同点，即在应用无应力构形方法时，所要评价或比较的最终阶段必须具有相同的"结构三因素"，即几何、材料、作用，三个体系中，只要有一个变了，比如无应力构形变了，几何体系就变了，与原来也就不具有可比性了。结构三因素恰好就是结构的状态 - 过程相关性原理的前提条件。

参考文献

[1] 秦顺全. 桥梁施工控制——无应力状态法理论与实践 [M]. 北京：人民交通出版社，2007.

[2] 李乔，卜一之，张清华，等. 大跨度斜拉桥施工全过程几何控制概论与应用 [M]. 成都：西南交通大学出版社，2009.

[3] 李乔. 结构的状态 - 过程相关性原理 [J]. 桥梁建设，2020（5）：22-29.

本文根据"西南交大桥梁"微信公众号于 2022 年 4 月 20 日发布的文章《李乔说桥 -43：无应力构形方法的应用释疑》改写。

第三篇

桥梁结构设计规范

PART III

桥梁
纵论

力 与 结 构 及 其 他

24

预应力与桥梁设计规范

1 引言

在本书文章 3（《预应力体系的基本力学特征》）和文章 7（《另眼看桥——斜拉桥受力特点》）中，对预应力混凝土桥梁结构特征及次内力作了简要叙述。由于预应力混凝土在桥梁结构中的应用非常广泛，它的设计计算方法以及设计规范的相关规定也是工程技术人员十分关注的内容，所以本文拟对这种结构设计计算中的预应力次内力组合、构件破坏类型以及如何理解设计规范中的相关规定等问题进行讨论，以期对从事该领域工作的读者有所帮助。

2 桥梁设计规范对预应力次内力的规定

在超静定预应力混凝土桥梁结构设计中，需要考虑预应力引起的次内力（有的教科书或者设计规范称为二次力或次效应），但在什么情况下计入该次内力、什么情况下不计入却并不是一个十分清晰的问题，这主要是指在承载能力极限状态或者破坏状态的验算中是否计入。

在桥梁设计规范中，不同的规范（包括不同时期的版本）有不同的规定。首先看公路桥梁设计规范，1985 年实施的《公路钢筋混凝土及预应力混凝土桥涵设计规范》（JTJ 023—85）的第 3.2.7 条规定："对于预应力混凝土连续梁，在弹性阶段的计算中尚应计入由预加应力引起的混凝土弹性变形的二次力，并考虑混凝土徐变的影响；但在塑性阶段计算中可不计预加应力引起的二次力。"简言之，就是在正常使用极限状态验算中计入预应力次内力，在承载能力极限状态验算中可以不计入，并且这里的二次力是指在超静定结构上张拉预应力引起的弹性次内力。但在 2004 年实施的《公路钢筋混凝土及预应力混凝土桥涵设计规范》（JTG D62—2004）以及 2018 年的《公路钢筋混凝土及预应力混凝土桥涵设计规范》（JTG 3362—2018）中，又要求在承载能力验算中计入预应力次内力。《公路钢筋混凝土及预应力混凝土桥涵设计规范》（JTG D62—2004）的第 4.2.8 条规定："对于预应力混凝土连续梁等超静定结构，还应考虑预加力引起的次效应"；第 5.1.5 条对桥梁构件承载能力极限状态计算也规定计入"预应力（扣除全部预应力损失）引起的次效应"。《公路钢筋混凝土及预应力混凝土桥涵设计规范》（JTG 3362—2018）的规定与此基本相同。

在铁路桥梁设计规范中，1985 年实施的《铁路桥涵设计规范》（TBJ 2—85）要求对连续梁等结构计算时计入预应力次内力，没有区分使用阶段和破坏阶段（铁路桥梁设计规范对于预应力混凝土结构承载力验算采用破坏阶段法，没有采用极限状态法）；而 1999 年实施的《铁路桥涵钢筋混凝土和预应力混凝土结构设计规范》（TB 10002.3—99）、2005 年的《铁路桥涵钢筋混凝土和预应力混凝土结构设计规范》（TB 10002.3—2005）以及 2017 年颁布的《铁路桥涵混凝土结构设计规范》（TB 10092—2017）中都规定（第 4.3.4 条）："对于预应力混凝土连续梁，应力计算还应考虑预加力产生的二次力，在检算破坏阶段的截面强度时，可不考虑预加力产生的二次力的影响。"这里存在一个不严谨的描述，没有明确说明预应力二次力是指预应力弹性二次力还是预应力收缩和徐变的二次力，抑或是二者之和。对于铁路桥梁设计规范中的预应力二次力，参照前述《公路钢筋混凝土及预应力混凝土桥涵设计规范》（JTJ 023—85）的描述，也应该指预应力弹性二次力，而非全部预应力二次力。

③ 规范关于预应力次内力规定的原因分析

从上面的介绍可以看出，设计规范关于预应力次内力的规定并不统一，那么到底哪种规定更合理呢？为了讨论这个问题，首先来看预应力次内力的计算方法。当前桥梁结构设计计算中，不管是对正常使用阶段还是承载能力极限阶段，通用的内力分析方法都是按弹性结构体系进行计算，预应力次内力也不例外。

上述设计规范中，无论是公路桥梁设计规范还是铁路桥梁设计规范，在正常使用阶段计算中均计入预应力次内力，这是因为在正常使用阶段，结构处于弹性阶段，预应力次内力的数值与前述的弹性结构体系计算的结果是一致的。

对于承载能力极限状态（公路桥规）或者破坏状态（铁路桥规），由于结构已经进入塑性阶段，按照定义，此时混凝土达到极限压应变，钢筋达到屈服强度，构件在这种状态的截面处形成塑性铰。如果超静定结构体系由于塑性铰的加入而成为静定结构或者可变体系，那么预应力次内力将不复存在。这就是不考虑预应力次内力的理由。但请注意，上面说的是当结构成为静定结构或者可变体系时，预应力次内力才完全消失，而现有规范无一例外地以一个截面的状态来代表整个构件的状态，只要一个截面达到承载能力极限状态，就认为整个构件达到了承载能力极限状态。但实际的超静定结构中很多截面并不一定同时达到这种状态而成为静定结构或者可变体系，因此预应力次内力也并不一定完全消失，这便是考虑预应力次内力的理由。

通过上面的分析可知，设计规范关于预应力次内力的规定是出于一定考虑的，并且很明显，在承载能力极限状态或者破坏状态时，完全考虑还是完全不考虑预应力次内力都不够准确，要想更准确，就必须对结构进行塑性分析，得到结构的破坏路径，计算路径中每个关键阶段的实际内力，包括预应力次内力。但这样做太过复杂，不适合实际工程设计，故而有的规范［如《铁路桥涵设计规范》（TB 10002—2017）］中使用了"可不计……"来描述，也就是说，并不是强制性条文，可以执行，也可以在有充分理由情况下不执行，也可以采取偏于保守的方法，即在验算破坏状态时，根据预应力次内力是有利还是不利来判断是否计入，有利时不计入，不利时计入。也有文献建议不利时全部计入，有利时计入一半。《公路钢筋混凝土及预应力混凝土桥涵设计规范》（JTG 3362—2018）规定有利时分项系数取 1.0，不利时取 1.2。

④ 预应力混凝土构件是偏心受压构件还是受弯构件？

众所周知，预应力混凝土构件中，预应力会在构件上产生较大的轴向压力和弯矩，如果外荷载不产生轴力，只产生弯矩，那么此时构件的轴向压力就仅来自预应力。这样的构件在进行承载能力极限状态或者破坏状态验算时，到底是偏心受压构件还是受弯构件？在桥梁的设计计算中，这种情况是按照受弯构件计算的。但按照教科书中的定义，既存在轴向压力又存在弯矩的情况属于偏心受压构件，怎么预应力产生的轴向压力就不算了呢？

这其实与预应力的特点有关，也与所要验算的对象有关。预应力效应与外荷载效应不同，预加力是自平衡体系。当外荷载只引起弯矩时，随着荷载弯矩的不断增大，受拉区预应力钢束中拉力逐渐加大，混凝土预压应力则随着结构构件的变形和破坏过程而逐步减小，这部分减小的压力逐步向受压区转移，也就是说，截面中性轴不断向受压边缘方向移动。当结构构件达到承载能力极限状态或者破坏状态时，预压应力早已经消失，因为外荷载作用效应必须先抵消掉截面上的全部预压应力，然后才能达到承载力极限状态。根据本书文章3(《预应力体系的基本力学特征》)，由于预加力自平衡的特性，在从加载到受弯破坏整个过程中，如果以钢筋和混凝土共同为分离体［见本书文章3的图3.5c)］，构件截面上的拉力合力与压力合力始终等值反号，不存在轴向合力，当然就不会是偏心受压构件。但是如果要验算在施加预应力过程中混凝土梁在预加力作用下的承载力，例如在用千斤顶张拉后张法构件预应力钢束时，则必须取不含预应力钢束的混凝土梁为分离体［见本书文章3的图3.4c)］，以千斤顶施加给混凝土梁的偏心压力为外力，从而构成偏心受压。这也是铁路桥梁设计规范中明确要求验算预加应力阶段承载力的原因。

以上所述也只是讨论了其中的一部分问题，实际上该问题非常复杂，严格来说，还存在许多问题需要解决。限于篇幅和本文的范围，不做更深入探讨。

本文根据"西南交大桥梁"微信公众号于2017年7月14日发布的文章《李乔说桥-11：预应力与桥梁设计规范》改写。

25

桥梁挠度限值及公路桥规相关条文讨论

1　为何限制桥梁的挠度？

首先应该明确，桥梁的挠度限制是指可变作用（活载）引起的挠度，桥梁上的活载如图 25.1 所示。因为永久作用的变形可以通过设置预变形（如预拱度）来消除。

图 25.1　桥梁上的活载

对桥梁的挠度进行限制有以下几个目的：

（1）保证车辆行驶的安全性和平稳性，保证乘客的舒适性，其中的安全性主要指有轨交通的列车（如铁路列车）不脱轨。

（2）保证桥梁的受力得到限制，即从变形方面限制受力状态，但这一般不控制承载力或应力设计。

（3）保证桥上有轨交通线路和轨道的平顺性。

② 怎么验算挠度？

怎么验算桥梁的挠度？这本来是个很简单的问题，就是按照可变作用计算出每跨绝对值最大的挠度，然后与所用设计规范规定的限值进行比较即可。设每跨的代数值最大和最小挠度分别为f_{max}和f_{min}（图25.2），挠度限值为$[f]$，则验算表达式为

$$\max\left(|f_{max}|,|f_{min}|\right) \leqslant [f] \tag{25.1}$$

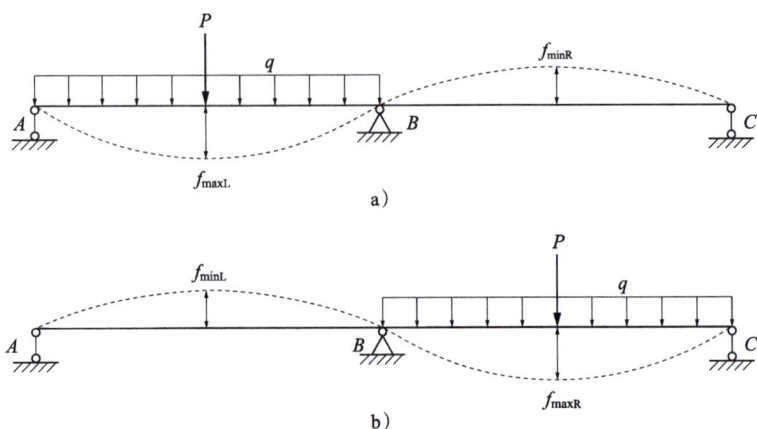

图 25.2　两跨连续梁活载挠度示意图

对于这样一个简单问题，不知从何时起，在一些工程中出现了另外一种不正确的验算方式

$$\max\left(|f_{max}-f_{min}|,|f_{max}|,|f_{min}|\right) \leqslant [f] \tag{25.2}$$

如果f_{max}和f_{min}同号，则式（25.2）与式（25.1）相同；而如果f_{max}和f_{min}反号，则式（25.2）比式（25.1）要大得多。虽然这种计算与过去相比偏于保守，但却没有道理。最大挠度和最小挠度是各自独立按影响线加载得到的，它们不是同时发生的，即它们对应的最不利活载位置不一样，所以不能相加。根据前面关于设置挠度限制的目的，无论从哪一条来看，都没有理由用从f_{min}到f_{max}的幅值来评价。

以一个两跨连续梁为例（图25.2），也许有人会如此来解释式（25.2）的合理性：左跨布满车，左跨向下挠，右跨向上挠，而右跨布满车，就反过来了，结构的同一点经历了方向相反的挠度。这看上去似乎有道理，但请注意，从位于右跨的车辆行车平稳性和舒适性角度来看，左跨布满车时，右跨如果没有车，也就没有车会经历向上的挠度。如果右跨有很少的车，驾驶人感觉到了向上的挠度，但等右跨布满车时，驾驶人已经离开原来的位置了，如何感觉到同一点从向上挠度变为向下挠度这

个过程呢？对位于左跨的车辆来说也是如此。除非有一辆车停在一个跨中位置不动，其他车队行驶且必须按停车位置的最不利布置排列，从而引起停着的那辆车位置从最大挠度变化到最小挠度，但这不是设计应该考虑的情况。如果从结构本身受力状态来看，其曲率也是由f_{max}和f_{min}各自的值决定的，而不是由它们之间的幅度决定的。至于从疲劳角度来看，似乎与f_{max}和f_{min}之间的幅度有关，但疲劳问题不是如此简单地由挠度确定的，而是由疲劳应力幅的累积效应决定的，挠度不能作为疲劳的评价和限制指标。最后，从伸缩缝位移角度来看，确实与f_{max}和f_{min}之间的幅度有关，但第一，伸缩缝是辅助设施，不能由它决定主体结构设计指标；第二，伸缩缝由纵向位移幅度控制，而纵向位移不仅与挠度有关，还与很多因素有关。

综上所述，可见式（25.2）的评价方式不符合结构设计的原理和设计规范关于变形规定的意图。目前这种不正确的评价方式在一些工程中仍然使用，给结构设计带来困难，并且增加工程造价，造成浪费。希望本文能够引起读者认真的思考。

3　公路桥规挠度限值方式及含义

下面对公路桥涵设计规范中关于挠度的限值条文进行分析，并提出不同的看法，供桥梁设计和规范修订者参考。

从历史沿革来看，《公路钢筋混凝土及预应力混凝土桥涵设计规范》（JTJ 023—85）、《公路桥涵钢结构及木结构设计规范》（JTJ 025—86）、《公路钢结构桥梁设计规范》（JTG D64—2015）都沿袭了类似的条文：当荷载作用于一个桥跨内有可能引起该跨径正负挠度时，计算挠度应为正负挠度绝对值之和。而《公路钢筋混凝土及预应力混凝土桥涵设计规范》（JTG D62—2004）和《公路钢筋混凝土及预应力混凝土桥涵设计规范》（JTG 3362—2018）中则没有这条规定。

关于该规定的说明见《公路桥涵钢结构及木结构设计规范》（JTJ 025—86）条文说明，后来的《公路钢结构桥梁设计规范》（JTG D64—2015）虽然在正式条文中仍然含有该规定，但在条文说明中却没有像《公路桥涵钢结构及木结构设计规范》（JTJ 025—86）那样对其进行说明，这也可能是现今该条文常被错误使用的原因之一。《公路桥涵钢结构及木结构设计规范》（JTJ 025—86）的条文说明内容为："吊桥的最大弹性挠度在跨度1/4处，当车辆荷载仅在左半孔时，左半孔1/4处向下挠度最大，右半孔1/4处向上挠度最大；当车辆仅在右半孔时则反之。计算挠度值应为其正负挠度的最大绝对值之和。"这条规定主要是针对吊桥（悬索桥，见图25.3）或大跨度拱桥制定的，后者与悬索桥受力性能有相似之处，见本书文章1（《桥梁结构的基本力学特征》）。上述现象只在这两种桥型中较为明显，在其他桥型中并不明显。

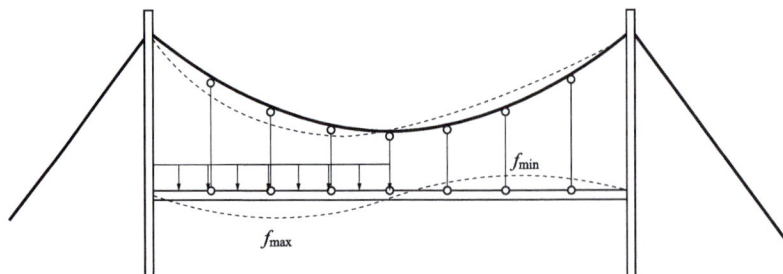

图 25.3　单跨悬索桥活载挠度示意图

　　关于这条规定的合理性后面再讨论，首先注意该规定包含的三个重要条件：一是桥型为悬索桥或大跨度拱桥，二是车辆荷载在一个桥跨内移动，三是在该桥跨内引起正负挠度。在执行这条规定时必须满足这三个条件。但在实际工程中，这三个条件经常被忽略，且不管桥型及活载在桥梁长度范围内的布置，直接把独立加载得到的正负最大挠度绝对值相加，用以校验挠度是否符合要求。这样做的结果是有时会给设计带来很大的困难，不得不挖空心思提高刚度，导致不合理的结构构造和不必要的造价升高。以图 25.4 所示的多塔斜拉桥（仅作为说明问题的数值例子，非指具体桥梁工程）为例，与满足上述三个条件计算的挠度相比，如果按照独立加载得到的正负最大挠度绝对值相加，例如对于中跨跨中挠度，本跨及隔跨加载引起向下最大挠度 f_{max}［图 25.4b)］，在其余跨加载引起向上最大挠度 f_{min}［图 25.4c)］，然后将其绝对值相加 $f = |f_{max}| + |f_{min}|$，这样会使计算挠度增加 70% 以上，使结构无端地为提高 70% 以上的竖向刚度而大幅度增加造价。很明显，这种做法没有满足三个条件中的前两个。

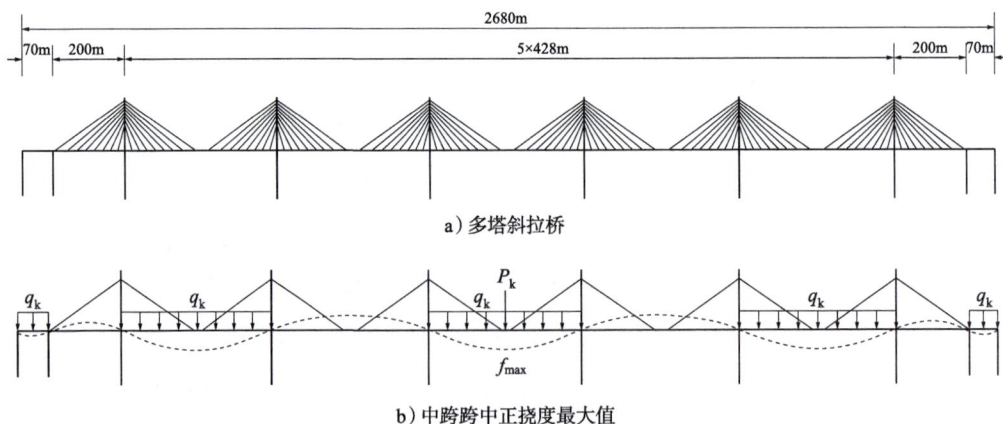

a）多塔斜拉桥

b）中跨跨中正挠度最大值

图　25.4

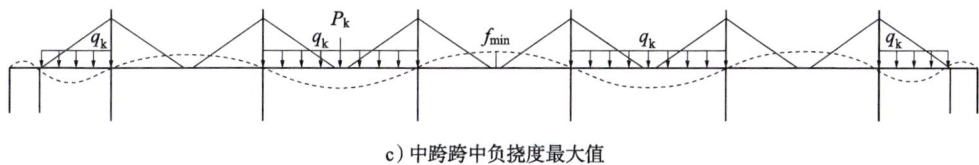

c）中跨跨中负挠度最大值

图 25.4　多塔斜拉桥活载挠度示例

④ 桥规规定合理性刍议

　　即使对于悬索桥或者大跨度拱桥，按照上述的桥规规定，车辆在一跨内移动引起本跨的正负挠度，也没有道理按正负挠度绝对值相加进行控制。如上所述，限定桥梁结构的变形，主要是考虑结构与车辆安全性、行车平顺性及乘客舒适性等方面。前面关于两跨连续梁的分析结论，同样适用于悬索桥或大跨度拱桥同一跨内的挠度限值问题。从结构安全性角度来看，悬索桥和大跨度拱桥的强度或承载力也不是由挠度对应的曲率控制的，而是由其他因素综合控制的。从车辆安全性、行车平顺性和乘客舒适性角度来看，对于每辆车或每节车厢而言，也不可能承受同一跨内最不利的正负挠度或最不利坡度。例如，有车队布置在半跨范围内且停止不动，另有一辆车行驶通过全跨，在静止车队作用下，行驶的那辆车才可能会经历最大正负挠度形成的波浪线形，可设计不应该考虑这种工况。所以，关于桥规的这一条规定是否科学合理，还值得进一步研究。

　　以上为作者个人观点，如有不妥，欢迎批评，欢迎讨论。

　　本文根据"西南交大桥梁"微信公众号于 2020 年 7 月 2 日及 7 月 4 日发布的文章《李乔说桥 -26：桥梁挠度该如何验算？》《李乔说桥 -27：公路桥规挠度限值方式讨论》改写。

26

桥梁极限状态法设计规范之分项系数刍议

1　铁路桥涵设计规范的巨大进步

在经历了 20 年左右的征求意见、等待、争议和众多同仁的不懈努力之后，2014年中国铁路总公司发布了《铁路桥涵极限状态法设计暂行规范》（Q/CR 9300—2014）（以下简称铁路规范），2019 年 6 月以中国铁路总公司企业规范形式，《铁路桥涵设计规范（极限状态法）》（Q/CR 9300—2018）（图 26.1）正式颁布并开始执行。无论还有多少争议和不足，新规范都代表铁路桥涵设计方法上的巨大进步，是一个里程碑。纵观世界各国的桥涵设计规范，绝大多数早已采用极限状态法，这是设计规范向概率方法发展的必由之路。

当然，跟任何规范一样，新规范中仍存在一些需要继续改进的地方。由于该规范是企业规范，尚不属行业规范，因此至今多数设计院仍未全面使用该规范，目前经再次修改的作为铁路行业规范的新版本已在报批过程中。出于对新规范的关心，且为了使其今后更加完善，本文以该规范中的承载能力极限状态作用效应分项系数设置为例，谈一些个人的看法。由于本文初稿撰写时，作为企业规范的《铁路桥

中国铁路总公司企业标准　　　　　**Q/CR**

P　　　　　　　　　　　　　　Q/CR 9300—2018

铁路桥涵设计规范(极限状态法)

Code for Design on Railway Bridge and Culvert

（ Limit State Method ）

2018-06-11 发布　　　　　　2019-06-11 实施

中国铁路总公司　发布

图 26.1　铁路桥涵设计规范（极限状态法）

涵设计规范（极限状态法）》（Q/CR 9300—2018）尚未正式执行，所以本文中的具体数据取自《铁路桥涵极限状态法设计暂行规范》（Q/CR 9300—2014）。虽然《铁路桥涵设计规范（极限状态法）》（Q/CR 9300—2018）中，一部分作用分项系数作了调整，但仍有一部分存在本文所讨论的问题，而且本文内容是从作用分项系数确定的合理性与可行性角度进行讨论，其原理和观点的适用性并不仅限于该规范，对读者仍然具有参考和借鉴作用。

② 作用分项系数

众所周知，在当前的结构极限状态法设计中，均采用分项系数来反映作用和材料的变异性，这是目前各国设计规范的通用做法。从理论上来说，对于不同的作用和不同构件的材料，其变异性是不同的，因此应该设置不同的分项系数。但从实际应用角度来说，过多过细的分项系数会给设计计算带来很多麻烦，有时甚至无法实施。因此，当前各国设计规范都采用了大致相同的分项系数设置方式，如美国的ASSHTO、欧洲的EUROCODE、我国的建筑结构设计规范和公路桥梁设计规范等。其中，对结构各部分的自重和预加力作用都采用相同的分项系数；对混凝土收缩和徐变作用有的规范则采用了不同的分项系数，如我国的公路桥梁设计规范，有的仍然采用与自重相同的分项系数，如我国的建筑结构规范、欧洲规范及ASSHTO等。

我国《公路桥涵设计通用规范》（JTG D60—2015）中的永久作用分项系数如表26.1所示。

表 26.1　永久作用分项系数

序号	作用类别	永久作用分项系数	
		对结构的承载能力不利时	对结构的承载能力有利时
1	混凝土和圬工结构重力（包括结构附加重力）	1.2	1.0
	钢结构重力（包括结构附加重力）	1.1 或 1.2	
2	预加力	1.2	1.0
3	土的重力	1.2	1.0
4	混凝土的收缩及徐变作用	1.0	1.0
5	土侧压力	1.4	1.0

续表

序号	作用类别		永久作用分项系数	
			对结构的承载能力不利时	对结构的承载能力有利时
6	水的浮力		1.0	1.0
7	基础变位作用	混凝土和圬工结构	0.5	0.5
		钢结构	1.0	1.0

我国《建筑结构荷载规范》（GB 50009—2012）中的永久作用分项系数条文规范如下：

3.2.4　基本组合的荷载分项系数，应按下列规定采用：

1.永久荷载的分项系数应符合下列规定：

1）当永久荷载效应对结构不利时，对由可变荷载效应控制的组合应取1.2，对由永久荷载效应控制的组合应取1.35；

2）当永久荷载效应对结构有利时，不应大于1.0。

《铁路桥涵设计规范（极限状态法）》（Q/CR 9300—2018）也大体采用了类似的分项系数设置方式（表26.2），但在永久作用效应分项系数中，又对上部结构自重效应、下部结构自重效应、桥面附加恒载（道砟等）、预加力以及混凝土收缩和徐变等分别采用了不同的分项系数。虽然从理论上来说，更多的分项系数更能反映实际情况，但从工程实践角度来说，会给设计计算带来较大的困难。与前述的国内外规范和此前的铁路桥涵设计规范相比，设计计算工作量会大幅度增加。

表26.2　铁路桥涵结构作用效应组合的作用分项系数（上部结构／下部结构）

序号	作用名称		承载能力极限状态						正常使用极限状态	
			基本组合					偶然组合	频遇组合	准永久组合
			I	II	III	IV	V			
1	结构自重 γ_{G1}		1.1/1.2	1.1/1.2	1.1/1.2	1.1/1.2	1.1/1.2	1.0	1.0	1.0
2	结构附加恒载 γ_{G2}	道砟桥面	1.4	1.4	1.4	1.4	1.2	1.0	1.0	1.0
		其他桥面	1.1	1.1	1.1	1.1	1.1	1.0	1.0	1.0
3	预加力 γ_P		1.0（1.35）						1.0	1.0

续表

序号	作用名称		承载能力极限状态						正常使用极限状态		
			基本组合					偶然组合	频遇组合	准永久组合
			I	II	III	IV	V			
4	混凝土	收缩作用 γ_{Fcs}	1.1						1.0	1.0
		徐变作用 γ_{Fcc}								
5	土压力		—/1.2	—/1.2	—/1.2	—/1.2	—/1.1	—/1.0	—/1.0	—/1.0
6	静水压力及浮力		—/1.1	—/1.1	—/1.1	—/1.1	—/1.1	—	—/1.0	—/1.0
7	不均匀沉降作用 γ_{Fs}		1.5						1.0	1.0

下面各节将根据不同情况来分别讨论这个问题。

③ 上部结构与下部结构的区分问题

一般来说，对上部结构和下部结构的自重分别设置不同的分项系数，是考虑上部结构的自重作用变异性较下部结构要小一些。但上部结构和下部结构只是一个一般性的划分和称谓，对于有些桥梁结构形式，很难严格区分上部结构与下部结构。例如，对于斜腿刚构桥［图26.2a)］，斜腿部分到底算上部结构还是下部结构？如果算上部结构，那么当斜腿的倾斜角度逐渐变大到90°即竖直方向时，它就变成连续刚构桥的桥墩，怎么能算上部结构呢？（注意，这是个渐变过程）如果斜腿算下部结构，那么当它跟主梁之间的连接逐渐变成光滑的弧线连接时，就变成拱桥的拱肋，又怎么能说它是下部结构呢？又比如对于图26.2b)所示的V形支承以及图26.2c)所示的Y形支承，也同样存在难以区分上部结构与下部结构的问题。对于这类结构，按新规范该怎么取分项系数才好呢？

④ 计算工作量问题

针对上部结构自重、下部结构自重、附加恒载、预加力、混凝土收缩和徐变这

a）斜腿刚构桥

b）V形支承桁架桥

c）Y形构与拱组合体系桥

图 26.2　上部结构与下部结构

5种永久作用，我们来对比一下不同的分项系数设置对计算工作量的影响。

在讨论计算工作量之前，先简单提一下"作用组合"与"作用效应组合"的异同问题。"作用组合"是把可能同时出现的数种作用进行组合后施加在结构上，然后进行结构分析，得到作用组合对应的效应（位移、内力等）。而"作用效应组合"则是指先分别施加单个的作用，进行结构分析得到对应的效应，再把可能同时出现的作用对应的效应进行组合，得到组合后的效应。显然，对于线性问题（指几何线性，本文不涉及材料非线性），因为线性叠加原理适用，二者是等效的；但对于非线性问题，二者是不一样的，因为作用和作用效应之间是非线性关系，并且不同作用效应之间是互相耦合的。

（1）可按线性问题分析的桥梁结构体系，包括一般的梁桥、中小跨度拱桥等。当然，如果体系中存在单向受力支座，如用来模拟施工支架的单向受压支座，则仍然属于非线性问题，要归入后面非线性问题的讨论。对于线性问题，如果这5种作用全部采用相同的分项系数，则只需一次施加5种作用，即对这5种作用采用"作用组合"方式，进行1次施工全过程计算即可。如果它们采用不同的分项系数，则可以先分别计算每种作用下的效应，再乘不同分项系数进行叠加，找出最不利的组合值，即采用"作用效应组合"方式。如果部分相同，部分不同，则可采用混合方式进行计算。例如，按照我国公路桥梁设计规范，则需要把前四种分项系数相同的作用进行组合，一次施加到结构上进行计算，再单独计算混凝土收缩和徐变，然后进行效应组合，共进行2次施工全过程计算。而按照表26.2数据，则需要先分别单独计算5种作用的效应，再分别乘各自分项系数进行组合，共进行5次施工全过程整体计算，比按公路桥规计算多了3次。

关于混凝土收缩和徐变，由于其影响因素非常多，到目前为止，人们对其变化规律仍然把握得不是很好，计算结果具有很大的近似性，不同方法之间的差异颇大，所以在有些规范中（如公路桥梁规范），混凝土收缩和徐变效应的分项系数小于自重分项系数的做法并不合理，故有些设计计算软件也并不如此采用，而是仍然采用与自重一样的分项系数。这是偏于安全的做法，同时也简化了计算。按照这样的方法，上述按公路规范的计算就只需进行1次了。

（2）按非线性问题分析的桥梁结构体系，包括斜拉桥、悬索桥、大跨度拱桥，以及含有单向受力支座的桥梁等。此时线性叠加原理不适用，如果仍采用"作用效应组合"，即分别施加作用，单独计算后再叠加，会引起很大的误差。要进行较为精确的计算，就必须采用"作用组合"方式，分别对所有可能的作用组合进行非线性全过程计算，然后从中选出最不利结果。

但在实际设计计算中，由于计算量太大而根本无法实现。有人可能会说，计算机计算速度如此之快，还有什么不能实现的？那我们就来算个账，看看计算量到底有多大。按照现在的设计规范，各种作用加在一起有几十种之多，当然并不是所有数学上可能的组合都存在，规范中规定了某些不能同时出现的作用组合。为了举例，我们假设共有 10 种作用参与组合，每种有两个分项系数取值，即有利取值和不利取值，所以共有 20 个参数。这 20 个参数的所有可能组合数为 2^{20} 种，也就是一百多万种！显然，在设计时根本无法进行这么多次非线性全过程分析。这里还没有把活载所有可能的最不利位置单独当作一种作用来考虑，要是那样，就是天文数字了。

基于上述原因，在实际的设计计算中，一般都是先对非线性效应比较明显的主要恒载（结构自重、预加力、混凝土收缩和徐变）效应按照"作用组合"方式进行非线性分析，对其他作用效应，仍然采用单独的非线性或者线性分析，再乘不同的分项系数进行组合。实践证明，这样做的计算精度能够满足工程要求。

对于前述的 5 种恒载作用（上部结构自重、下部结构自重、附加恒载、预加力、混凝土收缩和徐变），如果采用相同分项系数，就只需进行 1 次非线性全过程计算，即使对收缩和徐变采用不同的分项系数，也只需进行 2 次非线性全过程计算。而如果严格按照《铁路桥涵设计规范（极限状态法）》（Q/CR 9300—2018）条文说明，5 种作用都采用不同的分项系数，则可能的作用组合会有 200 多种。也就是说，仅计算这部分恒载效应就要进行 200 多次非线性全过程计算！这会增加多少计算工作量呢？举例来说，计算一座 500m 跨度斜拉桥，共划分 200 个施工阶段，采用当前流行的某计算软件，进行一次全过程几何非线性分析需要 2～4 个小时，要进行 200 多次这样的计算，则耗时 20～40 天。这仅仅是针对一种方案的，如果换个方案，哪怕换个参数，又要重新计算。这对于设计者来说是难以接受的。

此外，这里多出的 200 多种恒载组合再与活载及其他作用效应组合，即使是按线性叠加近似考虑，也会多生出成千上万种组合。可见，如此的分项系数设置给设计工作带来了相当大的麻烦。

对于这种情况，我们到底该如何对待呢？这是值得我们认真思考和研究的问题。

⑤ 现代计算方法的发展与规范更新

现代桥梁设计计算采用计算机进行，表面上看应该是比过去的手算快得多。但实际上，设计者花在计算上的时间并不比原来少，原因是现代计算越来越朝着精细化、全面化、非线性化等方向发展，计算的内容和工作量远远超过过去的手算。此外，采用计算机进行结构计算分析，并不是简单地把手算方法搬过来让计算机去执行，而是采用非常不同的计算方法，如有限元法等。所以规范的更新，尤其是新编规范，要充分考虑这些特点，以适应发展需要。作者个人建议，对于恒载的分项系数，还是参考国内外已有的极限状态法规范，对上部结构自重、下部结构自重、附加恒载、预应力、混凝土收缩和徐变等尽可能采用相同的分项系数。

以上是作者个人的一些看法和长期结构计算实践中的体会，不一定正确，关于国外设计规范的理解也可能存在不完整之处，欢迎大家批评、指正。

本文根据"西南交大桥梁"微信公众号于 2019 年 3 月 6 日发布的文章《李乔说桥 -20：铁路桥涵极限状态法设计规范之分项系数刍议》改写。

27

浅谈桥规 PC 梁抗裂性验算

1　引言

预应力混凝土（Prestressed Concrete，PC）梁使用阶段抗裂性验算是桥梁结构设计计算的重要内容，目前各相关设计规范均采用限制裂缝宽度（容许开裂的构件）及 / 或限制拉应力的方式进行验算。其中，限制裂缝宽度的理念容易理解，不会产生歧义。但对于限制拉应力的方式，则有时会出现不同的理解和应用方法。归结起来，主要表现在对应力验算点位置（图 27.1）的选取和规范条文适用性的认识方面。

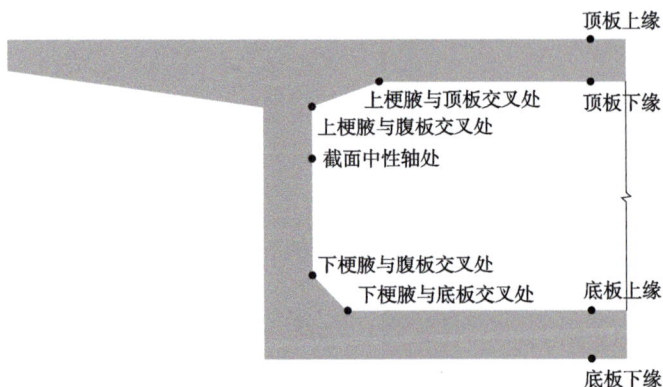

图 27.1　应力验算点示意图

本文将结合各国设计规范，从 PC 梁裂缝开展的特征出发，对这一问题予以简要阐述。为简单且不失一般性，下面仅对 PC 梁（全预应力受弯）进行讨论，部分预应力混凝土（Partially Prestressed Concrete，PPC）与此相似。

② 各国规范相关条文规定

关于 PC 梁的抗裂验算，各国规范均以构件混凝土的拉（压）应力是否超过规定的限值来表示，可分为构件正截面抗裂性验算和斜截面抗裂性验算。

正截面抗裂性验算：对由作用组合和预加力在截面边缘产生的正应力予以限制，各国规范对作用组合选取、限值等考虑略有不同，详见表 27.1（只列出了现浇构件）。

斜截面抗裂性验算：对由作用组合和预加力产生的主应力予以控制，其中铁规在主应力计算中对作用组合引起的应力乘一个抗裂安全系数 K_{fl}。各国规范关于斜截面验算作用组合选取、限值、验算点等详见表 27.2（只列出了现浇构件）。

表 27.1　正截面抗裂（限制拉应力）

规范	荷载组合	限值	验算点	备注
国标	标准组合	$\sigma_{ck} - \sigma_{pc} \leq 0$		
公规	短期组合	$\sigma_{st} - 0.8\sigma_{pc} \leq 0$		
铁规	标准组合	$\sigma - \sigma_c / \gamma_{kf} \leq \gamma_0 f_{ctk} / \gamma_{kf}$	截面受拉边缘	组合值系数均为 1 现浇：$\gamma_{kf} = 1.32$
欧规	频遇组合	$\sigma_{st} - \sigma_{pc} \leq f_{ctm}$		
美标	组合Ⅲ	中度腐蚀环境： $\sigma_{st} - \sigma_{pc} \leq \min\left\{0.19\lambda\sqrt{f_c'}, 0.6\right\}(\text{ksi})$ 重度腐蚀环境： $\sigma_{st} - \sigma_{pc} \leq \min\left\{0.0948\lambda\sqrt{f_c'}, 0.3\right\}(\text{ksi})$		λ：混凝土密度修正系数 取值 $\lambda = 1$ 1ksi = 6.895MPa

注：国标——《混凝土结构设计规范（2015年版）》（GB 50010—2010）；
　　公规——《公路钢筋混凝土及预应力混凝土桥涵设计规范》（JTG 3362—2018）；
　　铁规——《铁路桥涵设计规范（极限状态法）》（Q/CR 9300—2018）；
　　欧规——*Eurocode 2-Design of concrete structures - concrete bridges*（BS EN 1992-2：2005）；
　　美标—— AASHTO LRFD US-2017。

表 27.2　斜截面抗裂（限制主拉 / 压应力）

规范	荷载组合	限值	验算点	备注
国标	标准组合	主拉应力：$\sigma_{tp} \leq 0.85 f_{tk}$ 主压应力：$\sigma_{cp} \leq 0.6 f_{ck}$	换算截面重心轴处和截面宽度突变处	
公规	短期组合	主拉应力：$\sigma_{tp} \leq 0.4 f_{tk}$	未明确规定	

规范	荷载组合	限值	验算点	备注
铁规	标准组合	主拉应力：$\sigma_{tp} \le f_{ctk}$ 主压应力：$\sigma_{cp} \le 0.6 f_{ck}$	截面重心轴处及腹板与上、下翼缘交点	在计算正应力、剪应力时考虑了抗裂安全系数
欧规	频遇组合	主拉应力：$\sigma_1 \le f_{ctb}$ 主压应力：$\sigma_3 \le 0.6 f_{ck}$	腹板全高	$f_{ctb} = \left(1 - 0.8\dfrac{\sigma_3}{f_{ck}}\right) f_{ctk,0.05}$
美标	组合Ⅲ	主拉应力： $\sigma_1 \le 0.110 \lambda \sqrt{f_c'} \, (k_{si})$ 主压应力：$\sigma_3 \le 0.6 f_c'$	腹板全高	λ：混凝土密度修正系数 取值 $\lambda = 1$ 1ksi = 6.895MPa

3　PC 梁裂缝的出现及开展特征

　　为更好地分析和理解规范相关条文，我们简要回顾一下结构设计原理中学过的 PC 梁正截面裂缝和斜截面裂缝的出现和开展特征。

　　如图 27.2 所示，对于预应力混凝土受弯构件，在荷载和预加力共同作用下，如果正截面上的拉应力超过一定数值，将出现竖向裂缝（称为弯曲裂缝或挠曲裂缝）。一般情况下，正截面最大拉应力出现在截面上下边缘处，因此正截面裂缝也是首先在这里出现，进而向上或向下延伸。而斜截面裂缝分为两种：一种是因在较薄的腹板上的主拉应力达到极限值而首先出现，进而随着荷载的增加逐渐分别向上、下的斜方向发展，这种裂缝称为腹剪裂缝；另一种斜截面裂缝是在截面边缘处首先出现挠曲裂缝，开展到一定宽度和长度后，在斜方向主拉应力作用下，沿着斜方向继续开展成为斜裂缝，称为弯剪裂缝。这种斜截面裂缝起源于挠曲裂缝，控制住正截面裂缝的出现和开展，就可以控制住弯剪裂缝的出现。

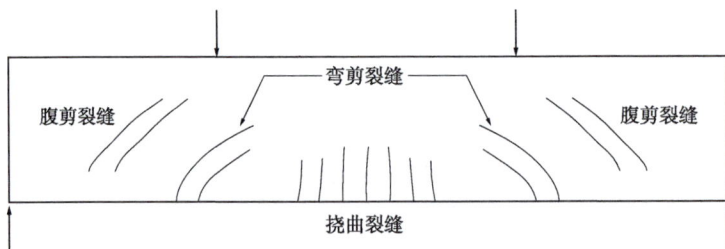

图 27.2　PC 梁正截面裂缝和斜截面裂缝示意图

由此可以看出，在正常使用阶段，控制截面上下边缘处的拉应力可以控制挠曲裂缝和弯剪裂缝，而控制腹板上的主拉应力则可以控制两种斜截面裂缝。前述各设计规范正是采用这种方法来进行抗裂性验算的。

4 规范抗裂性验算条文适用性分析

如前所述，因正截面裂缝和斜截面裂缝出现的位置、开展特征等不同，国内各设计规范都把抗裂性验算分成两部分：一部分是正截面的抗裂性验算，限制正截面裂缝开展；另一部分是斜截面的抗裂性验算，限制斜截面裂缝开展。欧规和美标则按主应力统一控制，但其验算公式等价于我国规范的正截面和斜截面验算公式。

对正截面而言，混凝土的最大拉应力出现在截面上下边缘，并且在该处剪应力为零，主应力方向就是正应力方向，不会出现斜方向的主拉应力，也就不会出现斜截面裂缝。所以正截面抗裂性验算应限制截面边缘的拉应力，即根据设计规范中的正截面抗裂性验算条文进行验算时应选择截面上下边缘作为验算点（图 27.1 中的顶板上缘和底板下缘）。

对于上下边缘之间的截面部分，主拉应力为斜方向，因而可能出现斜截面裂缝。但对于桥梁结构中的 PC 梁，立面内的斜截面裂缝主要出现在相对较薄的腹板上，而不会出现在较宽的上下翼缘板范围内，因为在那里竖向剪应力很小，主应力大小、方向和上下边缘处的正应力大小、方向很接近。所以斜截面抗裂性验算应对腹板上的主拉应力予以限制，即验算点位置选取在腹板上（图 27.1 中的上、下梗腋与腹板交叉点以及重心轴处）。

为了避免过大的主压应力导致其垂直方向（主拉应力方向）混凝土抗拉强度降低过多，有些规范在斜截面的抗裂性验算中还增加了对混凝土主压应力的验算规定，其验算点应选在与主拉应力相同的位置，即腹板上。

对于主应力验算公式是否也适用于截面上下边缘，存在不同的认识。实际上，在上述各设计规范中，除铁规外，其余规范的正截面和斜截面抗裂性验算公式在整个截面范围内是一致的（国标、欧规、美标）或者是自洽的（公规，上下边缘处由正截面公式控制，其余位置由斜截面公式控制）。但铁规在主应力计算公式中，对荷载效应引起的应力乘一个抗裂安全系数 K_{fl}，而对预加力引起的应力不乘该系数。因此，如果把主压应力验算公式应用于截面上下边缘，会出现主压应力验算条文 7.5.17（考虑 K_{fl}，详见铁规）与正压应力验算条文 7.5.18（不考虑 K_{fl}）不协调的情况。其实

171

这与前面关于正截面和斜截面验算点位置的分析结论不矛盾。如前所述，主压应力验算的目的是避免与其垂直的主拉应力方向混凝土抗拉强度降低过多而影响抗裂性。在上下边缘处如果水平方向是主压应力，则不存在竖向的主拉应力；即使在翼缘板范围内，此时垂直于主压应力方向的主拉应力也会很小，因而前述验算主压应力的理由也不充分了。所以铁规专门规定斜截面抗裂验算点（主应力验算）位置在腹板上而不在上下边缘处。

值得注意的是，上面的分析针对立面内的裂缝而言，实际上在薄壁箱梁的顶底板上，竖向剪力引起的剪应力主要是水平方向的，因此主拉应力是在顶底板平面内的，而非立面内的。这种验算需要进行空间分析且考虑横向预应力效应，不在本文讨论范围内。

5 结语

通过上述讨论，结合正截面和斜截面裂缝的基本特征，可知对于正截面抗裂性验算，应该选取截面上、下边缘位置进行拉应力验算，以控制正截面裂缝的开展；而对于斜截面抗裂验算，则应选取腹板上的验算点进行主应力验算，以控制斜截面裂缝的开展。

设计规范条文多是针对一般性的情况所制定的，同时它们也多是近似性的，面向工程实用，是理论、试验、观测和经验等的综合结果，而不是纯理论的结果，因而都有其特定适用范围，在使用时须予以注意。对于特殊情况和特殊结构，应根据需要作特定的规范外验算。

本文根据"西南交大桥梁"微信公众号于 2019 年 12 月 8 日发布的文章《李乔说桥 -24：浅谈桥规 PC 梁抗裂性验算》改写，参与该文撰写的还有刘甜甜、陈正星。

28

梁桥倾覆机理与计算方法

1　梁桥倾覆事故及不同观点

所谓梁桥倾覆事故，是指梁式桥上部结构整体发生横向倾覆翻落。这种倾覆不是由上部结构本身破坏引起，而是由于偏心荷载产生的静动力效应过大，上部结构失去平衡稳定所致。

近些年来，曾发生多起梁桥倾覆事故，造成了较为严重的人员伤亡、经济损失和社会影响。表 28.1 列出了其中国内发生的 7 次倾覆事故的有关信息，图 28.1～图 28.7 则是新华网、参考消息等网络媒体报道的事故图片。在发生倾覆事故的桥梁中，独柱墩且横桥向为单支点布置的结构占有相当的比例，所以无论是社会舆论还是在专业领域，人们对这种类型的结构提出了各种各样的观点。主要有如下三种观点：第一种观点认为，这种结构完全不能使用，对已经修建的这种结构必须全部进行加固或替换。第二种观点认为，既然汽车载重超限（以下简称超载，是指对桥梁造成超载，不同于有关管理法规中的术语超载）是桥梁倾覆事故的主要原因，那么就与是否独柱墩及单支点问题完全无关，所以无须对这种结构进行处理。第三种观点则认为，虽然超载是倾覆事故的主要原因，也不会按照超载的需求来设计桥梁，但从技术角度，仍需进一步加深对桥梁倾覆问题的认识，对倾覆机理进行更加细致和深入的研究，提高桥梁的抗倾覆能力，避免倾覆成为承载力中的短板。作者持第三种观点。实际上，目前对桥梁倾覆机理的分析方法也仍然存在不同的认识，有些认识甚至是相悖的。例如，与直线梁桥相比，曲线梁桥的抗倾覆性是更好还是更差？又如，《公路钢筋混凝土及预应力混凝土桥涵设计规范》（JTG 3362—2018）中给出的抗倾覆验算方法是否还有值得改进之处？这些分歧也表明对此问题给予充分认识和进一步研究是十分必要的。

本文拟简述梁桥倾覆机理，对直线与曲线梁桥的抗倾覆能力进行简要分析，并对《公路钢筋混凝土及预应力混凝土桥涵设计规范》（JTG 3362—2018）中的抗倾覆验算方法作简略分析并提出改进建议。

表 28.1　梁桥倾覆事故统计表

序号	时间	事件	后果	结构
1	2007 年10 月 23 日	内蒙古自治区包头市民族东路高架桥主梁突然发生倾覆	桥下铁路专用线中断，4 人受伤，2 辆重型货车和 1 辆轿车随桥面倾斜滑至桥底	上部：简支钢箱梁；下部：联端，小间距双支座 + 花瓶墩；破坏情况：三辆单车重约 100t 的重车偏载通行，主梁绕中心轴一侧支座倾覆，钢主梁、混凝土桥墩无结构性破坏，桥墩完好
2	2009 年7 月 15 日	津晋高速公路 A 匝道桥连续梁发生倾覆事故	5 辆超载货车坠落，4 人死亡，7 人受伤	上部：钢筋混凝土连续梁 (17.5+22+22+17.5)m+ 30m；下部：联端，双支座 + 双柱式墩；中支点，单支座 + 独柱墩；破坏情况：三辆单车重约 140t 的重车偏载通行，整体倒塌，倒塌后的桥梁结构整体性基本完好，中支点独柱墩倒塌，联端墩完好
3	2010 年11 月 26 日	江苏省南京市城市内环西线快速路的南延工程匝道桥发生倾覆事故	7 人死亡，3人受伤	上部：简支钢箱梁；下部：联端，小间距双支座 + 花瓶墩；破坏情况：受拉支座锚栓未灌浆，梁体与桥墩间无锚固连接；浇筑护栏产生了偏心荷载，使得钢梁箱侧翻坠落，桥墩完好
4	2011 年2 月 21 日	浙江省上虞市春晖互通上引匝道箱梁发生坍塌	4 辆超载货车侧翻，3 人受伤	上部：6×20m 钢筋混凝土结构连续梁桥；下部：联端，双支座 + 双柱式墩；中支点，单支座 + 独柱墩；破坏情况：三辆单车重约 120t 的重车偏载通行，梁体发生扭转倾斜并向右侧滑移，结构整体性保持基本完好，独柱墩倒塌
5	2012 年8 月 24 日	黑龙江省哈尔滨市三环路群力高架桥洪湖路上桥分离式匝道桥（名滩大桥）倾覆	4 辆超载货车侧翻，3 人死亡，5 人受伤	上部：钢 - 混凝土组合结构连续梁桥，跨径布置为 36m+50m+36m；下部：联端，双支座 + 大挑臂独柱盖梁；中支点，单支座 + 独柱墩；破坏情况：四辆单车重约 120t 的重车偏载通行，主梁翻落至地面，结构整体性基本完好，盖梁局部破损，中支点独柱墩倒塌，联端墩完好

序号	时间	事件	后果	结构
6	2015 年 6 月 19 日	粤赣高速广东河源城南出口匝道桥突然垮塌	4 辆重载车坠落	上部：预应力混凝土结构连续梁桥，跨径布置为 3×25m； 下部：单支座＋独柱墩； 破坏情况：匝道引桥上的四辆载重分别为 76.41t、111.46t、102.87t 和 108.89t 重车偏载通行，主梁翻落至地面，结构整体性基本完好，桥墩完好
7	2019 年 10 月 10 日	江苏省无锡市锡山区 312 国道上海方向锡港路上跨桥出现桥面侧翻	3 人死亡，2 人受伤	上部：3 跨预应力混凝土结构连续梁桥； 下部：联端，双支座＋花瓶墩；中支点，单支座＋独柱花瓶墩； 破坏情况：187t 重车偏载通行，主梁翻落至地面，结构整体性基本完好，桥墩完好

图 28.1　2007 年内蒙古包头高架桥侧翻（引自新华网）

图 28.2　2009 年津晋高速 A 匝道桥倾覆（引自新华网）

图 28.3　2010 年江苏南京高架桥倾覆事故（引自新华网）

图 28.4　2011 年浙江上虞立交桥坍塌事故（引自新华网）

图 28.5　2012 年黑龙江哈尔滨三环路群力高架桥倾覆（引自新华网）

图 28.6　2015 年粤赣高速匝道桥断裂坍塌事故（引自参考消息网）

图 28.7　2019 年江苏无锡高架侧翻事故（引自新华网）

② 梁桥倾覆机理与计算原则

通过对前述各事故桥梁进行分析，发现这些倾覆事故具有如下特点：梁部整体倾覆（翻落、滑落），梁体和墩台本身无结构性破坏，或倾覆过程中梁体的倾斜致使独柱墩倾斜或倒塌，进而引起梁体完全倾覆。没有因梁体本身强度不足而产生的扭转断裂或弯曲断裂、墩台强度或稳定性不足首先倒塌或严重倾覆而导致的垮塌等现象。

根据以上特点，结合结构受力特征，并参考已发表的文献，得出梁桥的倾覆机理大体如下：梁体结构在偏载作用下发生弯曲和扭转变形，导致支座反力重分配。当偏载加大到一定程度时，远离倾覆轴的单向受压支座逐渐脱空，结构约束体系发生变化，梁体绕倾覆轴线转动，随着偏载继续增加，梁体的转动继续加大，转动角增大到一定程度时，梁体开始侧向滑移，引发桥梁倾覆。此过程中可能还因梁体转动倾斜而产生对独柱墩的侧向作用力，使独柱墩发生大的侧向变形甚至破坏，从而加快梁体的倾覆。

在上述倾覆发生的过程中，梁体运动始终是结构变形和刚体运动的结合模式，只不过在支座脱空前，结构变形导致的位移占主要成分；支座脱空后，刚体运动逐渐占主要成分。但不管二者谁占主要成分，最终发生的倾覆都是梁体整个翻落或滑落，因此从梁体的平衡关系入手，寻求合理的计算分析方法是可行的。值得注意的是，这里的平衡关系中，支座反力和荷载力矩必须按照结构受力状态取值，也就是说，要考虑结构变形、约束体系改变、梁横截面扭转中心与支承点不重合等对支座反力和结构受力的影响。如果要作更精确的过程分析，还须考虑结构变形、滑移及振动对荷载的非线性影响。注意，并非只有扭转变形才影响倾覆，弯曲变形也影响支座反力重分布，而且在弯梁桥中，弯扭本来就是耦合的。无论采用简化的设计计算方法还是复杂的有限元空间分析方法，都应在充分理解倾覆机理和结构破坏过程的基础上建立正确的数学模型来实施计算，否则就会得出不正确的结果。

另一个值得注意的问题是，进行抗倾覆分析时，不能仅仅考虑梁的每个横截面内的受力关系，而是要把整个梁体作为一个空间的弹性体来考虑其倾覆运动。这个问题说起来很简单，但却容易被忽略，后面关于曲线梁桥的讨论还会涉及此问题。

③ 曲线梁桥抗倾覆能力比直线梁桥弱？

对于曲线梁桥的抗倾覆能力比直线梁桥强还是弱，目前尚存在两种截然相反的看法，一种认为比直线梁桥弱，一种认为比直线梁桥强。当然这种比较是在二者除曲率外，其他条件相同的情况下进行的。

第一种意见主要是受《公路钢筋混凝土及预应力混凝土桥涵设计规范》（JTG 3362—2018）条文说明中计算方法的影响，认为按照《公路钢筋混凝土及预应力混凝土桥涵设计规范》（JTG 3362—2018）第 4.1.8 条计算会得出曲线桥抗倾覆能力不如直线桥的结论。实际上，我们从最简单的受力机理入手，很容易得出不同的结论，即至少大曲率曲线梁桥抗倾覆能力强于直线梁桥，且曲率半径越小，抗倾覆能力越强。

首先，定性地分析一下。如图 28.8 和图 28.9 所示，图中阴影部分为车辆作用不利区域，即产生倾覆力矩的区域，空白区域为产生稳定力矩的区域。由图可知，大曲率曲线梁桥稳定力矩（空白区域重量乘其重心到倾覆轴距离）大于相同跨径布置的直线梁桥。

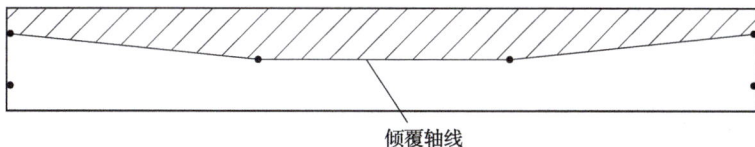

图 28.8　直线梁桥倾覆轴线示意图

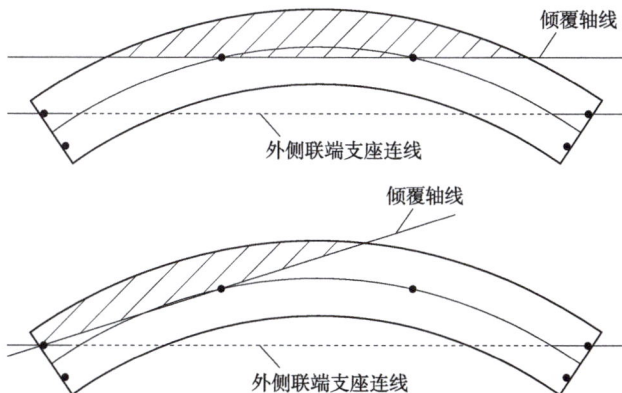

图 28.9　曲线梁桥倾覆轴线示意图

177

值得说明的是，图 28.8 所示的直线梁桥的倾覆轴线并非真正的倾覆轴线，而是为了反映刚体力矩平衡条件以外的影响（如滑移等）而采用的一种名义倾覆轴线，因为如果不考虑墩台破坏和支座滑移，则梁部倾覆转动轴必然是最外侧两个支座的连线，也就是传统倾覆轴方法的依据。至于几何非线性影响，并不会改变倾覆转动轴，只会改变作用效应，例如变形导致作用力位置变化，从而引起倾覆转动轴力矩变化。

从这里的分析也可以看出，实际发生倾覆的过程可能是多样性的，原因也可能是多方面的，梁直接翻转掉落、墩柱破坏导致落梁、支座侧向爬移导致翻转落梁以及兼而有之等情况都可能发生。

接着我们分析一下《公路钢筋混凝土及预应力混凝土桥涵设计规范》（JTG 3362—2018）的验算方法。《公路钢筋混凝土及预应力混凝土桥涵设计规范》（JTG 3362—2018）第 4.1.8 条：

4.1.8　持久状况下，梁桥不应发生结构体系改变，并应同时满足下列规定：

1. 在作用基本组合下，单向受压支座始终保持受压状态。

2. 按作用标准值进行组合时（按本规范第 7.1.1 条取用），整体式截面简支梁和连续梁的作用效应应符合式（4.1.8）要求：

$$\frac{\sum S_{bk,i}}{\sum S_{sk,i}} \geqslant k_{qf} \tag{4.1.8}$$

式中：k_{qf}——横向抗倾覆稳定性系数，取 $k_{qf} = 2.5$；

$\sum S_{bk,i}$——使上部结构稳定的效应设计值；

$\sum S_{sk,i}$——使上部结构失稳的效应设计值。

对于 $k_{qf} = 2.5$ 是否合适暂且不论，单从形式上看，这条规定并无不妥。问题出在对式（4.1.8）的条文解释上，即对其中的稳定效应设计值和失稳效应设计值如何计算的解释上。在该规范条文解释中，稳定效应设计值和失稳效应设计值的计算方法为：先按全部支座有效分别计算稳定荷载和失稳荷载产生的支反力，然后在每一个支承截面处按两种荷载对应的反力分别对不会脱空的那个支座取矩，对各个支承截面处的该两种荷载对应的力矩分别求和，就得到公式（4.1.8）中的稳定效应和失稳效应。

仔细分析这种计算方法，不难发现其存在如下 3 个问题：①对各个支承截面处的该两种荷载对应的力矩分别求和时，力矩矢量都是平行于梁轴线切线方向的。因此，对于直线梁桥，梁轴线为直线，力矩矢量方向都相同。但对于曲线梁桥，梁轴线为曲线，力矩矢量方向是处处变化的。②如果各支座横向间距不同，则各力矩是相对于不同的轴线取矩。因此，对不同方向且对不同轴线的力矩直接进行标量求和，所得结果没有确切的力学意义。③对各支座反力的最不利荷载布置不一定就是倾覆力矩最不利荷载布置。这些就是按此方法会得到曲率越大抗倾覆性越差的结论的原因。

下面分析一下曲率的影响。对于小曲率曲线梁桥，如图 28.10a）所示，Q 代表汽车活载。如果端部外侧支座连线 A_1B_1 仍然位于中间单支点连线 CD 外侧，则因曲率很小，其特性跟直线梁桥较为接近［图 28.10c），曲率为 0］。取梁体为分离体，对传统倾覆轴 A_1B_1 取矩。由平衡条件可知，与传统倾覆轴方法相比，在采用《公路钢筋混凝土及预应力混凝土桥涵设计规范》（JTG 3362—2018）条文说明中的方法计算，即用各支座截面的反扭矩之和代表倾覆力矩和稳定力矩时，在倾覆力矩中多计入活载作用下单支座反力对倾覆轴的力矩 $(R_{CQ}+R_{DQ})d$，而在稳定力矩中，少计入恒载作用下单支座反力对倾覆轴的力矩 $(R_{CG}+R_{DG})d$。这部分差别相当于考虑刚体平衡条件以外其他不利影响（如滑移等），但随着曲率的逐渐增大，距离 d 逐渐减小，此差别逐渐减小。当两端外侧支座与中间单支座处于一条直线上时，如图 28.10b）所示，该方法跟传统倾覆轴方法基本一致。

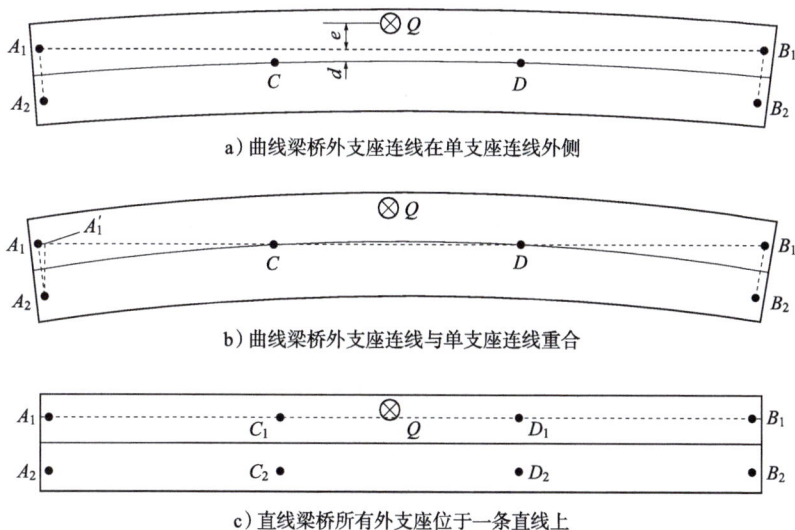

a）曲线梁桥外支座连线在单支座连线外侧

b）曲线梁桥外支座连线与单支座连线重合

c）直线梁桥所有外支座位于一条直线上

图 28.10 小曲率曲线梁桥

当曲率继续增大，如图 28.9 所示的大曲率曲线梁桥，端部外侧支座连线已经位于中间单支点连线内侧，倾覆轴不可能是端部外侧支座连线，也不可能是外凸的曲线或者折线，所以倾覆轴近似按一条直线考虑。随着曲率的增大，单支座反力对倾覆力矩和稳定力矩的影响越来越大，双支座的抗扭作用相对减小，曲率大到一定程度，即使每个支座都是单支点，梁也是稳定的，此时按《公路钢筋混凝土及预应力混凝土桥涵设计规范》（JTG 3362—2018）条文说明方法就会产生很大的误差。举个极端的例子，当曲线梁桥圆心角为 180° 时，端支座反扭矩等值反向，把它们绝对值加起来没有任何意义。

还有一种情况，如图 28.10c）所示，当直线梁桥均为双支座且一侧的外支座都位于一条直线上时，《公路钢筋混凝土及预应力混凝土桥涵设计规范》（JTG 3362—2018）条文说明方法也与传统倾覆轴方法一致。

综上所述，传统倾覆轴概念简单地把梁体当作刚体对待，是有缺陷的。如前所述，实际的倾覆是变形与刚体耦合运动的结果。《公路钢筋混凝土及预应力混凝土桥涵设计规范》（JTG 3362—2018）条文第 4.1.8 条的出发点是放弃倾覆轴概念，采用倾覆极限状态概念，这是正确的。《公路钢筋混凝土及预应力混凝土桥涵设计规范》（JTG 3362—2018）条文说明中的方法对直线梁桥和图 28.10a）、b）所示的小曲率曲线梁桥是适用的，对图 28.9 所示的大曲率曲线梁桥不适用。

关于改进意见，其实并不需要对《公路钢筋混凝土及预应力混凝土桥涵设计规范》（JTG 3362—2018）正文的式（4.1.8）进行修改，而只修改条文说明中的内容就可以得到正确的方法，即对稳定效应和失稳效应设计值计算方法进行准确描述即可。当然，具体如何描述还需要根据前面的分析与原则，综合考虑上、下部结构及非线性效应，通过详细的理论与计算分析，方能得出合理且实用的简化算法。

④ 独柱墩单点支承梁桥是否都需要加固？

对于独柱墩单点支承梁桥是否都需要加固这一问题，通过上述分析，不难得出如下结论：

（1）已发生的梁桥倾覆事故中，汽车荷载超限是主要因素，结构形式不是控制因素。因此，并不需要对独柱墩单点支承梁桥全部进行加固或改造。

（2）鉴于独柱墩单点支承梁桥的特点，宜对这种结构（尤其是直线桥和大曲率半径桥）进行具体分析，并注意采用正确、合理的分析方法，对不符合要求的桥梁进行加固或改造。

本文根据"西南交大桥梁"微信公众号于 2020 年 1 月 10 日发布的文章《李乔说桥 -25：梁桥倾覆机理与受力特征》及《桥梁》杂志于 2020 年第 2 期刊载的文章《深究机理　提高抗倾覆能力》（授权）改写，参与该文撰写的还有刘甜甜、陈正星。

29

收缩和徐变是作用还是作用效应?

1 桥梁设计规范中的收缩和徐变

在桥梁结构设计规范中，一般将混凝土的收缩和徐变当作作用对待（表29.1、表29.2）。为考虑这类作用的变异性，采用极限状态法的设计规范对这类作用规定了单独的分项系数，而采用容许应力法的设计规范则笼统地在安全系数内来考虑。

表 29.1 铁路桥规中的部分作用分项系数

序号	作用名称		承载能力极限状态					
			基本组合					
			I	II	III	IV	V	VI
1	结构自重		1.1（1.2）					
2	结构附加重力	道砟桥面	1.4					1.2
		其他桥面	1.1					
3	预加力		1.0（1.35）					
4	混凝土收缩及徐变作用		1.1					
5	不均匀沉降作用		1.0					0.5
6	土压力		1.2					1.1
7	静水压力及浮力		1.1					

表29.2　公路桥规中的部分作用分项系数

序号	作用类别		永久作用分项系数	
			对结构的承载能力不利时	对结构的承载能力有利时
1	混凝土和圬工结构重力（包括结构附加重力）		1.2	1.0
	钢结构重力（包括结构附加重力）		1.1 或 1.2	
2	预加力		1.2	1.0
3	土的重力		1.2	1.0
4	混凝土收缩及徐变作用		1.0	1.0
5	土侧压力		1.4	1.0
6	水的浮力		1.0	1.0
7	基础变位作用	混凝土和圬工结构	0.5	0.5
		钢结构	1.0	1.0

注：本表序号1中，当钢桥采用钢桥面板时，永久作用分项系数取1.1；当采用混凝土桥面板时，取1.2。

由此给人的直观印象似乎是：混凝土的收缩和徐变是独立的作用。本人认为，这种看法是不正确的。从理论上讲，把收缩当作一种独立的作用是合理的，但徐变不是，把它当作其他有关作用的效应也许更加合理。设计规范从方便工程应用角度，把并非作用的因素当作作用对待是可以的，但理论上的不协调，也必然会给使用带来一些问题，只不过这些问题不容易被注意到而已。

② 收缩可以看作一种作用

与有驱动因素（作用）的混凝土徐变相比，收缩没有驱动因素，是独立于其他作用而自行产生的，因此将其当作一种作用对待是合理的。收缩引起的变形以及因变形受到约束而产生的次内力则属于收缩作用引起的作用效应。

③ 徐变是一种作用效应

混凝土的徐变是在材料受力发生弹性变形后，随着时间的推移，继续发生与弹性变形相同趋势且绝大部分不可恢复的变形。现在广泛采用的线性徐变理论就是假定徐变变形与弹性变形成正比，二者的比例系数就是徐变系数。

从徐变的上述特性可以看出，它是在某些作用引起弹性变形后的延续变形，即它是由作用引起的，有驱动因素，而非自行产生的，其大小和分布规律都与作用直接相关。这是典型的作用效应，而不是作用。

实际上，可以近似地把徐变看作材料本构关系的一部分，视作"广义本构关系"（图 29.1），它是时间的函数，包括瞬时的弹塑性应力 - 应变关系和徐变应变 - 时间关系。

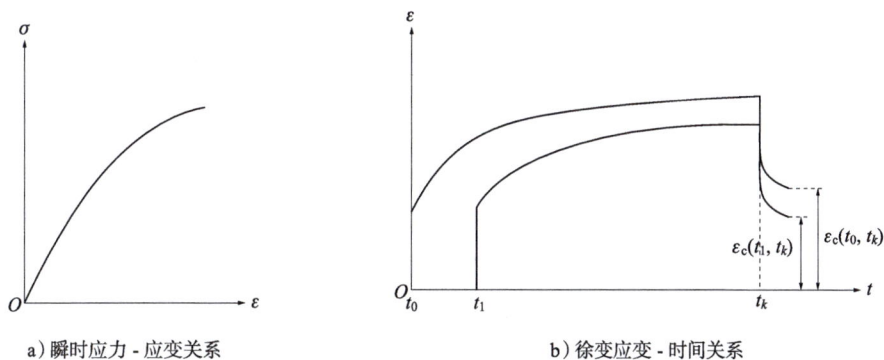

a）瞬时应力 - 应变关系   b）徐变应变 - 时间关系

图 29.1 混凝土材料"广义本构关系"

④ 把徐变当作作用对待的利与弊

如前所述，从工程应用角度看，在设计规范中把徐变当作独立的作用对待具有简单、方便的优点。但徐变实质上不属于作用，而是很多作用的综合效应。因此，如果认真思考一下，就会发现在使用设计规范时也存在一些令人困惑的问题。

首先，引起徐变的作用很多，只要能引起应力及弹性变形，就会引起徐变变形。自重、预加力、施工荷载、温度变化、混凝土收缩、基础不均匀沉降等都在此列。那么规范中所单独列出的那种徐变作用包含上述哪些作用引起的徐变呢？以预加力为例，规范中把预加力也单独作为一种作用，但预加力会引起弹性变形和徐变变形，后者又包括初始预加力及徐变预应力损失等引起的徐变变形。对这些与预加力和徐变相关的变形，到底该将它们计入预加力作用还是徐变作用呢？同样，当温度作用引起次内力时，也会引起徐变变形，这又该算温度作用还是徐变作用？

其次，采用极限状态法时，规范对引起弹性变形的众多作用和徐变作用分别规定了不同的分项系数。那么，在进行作用组合时，徐变作用在乘它自己的分项系数以后，是否还要再乘起徐变的对应作用的分项系数呢？从各种规范的执行情况看，规范这些条文的本意是不乘两个分项系数的，因为把徐变看作与其他作用无关的独立作用。但从规范中给定的分项系数数值看，很难解释如下问题：一方面，规范规定采用线性徐变理论计算徐变效应，即徐变变形与弹性变形成正比；另一方面，又把各种作用引起的徐变效应合在一起，乘另外的分项系数，这完全不符合极限状态法的基本原则，徐变分项系数的取值只能凭经验。例如在部分规范中，自重作用的分项系数为 1.2，徐变作用的分项系数是 1.1。自重作用可能有最大 20% 的变异性，它引起的徐变反而只有最大 10% 的变异性。虽然徐变还与材料、环境、养护等有关，但这些因素的变异性不可能任何情况下都是与自重变异性相反的，所以无论如何徐变效应的变异性不可能总是小于自重变异性，长期的工程设计实践也都表明，按目前已有的计算方法，徐变效应计算的准确程度远低于自重等其他作用下的弹性效应。对于自重以外的其他作用，也有类似的问题存在。

从理论角度看，上述问题是把本不是独立作用的徐变当作独立的作用考虑所造成的，使引起徐变的众多作用变成了徐变作用的作用，从而产生了逻辑上的不协调。

对于采用容许应力法的设计规范，例如《铁路桥涵混凝土结构设计规范》（TB 10092—2017），从表面上看，其作用组合都是按照 1.0 倍进行的，因而似乎不存在上述矛盾。但透过现象看本质，这里的作用变异性都被包含在基于经验的安全系数里面了，实际上更加说不清徐变与引起它的作用的变异性之间的关系。类似极限状态法规范，容许应力法规范也没有说清预加力引起的徐变及预应力徐变损失的效应应该被计入哪部分作用中。

⑤　问题留给读者

前面提出了很多问题，但并没有都给出答案，有些问题本文作者也没有完全想清楚，所以留给读者思考，想听听大家的高见。本文的目的是提出这些问题以供读者思考，绝不是说现行规范的做法完全不对，至少现行规范的做法从经验角度看是可行的，只是仍存在改进空间。如果把徐变与引起它的各种作用各自"绑定"计算，若每种作用采用一个分项系数，则该系数就要综合考虑该作用引起弹性和徐变变形的变异性，这似乎也不是容易做到的；若每种作用采用两个分项系数分别对应弹性和徐变变形，则作用或效应组合的数目和计算量就会大大增加，尤其是进行非线性分析时会遇到麻烦。所以如何破解这种矛盾，还需大家共同努力，作者只是提出问题，而没有解决问题的办法。

　　本文根据"西南交大桥梁"微信公众号于 2021 年 1 月 19 日发布的文章《李乔说桥 -30：收缩和徐变是作用还是作用效应?》改写。

30

试解桥梁收缩和徐变计算之惑

1 引言

在桥梁结构设计计算中，混凝土收缩及徐变计算属常规计算内容，但并不是所有人都对此有准确的认识，而且由于不同的计算方法其结果差别较大，计算中采用的有关参数取值、有限元建模方式等也影响不小，这些将直接影响结构预拱度、内力及后期变形结果。工程实际计算中到底该如何选择？对于高铁桥梁严格的收缩及徐变变形控制又该如何计算？本文将针对这些困惑开展研讨，并提出新的建议，供相关技术人员参考。

2 收缩及徐变相关计算内容

与收缩及徐变相关的计算内容包括：

（1）收缩及徐变直接引起的变形。

（2）收缩及徐变变形引起的预应力损失及其次效应。

（3）自重、预加力等荷载作用下，由于结构体系转换而引起的次效应。

（4）预应力钢筋松弛、混凝土收缩及徐变三者之间的相互影响。

（5）考虑（1）~（4）项的影响，桥梁预拱度的计算。

（6）考虑（1）~（4）项的影响，成桥后收缩及徐变变形（即工后变形）控制计算。

主要针对铁路桥梁，尤其是高铁桥梁。

③ 收缩及徐变的计算方法

关于混凝土的收缩及徐变计算方法，首先应讨论收缩应变和徐变系数的计算方法。但除此之外，还有一个重要的内容，即考虑施工过程中混凝土不同浇筑时间和不同加载龄期的收缩和徐变效应计算方法。由于此问题较为复杂，不在此讨论。

目前，国内外关于混凝土收缩应变和徐变系数的计算方法众多，常用的有 CEB-FIP 1978 模式、CEB-FIP 1990 模式、FIB MC 2010 模式、ACI 209-82/92 模式、BP-2 模式、B3 模式、GL 2000 模式等，其中 FIB（国际结构混凝土协会）是 CEB（欧洲混凝土委员会）和 FIP（国际预应力混凝土协会）合并后的名称。我国《公路钢筋混凝土及预应用混凝土桥涵设计规范》（JTJ 023—85）采用的模式是对 CEB-FIP 1978 模式略作修改所得（本文称其为 CEB-FIP78-M 模式），而《公路钢筋混凝土及预应力混凝土桥涵设计规范》（JTG D62—2004）和《公路钢筋混凝土及预应力混凝土桥涵设计规范》（JTG 3362—2018）均采用了 CEB-FIP 1990 模式的修改模式（本文称其为 CEB-FIP90-M 模式）；我国铁路桥梁设计规范自《铁路桥涵钢筋混凝土和预应力混凝土结构设计规范》（TB 10002.3—99）起，经历《铁路桥涵钢筋混凝土和预应力混凝土结构设计规范》（TB 10002.3—2005）、《铁路桥涵混凝土结构设计规范》（TB 10092—2017）及《铁路桥涵设计规范（极限状态法）》（Q/CR 9300—2018），均采用 CEB-FIP78-M 模式。

④ 不同计算模式的对比分析

由于混凝土收缩和徐变影响因素的复杂性，不同的计算模式与当时试验数据、工程实践、理论方法及认识水平有关，因此计算结果差异很大。根据收集到的部分参考文献，对不同计算模式的差异以及与试验或实际工程观测数据的对比结果进行分析，部分结果简述如下：

Bazant 等在 1983—1995 年对 800 多条收缩和徐变曲线（约一万个数据点）进行的统计分析表明，BP-2 模式的误差为 ±37%；CEB-FIP 1978 模式的误差为 ±92%、ACI 209-82 模式的误差为 ±77%。后来又进行了不确定性因子分析，结果为：B3 模式误差为 23%，CEB-FIP 1990 模式误差为 35%，ACI 209-92 模式误差为 45%。

康斯坦（Kanstad；1993）对主跨为 185m 的米约松（Mjosund）桥在早期施工过程中的变形进行了观测，当采用 CEB-FIP 1990 模式时，其变形理论值与实测值相差在

±10% 以内。

皮特·塔克菲斯（Peter F. Takfics; 2002）等对挪威境内的3座三跨预应力混凝土连续刚构桥分别进行了 8 年、14 年和 3 年的连续变形观测，并用 CEB-FIP 1990 模式、B3 模式和 NS 3473 模式进行了变形预测，预测结果的变异系数为 22%～27%。

何义斌（2008）对铁路桥规 CEB-FIP78-M 模式和公路桥规 CEB-FIP90-M 模式进行了试验分析对比，发现按 CEB-FIP90-M 模式计算的终极徐变系数较 CEB-FIP78-M 小 40%～50%（图 30.1）。与室内小试件试验值比较，龄期 150 天时的误差：CEB-FIP90-M 约为 70%，CEB-FIP78-M 约为 95%。

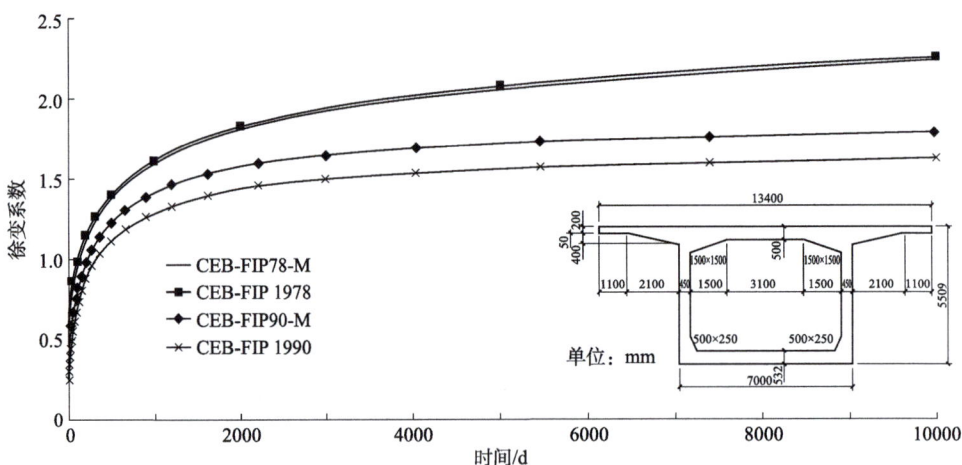

图 30.1　不同计算模式计算的箱梁徐变系数（引自文献 [8]）

姜嫚（2014）采用五种模式计算一座 65m+112m+65m 铁路预应力混凝土连续梁桥的收缩和徐变系数，并与 60 天实测数据进行对比，各模式差异系数分别为：ACI 209-92 模式为 120.80%，CEB-FIP90-M 模式为 7.76%，CEB-FIP 1990 模式为 3.20%，CEB-FIP78-M 模式为 34.56%，CEB-FIP 1978 模式为 39.62%。

杨名超、卜天（2015）通过对成渝客运专线上采用的 4 根 32m 预应力混凝土简支箱梁（3 根蒸汽养护，1 根自然养护）进行徐变效应测试，并与 CEB-FIP90-M 模式、FIB MC 2010 模式及 GL 2000 模式的计算结果进行对比，结果如图 30.2 所示。由图 30.2 可见，CEB-FIP90-M 模式与 FIB MC 2010 模式较为接近，二者与 GL 2000 模式结果在前期有差别，随龄期增长而逐渐趋于一致，到 90 天龄期时基本一致。但三者都较实测值大。

郑辉辉、卢文良（2013）将客运专线 32m 简支箱梁徐变 16 个月的测试结果与 CEB-FIP 1990 模式、GL 2000 模式计算结果进行了对比分析（图 30.3），结果显示，龄期 5 个月时，两模式的顶底板平均误差分别为 6.5% 和 16.25%；16 个月龄期时，则分别为 6.0% 和 2.3%。

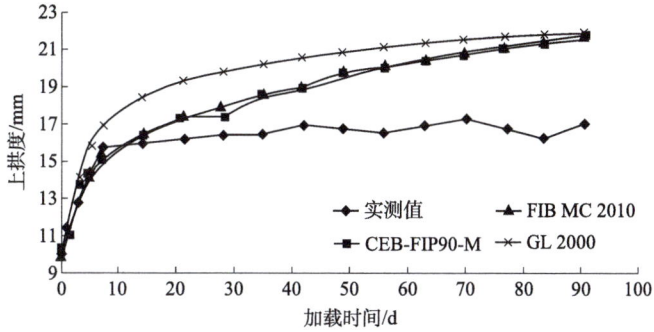

图 30.2　实测值与不同计算模式结果对比（引自文献 [6]）

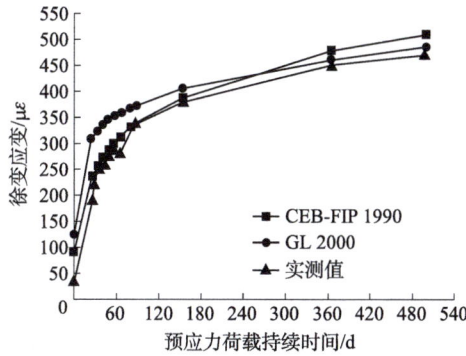

图 30.3　箱梁顶板实测值与不同计算模式结果对比（引自文献 [10]）

丁文胜等（2006）对 CEB-FIP 1978 模式和 CEB-FIP 1990 模式进行了详细分析对比，结果表明，前期二者差别较小，随后逐渐加大。到 10000 天（约 30 年）时，这种差异达到了 30%～40%（图 30.4）。

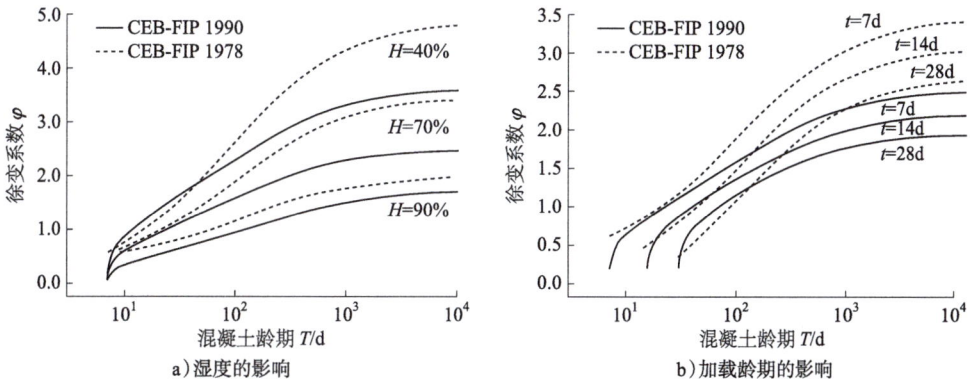

a）湿度的影响

b）加载龄期的影响

图 30.4　两种 CEB-FIP 计算模式对比（引自文献 [9]）

鲁薇薇（2018）通过室内徐变试验数据，对比分析了几种计算模式的预测结果，表明 CEB-FIP78-M 模式大大高估了徐变变形，而 CEB-FIP90-M 模式则较接近实验结果。

熊志朋（2016）分别进行了室内小试件、三跨连续刚构模型和简支梁模型试验，与 CEB-FIP90-M 模式、CEB-FIP78-M 模式及 ACI 209-92 模式计算结果进行对比，部分结果如图 30.5 所示。小试件结果：龄期 190 天时，对于收缩应变，三种计算模式分别比实测值大 27.7%、19.4% 及 55.9%；对于徐变系数，则分别大 27.3%、47.2% 和 28.3%。与试验值相比，连续刚构模型三种模式的徐变系数计算值误差分别为 -0.1%、29.0% 及 5.0%；简支梁模型为 6.5%、20.1% 及 6.5%。

通过对文献的分析，可以得出以下几点结论：

（1）不同计算模式的计算结果之间差异很大，且这些差异随不同的材料和环境参数以及试验条件的变化而有所不同。

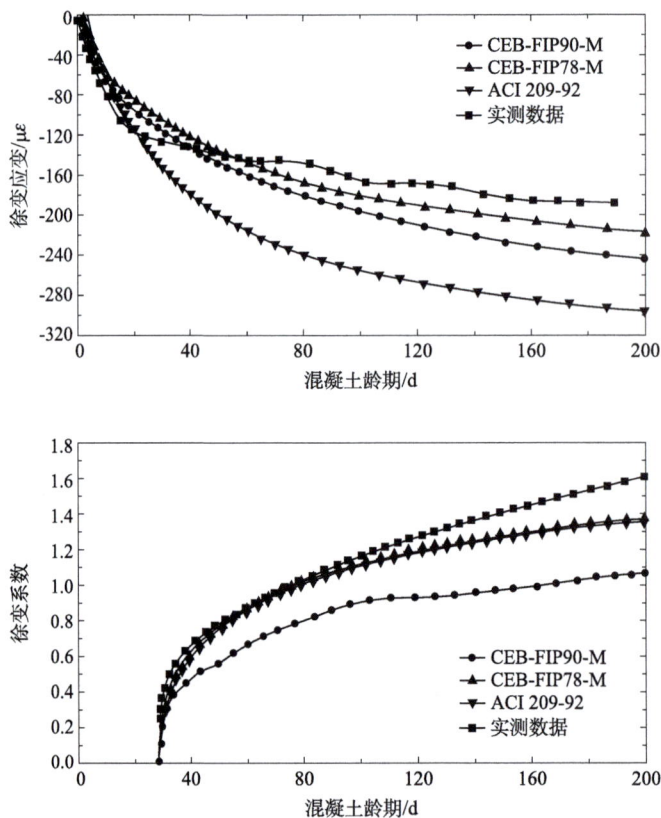

图 30.5

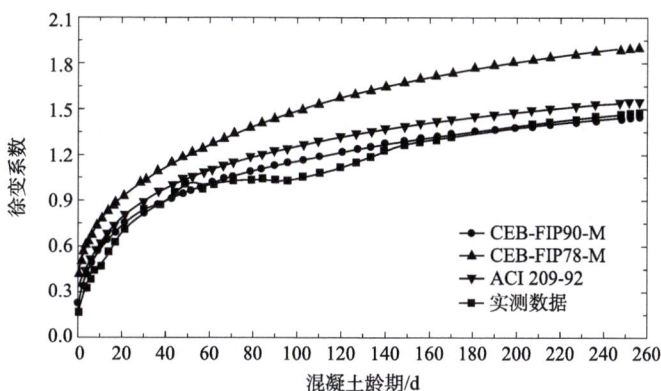

图 30.5　试验结果与规范模式对比（引自文献 [24]）

（2）虽然存在较大变异性，但对于 CEB-FIP 1978 & CEB-FIP78-M 和 CEB-FIP 1990 & CEB-FIP90-M 两大类模式之间的差异，除了文献 [13] 外，其余文献均为 CEB-FIP 1990 & CEB-FIP90-M 的计算值更接近试验值，而 CEB-FIP 1978 & CEB-FIP78-M 的计算结果高出试验结果很多。对于文献 [13] 的结果，因该梁自重与预应力平衡设计非常好，收缩和徐变挠度数值很小，加之观测时间（80 天）较短，按两种规范模式计算的挠度值相差只有 5%，80 天挠度增量差异也只有 0.24mm，很难说哪个更准确。

（3）在某些情况下，GL 2000 模式具有更好的精度，但该模式不是我国规范推荐的模式，且其结果并不比 CEB-FIP90-M 模式好多少，所以作为一般工程设计，并不建议使用 GL 2000 模式。

5　如何选择收缩和徐变计算模式？

首先看公路桥梁。我国现行公路桥梁设计规范采用 CEB-FIP90-M 模式，其中关于收缩和徐变引起的预应力损失和其他效应采用了统一的计算方法，收缩应变、徐变系数、收缩和徐变引起的预应力损失及其他效应随时间的变化规律亦相同。而根据前述的分析结论，CEB-FIP90-M 模式与试验值符合得较好，因此，计算公路桥梁时选择该模式统一计算所有预应力损失及其他效应即可。而对于收缩和徐变持续时长，可以选择 10～30 年。按 10 年或 30 年计算的收缩徐变位移差别为 5%～15%。

再看铁路桥梁。我国《铁路桥涵设计规范》（TBJ 2—85）没有给出收缩和徐变次效应计算方法，但给出了预应力收缩和徐变损失的计算方法，包括收缩应变和徐变系数终极值，以及收缩和徐变引起的预应力损失随时间的变化规律，假定 3 年完成全部收缩徐变损失。这些数据是基于 CEB-FIP 1970 收缩和徐变计算模式以及当时国内部分试验数据给出的。自《铁路桥涵钢筋混凝土和预应力混凝土结构设计规范》（TB 10002.3—99）起，推荐了 CEB-FIP78-M 模式作为徐变次效应中徐变系数的计算方法，但没有给出收缩次效应计算方法，而预应力收缩和徐变损失的计算方法仍然沿用了《铁路桥涵设计规范》（TBJ 2—85）的方法，这与次效应计算方法在收缩和徐变终极值、持续时间以及随时间变化规律等方面并不一致。

从上节的结论可知，CEB-FIP78-M 模式严重高估收缩和徐变变形，因此当前《铁路桥涵设计规范》（TBJ 2—85）在收缩和徐变计算方面存在两个问题：一是次效应计算模式，二是预应力损失计算与次效应计算方法不协调。《铁路桥涵设计规范》（TBG 2—85）中预应力收缩和徐变终极损失值的计算方法已经历了多年实践检验，迄今尚无充分的试验数据证明其不适用，并且 CEB-FIP 1970 模式与 CEB-FIP 1990 模式的徐变终极值相差不大，所以应该予以保留。而《铁路桥涵设计规范》（TBJ 2—85）中收缩和徐变损失随时间的变化规律则显得太过粗糙、简单，3 年完成的概念也不符合后来的试验结果及理论认识。另外，该规范的徐变计算模式是在附录中采用"可按……"形式给出的，并非强制性条文，使用者可以采用其他更合理的方法。

综上所述，本人建议：铁路桥梁计算预应力收缩和徐变损失终极值仍采用原方法，但其随时间变化规律以及收缩和徐变其他效应计算采用 CEB-FIP90-M 模式，持续时长取 30 年。该方法已在软件中实现，数座铁路连续梁桥、连续刚构及简支梁桥的计算结果表明，控制截面的内力、应力及承载力等指标与原规范方法基本一致（误差为 1%～3%），后期变形则减小 20%～50%。

6　成桥后收缩和徐变变形控制计算

成桥后的变形控制是一个重要的计算内容，对高铁桥梁更为重要，对于规范中的有关限值该如何理解也是重要问题。例如铁路桥规中规定，客专或高铁预应力混凝土梁成桥后徐变挠度不大于 10mm（$L \leqslant 50$m）或 $L/5000$ 及 20mm（$L>50$m）。这个挠度数值应该是梁跨内轨面相对支座位置轨面而言的，不包括墩台自身的变形，因为指标中只含梁的跨度，不含墩台高度等信息，且高墩自身的收缩和徐变变形就可能接近或超过这个限值。

　　另外，当各墩高度差别较大时，应在有限元建模时纳入全部桥墩，以考虑各桥墩弹性及收缩和徐变变形差别的影响。

参考文献

[1] Bazant ZP, BAWEIA. Creep and Shrinkage Prediction Model for Analysis and Design of Concrete Structures (Model B3) [J]. Northwestern University, submitted to ACI Comm. 209, 1994.

[2] Bazant ZP, Sandeep Baweja. Creep and Shrinkage Prediction Model for 126Analysis and Design of Concrete Structures (Model B3) [J]. Materials and Structures, 1995, 28: 357-365.

[3] Bazant ZP, BAWEIA S. Justification and Refinements of Model B3 for Concrete Creep and Shrinkage 1. statistics and sensitivity [J]. Materials and Structures, 1995, 28(7): 415-430.

[4] TAKFICS P F. Deformations in Concrete Cantilever Bridges: Obsef Vations and Theoretical Modelling [D]. Norway: The Norwegian University of Sciences and Technology, 2002.

[5] 陈素君. 混凝土斜拉桥的长期性能研究 [D]. 长沙：湖南大学，2011.

[6] 杨名超，卜天. 混凝土简支箱梁徐变效应预测模型修正 [J]. 武汉理工大学学报（交通科学与工程版），2015（2）：441-445.

[7] 姜嫚. 基于实测数据修正的徐变预测模型在铁路桥预拱度计算中的应用 [J]. 铁道建筑，2014（5）：5-8.

[8] 何义斌，大跨度无砟轨道连续梁桥后期徐变变形研究 [J]. 铁道学报，2008（4）：120-124.

[9] 丁文胜，孙福全，阚玉萍，等. 两种 CEB-FIP 混凝土徐变模型的对比分析 [J]. 江苏科技大学学报(自然科学版)，2006（6）：23-27.

[10] 郑辉辉，卢文良. 客运专线简支箱梁徐变发展研究 [J]. 铁道标准设计，2013（2）：69-73.

[11] 鲁薇薇. 自然环境温度作用下徐变对预应力混凝土桥梁挠度影响研究 [J]. 铁道标准设计，2018（9）：89-93.

[12] 许康. 混凝土收缩徐变试验研究 [D]. 长沙：长沙理工大学，2011.

[13] 李国琪. 高速铁路 56m PC 简支箱梁长期运营性能研究 [D]. 兰州：兰州交通大学，2019.

[14] 孟庆伶，杨治兴. 预应力混凝土收缩徐变应力损失的计算方法 [J]. 铁道标准设计，1985（4）：36-39.

[15] 张双洋，赵人达，占玉林，等. 收缩徐变对高铁混凝土拱桥变形影响的模型试验研究 [J]. 铁道学报，2016（12）：102-110.

[16] 张汉一. 高速铁路预应力混凝土连续箱梁徐变效应及控制研究 [D]. 长沙：中南大学，2012.

[17] 周东卫. 高速铁路混凝土桥梁徐变变形计算分析及控制措施研究 [J]. 铁道标准设计，2013（6）：65-72.

[18] 徐美庚，王凤葛. 高速铁路预应力混凝土简支桥徐变上拱控制初探 [J]. 中国铁路，1999（11）：19-22.

[19] 章胜平，陈旭，周东华，等. fib 2010 的徐变系数模型分析 [J]. 四川建筑科学研究，2017（2）：9-13.

[20] 段增强. 高速铁路大跨度钢桁加劲混凝土连续刚构桥收缩徐变试验研究 [D]. 成都：西南交通大学，2019.

[21] 陈瑶. 连续梁桥收缩徐变试验研究 [J]. 现代交通技术，2008（1）：44-46.

[22] 邓旭东，瞿发宪. 收缩徐变模型在预应力混凝土连续刚构桥 不同部件上的适用性研究 [J]. 公路交通科技，2017（1）：202-204.

[23] 郭时安，冯沛，邵旭东. 预应力混凝土箱梁桥施工阶段收缩徐变效应分析 [J]. 中外公路，2009（6）：101-104.

[24] 熊志朋. 大跨度连续刚构桥现场砼收缩徐变试验研究 [D]. 重庆：重庆交通大学，2016.

　　本文根据"西南交大桥梁"微信公众号于 2021 年 3 月 30 日发布的文章《李乔说桥 -31：试解桥梁收缩徐变计算之惑》改写。

31

对铁路桥梁收缩和徐变计算方法的建议

1　引言

　　铁路桥梁，尤其是高速铁路桥梁（图 31.1）对后期变形（工后徐变变形）要求非常严格，给设计者带来了一些困难，同时对所使用的徐变计算方法也极为敏感。而目前的徐变计算方法都存在较大误差，不同方法之间计算结果的差别也非常大。因此，选择一个更符合实际情况的计算方法至关重要。在本书文章 30（《试解桥梁收缩和徐变计算之惑》）中，曾对铁路桥梁设计规范中关于混凝土收缩和徐变效应及预应力收缩和徐变损失计算方法进行了分析，分别指出了原方法的合理之处及不完善之处，并给出新的建议。为了让读者更明确此建议的依据，本文从技术和规范两个方面作进一步说明。

图 31.1　高速铁路桥梁

② 技术方面

（1）收缩及徐变变形与次效应。

现行铁路桥梁设计规范在其附录中给出了关于混凝土徐变引起的内力重分布（即次效应）计算方法，同时给出了其中徐变系数的计算公式，采用的是 CEB-FIP 1978 模式的修改版，即我国《公路钢筋混凝土及预应用混凝土桥涵设计规范》（JTJ 023—85）所采用的模式（本文简称为 CEB-FIP78-M 模式）。众多的理论、试验及实际观测证明，该模式预测的徐变变形偏大较多，而现行公路桥规所采用的 CEB-FIP90-M 模式比 CEB-FIP78-M 模式更接近试验观测值，理论上也较其更完善。所以本文建议采用 CEB-FIP90-M 模式代替 CEB-FIP78-M 模式计算铁路桥梁混凝土徐变变形和次效应。

关于收缩效应，铁路桥规没有明确给出计算方法。本文建议采用与该规范中徐变计算方法相同来源的 CEB-FIP 1990 收缩计算模式。

（2）收缩及徐变变形引起的预应力损失。

现行铁路桥梁设计规范中对收缩及徐变引起的预应力损失计算采用了与上述变形及次效应计算不同的方法，其终极值根据 CEB-FIP 1970 模式及当时试验资料确定，而完成时长则按 3 年计算，这也与 CEB-FIP 模式的 30~70 年完成不协调。所以本文建议保留该项预应力损失终极值计算参数，但完成时长按 30 年计。

预应力收缩和徐变损失本来就是由结构构件的收缩及徐变变形引起的，应该采用统一的方法计算。但考虑现行规范的方法已使用多年，且没有足够的试验或观测数据证明其偏差大小，所以保留该损失总量的计算参数，只是在完成时间上改为与变形计算一致。

③ 规范方面

应该说，设计规范的编写者给规范的拓展和完善留下了充分的余地。下面从两个方面进行说明。

（1）收缩及徐变变形与次效应计算。

关于徐变变形及次效应计算，铁路桥规自《铁路桥涵钢筋混凝土和预应力混凝土设计规范》（TB 10002.3—99）起，直到《铁路桥涵混凝土结构设计规范》（TB 10092—2017）和《铁路桥涵设计规范（极限状态法）》（Q/CR 9300—2018），都是在附录中采用"徐变系数可按下列公式计算"的形式描述，而根据这些规范中关于其用词的说明，"可"是约束力最小的一种描述。铁路桥梁规范中用词说明：表示有选择，在一定条件下可以这样做的，采用"可"。所以在有理论、试验和观测数据支持的情况下，采用更为合适的方法是不违背规范的。

而对于收缩计算，规范本来就没有给出建议，因此更不存在违背之事。

（2）预应力收缩及徐变损失计算。

建议对铁路桥规预应力收缩和徐变损失终极值计算方法予以保留，在不影响预应力损失最终计算结果的前提下，仅修改收缩和徐变损失随时间的变化规律，以解决规范在预应力损失和徐变变形计算上的内在矛盾，这也不违背规范。

④ 工后变形的定义

现行铁路桥规规定，客专或高铁无砟轨道 PC 梁工后徐变挠度不大于 10mm（$L \leqslant 50\text{m}$）或 $L/5000$ 及 20mm（$L > 50\text{m}$），有砟轨道 PC 梁不大于 20mm。这个挠度的定义应该是梁跨内轨面相对支座位置轨面而言的，不包括墩台自身的变形，即图 31.2 中的 $f_c = C'C''$，而不是 CC''。因为指标中只含梁的跨度，不含墩台高度等信息，且高墩自身的收缩和徐变变形就可能接近或超过这个限值。

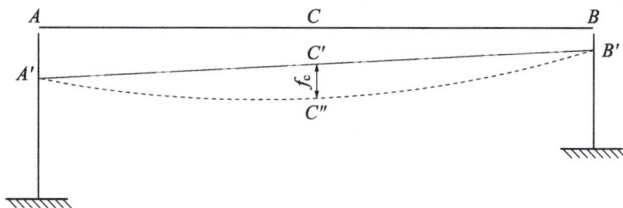

图 31.2　工后变形定义示意图（图中 AA' 和 BB' 为桥墩变形）

此外，规范仅规定了工后徐变变形限值，没有提及收缩变形，其用意也较为明确，即只是针对梁的上述相对变形，不包括墩台变形，因为收缩对梁的变形影响较小，对墩台则影响较大。当然，收缩对连续刚构、斜拉桥、拱桥等的影响也不可忽略，但规范没有专门的规定，实际执行时只能将收缩考虑在内，参考 PC 梁的规定了。

本文根据"西南交大桥梁"微信公众号于 2021 年 4 月 30 日发布的
文章《李乔说桥 -32：对铁路桥梁收缩徐变计算方法的建议及依据》改写。

32

优秀工程师不应盲从规范

1 设计规范条文都要严格执行？

设计规范条文是否都必须严格执行？很多人都会立刻回答：当然必须执行！但实际上，这个问题本身就不严谨！何谓执行？是机械地、无条件地、生搬硬套地执行，还是有判断、有条件、有理由地执行？

著名的结构工程大师林同炎先生在其名作《预应力混凝土结构设计》一书的扉页上写着："献给不盲从规范而寻求利用自然规律的工程师"。可见，作为一名优秀的工程师，不应生搬硬套规范，而必须具备足够的专业知识、工程经验和判断能力，这样才能正确理解和使用设计规范，才能做出好的设计。

本文拟结合规范条文举例，谈谈设计规范条文的执行问题（图 32.1）。

图 32.1　执行还是不执行？这是个问题

2 "严格"也是分等级的

设计规范是工程理论、方法和经验的综合成果，是设计工作的指南和约束。工程设计没有唯一性，在合格的前提下，是有好差之分的，因而规范条文也并非铁板一块，而是有层次、等级和灵活性的。在规范用语中，所谓严格，是分等级的（图32.2），但严格并不代表非做不可。几乎每一部设计规范都对其用词给出了定义，说明不同的程度用词所代表的不同严格程度。例如《公路桥涵设计通用规范》（JTG D60—2004）中这样描述：

对执行规范条文严格程度的用词，采用以下写法：

1.表示很严格，非这样做不可的用词：

正面词采用"必须"，反面词采用"严禁"。

2.表示严格，在正常情况下均应这样做的用词：

正面词采用"应"，反面词采用"不得"。

3.表示允许稍有选择，在条件许可时首先应这样做的用词：

正面词采用"宜"，反面词采用"不宜"。

表示有选择，在一定条件下可以这样做的，采用"可"。

其他设计规范关于此问题的说明也与此相同或相近，这是通用的规则。

图 32.2　"严格"也分等级

由此可见，除了第1条的"必须"和"严禁"以外，其余用词限定的条文都不是必须执行的，但这绝不意味着可以随意地不执行。对于第2条用词限定的条文，如果认为不适合执行，必须说明为何不属于"正常情况"；而对于第3条用词限定的条文，如果认为不适合执行，则必须说明不执行或选择其他方法或数据的依据和理由。工程师执行规范的灵活性也体现在这后两条，不管三七二十一地硬套，一定不是好的设计。

③ 规范条文是有适用条件的

设计规范是面向工程实际的，因此其中的规定、公式、方法、数据等，都是有其适用条件的，而不是普遍适用的。所以，在使用相关条文时，不能仅关注条文本身，还要注意是否满足相关适用条件，甚至可以说，适用条件跟条文本身一样重要。如果连适用条件都不符合，条文本身便已失去意义。

有些适用条件在规范中有明文说明，有些则是隐含的（图32.3）。对于前者，若说明和条文本身在规范中的位置靠近，则一般都会被注意到；但若相隔较远，就容易被忽略。而对于隐含的适用条件，则更容易被忽略或用错。

图 32.3　啥？适用条件还有隐含的？

4 可选择执行的条文举例

由前述可知，"可""宜"或"不宜"属于严格程度较低的用词，而设计规范中用此描述的条文也非常多，这给工程师带来了灵活执行的可能性。当然，如果不执行这些条文，必须有不执行的理由和依据。

示例1：关于混凝土结构体系转换引起的徐变次效应计算，公路及铁路桥梁设计规范都给出了相同的计算公式，例如，对于自重引起的徐变次效应，"可"按下式计算

$$M_{gt} = M_{1g} + \left(M_{2g} - M_{1g}\right)\left\{1 - e^{-\left[\varphi(t,\tau_0) - \varphi(\tau,\tau_0)\right]}\right\} \tag{32.1}$$

这个公式在很多桥梁专业教科书上都有，公式本身也当然是正确的。但如果直接用它进行实际工程计算，会带来很多困难。

在实际工程中，结构的体系转换往往是多次的，而每次都要分别计算先期结构的荷载在先期结构体系和后期结构体系上引起的内力 M_{1g} 和 M_{2g}，并且由于各个梁段的加载龄期不同，还要分别计算各自加载历程的各个梁段的徐变系数，这对软件编程（图32.4）和使用都是非常麻烦和困难的，而且可能还会因为某些不得已的简化而使计算产生较大误差。因此，当前的桥梁结构分析软件几乎都没有直接使用这个公式，而是采用其他既方便编程又更加有效的方法，比如基于等效弹性模量法的等效荷载法。

杂乱　　　　　　　　　　　　好的理念

图 32.4　程序该怎么写？

作者认为，鉴于计算手段的进步，规范中已无必要给出该公式，只需要求计算各种徐变次效应即可。

示例2：关于预应力弹性次内力。《公路钢筋混凝土及预应力混凝土桥涵设计规范》（JTG D62—2004和JTG 3362—2018）、《铁路桥涵设计规范》（TBJ 2—85）及《铁路桥涵设计规范（极限状态法）》（Q/CR 9300—2018）都规定，在进行预应力混凝土构件承载能力极限状态验算时，"应"考虑预应力引起的弹性次内力；而《公路钢筋混凝土及预应力混凝土桥涵设计规范》（JTG 023—85）、《铁路桥涵钢筋混凝土和预应力混凝土结构设计规范》（TB 10002.3—99和TB10002.3—2005）及《铁路桥涵混凝土结构设计规范》（TB 10092—2017）则规定，"可"不考虑该次内力。

值得注意的是，《铁路桥涵设计规范（极限状态法）》（Q/CR 9300—2018）是由中国铁路总公司颁布的企业标准，而《铁路桥涵混凝土结构设计规范》（TB 10092—2017）是由国家铁路局颁布的行业标准，二者目前处于并行阶段。这就给铁路桥梁设计者带来一个困惑：到底要不要考虑上述次内力？

从理论上来说，考虑或不考虑都是近似的做法，这在本书文章24（《预应力与桥梁设计规范》）中已经讨论过，感兴趣的读者可去阅读该文。

从设计规范角度看，《铁路桥涵混凝土结构设计规范》（TB 10092—2017）采用"可不考虑"描述，而《铁路桥涵设计规范（极限状态法）》（Q/CR 9300—2018）和《公路钢筋混凝土及预应力混凝土桥涵设计规范》（JTG 3362—2018）均采用"应考虑"描述，这说明多数规范编制者认为，相对而言，考虑该次内力比不考虑更合理一些。

鉴于上述分析，对仍按《铁路桥涵混凝土结构设计规范》（TB 10092—2017）的设计而言，既可考虑预应力弹性次内力，也可不考虑，前者是遵守《铁路桥涵混凝土结构设计规范》（TB 10092—2017），后者是对"可"的另外一种有理由的选择。

但需注意，有时这种次内力影响还不算小，按一种选择能够通过验算，按另外一种选择不一定能通过。此时，可以只选一种，也可以选不利者，就看设计者更注重哪方面了。这也表明，设计阶段的计算是有误差的，一定要留有安全余地。

⑤ 不满足条文适用条件举例

示例3：关于PC受弯构件超筋限值。受弯构件正截面抗弯承载力的验算包括三项内容：①通过限制最小配筋率避免少筋破坏模式；②通过限制受压区高度 $x < x_b$ 或

$x_0 < x_{0b}$ 避免超筋破坏模式，即要保证破坏始于钢筋首先达到其抗拉设计强度或对应的应变 ε_y，然后才发生混凝土压坏或达到极限压应变 ε_{cu}；③通过承载力计算保证适筋破坏模式下具有足够的安全度，其单筋矩形截面 PC 构件的计算图示如图 32.5a）所示。图中 x_0 为实际受压区高度，x 为按矩形应力图形计算时的受压区高度，其他符号读者容易识别其意义，此处不赘述。

图 32.5a）所示是一般控制截面的情况，规范所给出的承载力验算公式也是基于此情况的，其中隐含如下假设（适用条件）：受拉钢筋布置在靠近受拉区边缘附近，且各层钢筋较为靠近，因此可以用距受压区边缘为 h_0 处的各层钢筋合力位置应变代替所有钢筋应变。而界限受压区高度 x_b 就是按此位置应变达到 ε_y 并依据平截面假设算得的。

假设按照图 32.5a）所示的情况验算时，受压区高度满足 $x < x_b$ 条件，且 x 已接近 x_b。对于同一构件的非控制截面，可能由于钢筋弯起而变为图 32.5b）所示情况，其中一组钢筋已靠近中性轴。为叙述简便，假设忽略由倾斜角度引起的钢筋合力变化，此时受压区高度与图 32.5a）基本一致，但有效高度 h_0 却比原来小了很多，因此可能造成 $x > x_b$。

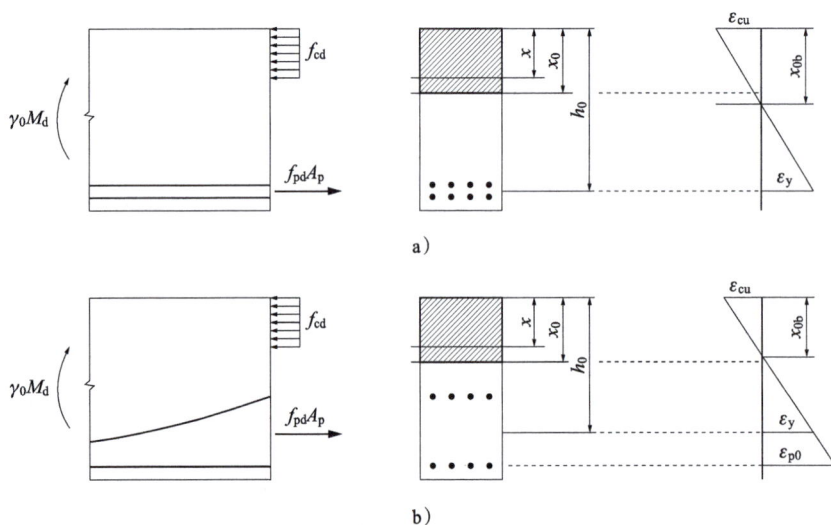

图 32.5　单筋截面抗弯承载力计算图式

表面上看，这似乎已不满足规范要求。但值得注意的是，这种情况首先不满足的是隐含的适用条件，即这样直接计算 x 并校验其是否小于界限受压区高度的方法是不适用的，因为此时两层钢筋相距太远，并且靠近中性轴的那层钢筋应变很难达到 ε_y，所以不能用受拉钢筋合力位置的应变代表各钢筋应变。另外，从截面变形或延性的角度看，在截面破坏时，底层钢筋早已超过 ε_y 很多，截面已发生较大的变形，不会发生脆性破坏。

实际工程中的大跨度连续梁桥或连续刚构桥，为了抵抗强大的负弯矩，经常会布置多层预应力钢筋，在非控制截面，下弯钢筋也是多层布置，情况比图 32.5b）更复杂，但基本原理并无差别，因此仍可按上述原则处理。

上述情况在采用手算时不会发生，因为不会计算非控制截面。但采用软件计算时，一般习惯于计算所有的截面，于是就时常出现上述情况。如果软件不具备自动处理这种情况的功能，设计者就必须通过自己的判断和辅助计算，排除错误的结果，而不必修改配筋或其他参数。

示例 4：关于跨度 128m 以上铁路 PC 梁桥工后徐变变形限值。由于铁路桥梁设计规范的适用范围为 128m 及以下跨度的混凝土桥和 160m 及以下跨度的钢桥，规范中关于 PC 梁桥工后徐变变形限值当然也只适用于 128m 及以下跨度范围。那么，当设计 128m 以上跨度的 PC 梁桥时，该如何取这个限值呢？

一种做法是仍然按照规范限值取用，但这会带来极大的困难。由于规范的限值非常苛刻，加之当前混凝土徐变计算方法的误差很大，在 128m 及以下跨度时要满足要求已非常困难，更大跨度时就更加困难，甚至无法满足要求。而且即使计算数值满足要求，由于前述误差较大，这种形式上的满足也变得没有实际意义。所以本文认为，不应再机械地硬套规范限值，而是根据超过规范适用跨度的多少适当放宽要求，比如参照规范中无砟轨道 PC 梁的限制方式之一，按 $L/5000$ 进行限制。对具体数值还可进一步研究，总而言之，不能把本来就很苛刻且不准确的徐变限制直接扩展到更大跨度结构中。

诚然，规范对工后徐变变形的限制，是为了能够方便地通过调整垫板或道砟厚度来保证轨面高程和平顺度，并且因为减少垫板或道砟厚度是有限度的，所以针对预加力引起的向上徐变变形更加严格。在大跨度桥梁中放宽上述要求，必须通过其他辅助措施进行调整。

示例 5：关于公路桥梁活载挠度限值。在本书文章 25（《桥梁挠度限值及公路桥规相关条文讨论》）中曾讨论过该问题，具体内容可参阅此文。这里要强调的是，之所以错用这条规范内容，是因为忽略了其适用条件，可见注意规范适用条件是多么重要。

本文根据"西南交大桥梁"微信公众号于 2021 年 6 月 22 日发布的文章《李乔说桥 -34：设计规范条文必须执行吗？》及《桥梁》杂志 2021 n4 同名文章（授权）改写。

33

PC 预压应力的不同含义及其对规范条文的影响

1　引言

预应力混凝土（PC）构件中混凝土的预压应力 σ_{pc}，是业内专业人员非常熟悉的一个概念，是指预加力在 PC 构件横截面的混凝土中引起的压应力，具体位置一般指在外荷载作用下横截面的受拉区域。

但就是这样一个众所周知的概念，在具体应用时以及在不同的设计规范中却仍然存在差异，导致某些计算结果或者验算指标也不相同。例如：在《公路钢筋混凝土及预应力混凝土桥涵设计规范》（JTG 3362—2018）、《铁路桥涵混凝土结构设计规范》（TB 10092—2017）及《铁路桥涵设计规范（极限状态法）》（Q/CR 9300—2018）中就有不同的含义，使得某些条文的计算结果亦不同，比如抗裂性计算、预应力损失及有效预应力计算等。

通过深入分析，发现这种差异是由对预压应力的含义采用了不同的设定所导致的，而且不同的设定还导致规范中其他有关规定的不协调性。本文拟就此问题作深入的分析，并对规范条文给出建议。

2　PC 构件预压应力的几种不同含义

如上所述，预压应力 σ_{pc} 的定义较为简单、明确，就是预加力的作用效应中的混凝土应力，但需注意的是预加力效应有三个组成部分：

效应 1：预加力主效应，即预加力作用在横截面上的荷载直接在横截面上引起的与时间无关的效应。其所引起的预压应力为 σ_{pc1}。

效应 2：预加力弹性次效应，即在超静定结构上施加预加力，由于预加力引起的弹性变形受到约束而产生的与时间无关的次效应。其所引起的预压应力增量为 $\Delta\sigma_{pc2}$。

效应 3：预加力徐变次效应，即在超静定结构上施加预加力，由于预加力引起的徐变变形受到约束而产生的与时间相关的次效应。其所引起的预压应力增量为 $\Delta\sigma_{pc3}$。

在正常使用极限状态，与上述三部分效应相应的预压应力含义也有三种：

含义 1：只包括效应 1，即 σ_{pc1}。只把主效应计入预压应力（抗力），把次效应计入荷载效应（作用）。

含义 2：只包括效应 1 和效应 2，用 $\sigma_{pc2}=\sigma_{pc1}+\Delta\sigma_{pc2}$ 表示。只把与时间无关的次效应 $\Delta\sigma_{pc2}$ 计入预压应力（抗力），把与时间相关的次效应 $\Delta\sigma_{pc3}$ 计入荷载效应（作用）。

含义 3：包括效应 1、效应 2 和效应 3，用 $\sigma_{pc3}=\sigma_{pc1}+\Delta\sigma_{pc2}+\Delta\sigma_{pc3}$ 表示。把与预加力相关的效应都计入预压应力（抗力），不作为荷载效应（作用）。

在这三种含义中，含义 3 最为合理，分类也最为清晰，把凡是预加力引起的混凝土压应力都算作预压应力。含义 1 次之，因次效应是变形受到约束而产生的内力和变形重分布，从工程实用角度看，将其作为荷载效应也说得过去。相对而言，含义 2 的分类最为牵强，其把一部分次效应计入抗力，而把另一部分计入作用。

在桥梁类教科书中，由于主要以静定的简支梁为背景讲述预应力效应，不涉及次效应影响，所以也都没有涉及预压应力的具体含义问题。

③ 对预压应力其他相关指标含义的影响

采用上述三种不同的预压应力含义，不仅涉及预压应力 σ_{pc} 本身，还涉及预压应力其他指标的内涵，因为这些指标在工况和数值上必须与预压应力对应且协调，它们包括预应力钢筋的有效预应力 σ_{pe}、预应力损失 σ_l 以及荷载引起的应力 σ_{st}。只要看一下它们的表达式，并考虑它们的相互关系就会明白其中的道理，本文后面也会进行分析。

④ 对现行桥梁设计规范条文的影响

如上所述，与预压应力 σ_{pc} 相关的预应力指标的含义会随 σ_{pc} 含义的不同而不同，在设计规范中的表达式和定义也应因此而不同。但遗憾的是，现行的设计规范对此缺乏较为清晰的描述和定义，有些条文还相互不协调或不对应，不同的规范使用者会理解为不同的含义，导致计算结果产生一些偏差。这种偏差虽然不算很大，但作为设计规范，必须保持其内部的完备、协调和统一。

为简便且不失一般性，以后张法预应力构件为例。

4.1　公路桥涵设计规范

在《公路钢筋混凝土及预应力混凝土桥涵设计规范》（JTG 3362—2018）第 6.1.6 条中，给出了预压应力 σ_{pc}、预应力钢筋合力点处混凝土法向应力等于零时的预应力钢筋应力 σ_{p0} 以及预应力钢筋的有效预应力 σ_{pe} 的表达式（采用规范中的公式编号，下同）

$$\frac{\sigma_{pc}}{\sigma_{pt}} = \frac{N_p}{A_n} \pm \frac{N_p e_{pn}}{I_n} y_n \pm \frac{M_{p2}}{I_n} y_n \qquad (6.1.6\text{-}4)$$

$$\left.\begin{array}{l} \sigma_{p0} = \sigma_{con} - \sigma_1 + \alpha_{EP}\sigma_{pc} \\ \sigma'_{p0} = \sigma_{con} - \sigma'_1 + \alpha_{EP}\sigma'_{pc} \end{array}\right\} \qquad (6.1.6\text{-}5)$$

$$\left.\begin{array}{l} \sigma_{pe} = \sigma_{con} - \sigma_1 \\ \sigma'_{pe} = \sigma_{con} - \sigma'_1 \end{array}\right\} \qquad (6.1.6\text{-}6)$$

式（6.1.6-4）中的 M_{p2} 为预应力次弯矩，规范中没有明确说明它是本文前述的效应 2 还是效应 2 与效应 3 之和，但按照很多规范的习惯以及该公路桥规其他条文的描述判断，应该是指效应 2。所以该桥规中的预压应力采用的是前述的含义 2。不论采用该含义是否合理，这里明显存在一个不完备之处，预应力次效应中不仅次弯矩 M_{p2} 会引起正应力，次轴力 N_{p2} 也会引起正应力（如连续刚构等结构就会有次轴力），所以式（6.1.6-4）应该增加一项 "$+N_{p2}/A_n$"。

根据前述内容，与预压应力有关的其他预应力指标也应该明确说明其含义，但规范中缺少这样的说明。

首先，有效预应力 σ_{pe} 应该是与预压应力 σ_{pc} 相同工况时对应的应力，所以也应该包含次效应的影响。根据式（6.1.6-5），式（6.1.6-6）可以改写为

$$\left.\begin{array}{l} \sigma_{pe} = \sigma_{p0} - \alpha_{EP}\sigma_{pc} \\ \sigma'_{pe} = \sigma'_{p0} - \alpha_{EP}\sigma'_{pc} \end{array}\right\} \qquad (6.1.6\text{-}6')$$

式中，σ_{p0} 是混凝土预压应力消失（消压）时的钢筋应力，是对应一种特定的客观状态时的钢筋应力，与次效应无关，也不应随预压应力含义的人为设定而变化，因此由式（6.1.6-6′）可知，有效预应力 σ_{pe} 会随着预压应力 σ_{pc} 的含义设定不同而不同。而由式（6.1.6-5）可知，要保持 σ_{p0} 不随 σ_{pc} 的含义不同而变化，在预应力损失 σ_l 中，也必须包含次效应引起的钢筋应力变化，这显然应该包含在弹性压缩损失 σ_{l4} 中。这样式（6.1.6-5）右侧后两项中的次效应影响就互相抵消，σ_{p0} 因此与次效应无关，自然也不受 σ_{pc} 的含义设定影响。

在该规范关于弹性压缩损失 σ_{l4} 计算的条文第 6.2.5 条中，没有说明是否包含次效应影响，从完善规范角度出发，应该增加说明。

受预压应力含义影响的规范条文还有第 6.3.1 条，关于正截面抗裂性计算，以式（6.3.1-1）为例

$$\sigma_{st} - 0.85\sigma_{pc} \leqslant 0 \tag{6.3.1-1}$$

式中，σ_{st} 是在频遇组合作用下构件抗裂验算截面边缘混凝土的法向拉应力。

由该式可明显看出：

（1）如果预应力次效应影响包含在预压应力 σ_{pc} 中，就不应再包含在荷载应力 σ_{st} 中，即应该明确说明频遇组合中不包含预应力次效应，但该规范以及《公路桥涵设计通用规范》（JTG D60—2015）中都没有这样的说明，这容易导致使用者在频遇组合中也计入预应力次效应。

（2）预应力次效应如果是压应力，则包含在 σ_{pc} 中更不利；如果是拉应力，则包含在 σ_{st} 中更不利。

4.2 铁路桥涵设计规范

《铁路桥涵混凝土结构设计规范》（TB 10092—2017）及《铁路桥涵设计规范（极限状态法）》（Q/CR 9300—2018）对预压应力的规定相同，故仅以《铁路桥涵混凝土结构设计规范》（TB 10092—2017）为例进行说明。因符号与公路桥规不同，为统一，转换为一致的形式。

由规范条文第 7.3.5 条的表达式

$$\sigma_{pc} = \frac{N_p}{A_n} \pm \frac{N_p e_{pn}}{I_n} y_n \tag{7.3.5-1}$$

可以看出，铁路桥规的预压应力采用含义 1，即只计入主效应，而把次效应计入荷载效应中。规范中其他有关指标的规定也都是与此含义一致的，这可以从其相关条文和计算式中判断出。但从完善规范角度出发，与公路桥规类似，尚应对有关指标和作用组合的内容进行更明确的说明。

⑤ 对现行桥梁设计规范的建议

　　根据本文第 2 部分的分析，理论上看，采用含义 3 最为合理，这样定义的预压应力是预加力的全部效应引起的，最符合预压应力的定义。但由于包含预应力徐变次效应的影响，所以预压应力 σ_{pc}、预应力钢筋的有效预应力 σ_{pe}、预应力损失 σ_l 等都与预应力徐变次效应相关，都是时间的函数，使计算变得较为复杂。至于含义 2，如前所述，理论上确实有些牵强，同为次效应，没有道理把一部分计入抗力，而把另一部分计入荷载。

　　从对计算结果影响的方面看，采用不同的 σ_{pc} 含义，真正影响计算结果的只有截面抗裂性计算，例如公路桥规的式（6.3.1-1）和式（6.3.1-2），铁路桥规的式（7.3.9-1）、式（7.3.9-2）、式（7.3.7-1）及式（7.3.7-2）。因为在这些计算式中，预压应力与荷载应力分别乘不同的系数，将次效应计入不同的项里，结果自然不同。对于其他指标的影响，或者只改变其含义和标志性数值，如 σ_{pe} 和 σ_l，或者由于表达式中预压应力与荷载应力具有相同的系数而不产生影响。

　　因此，从工程实用角度看，建议对预压应力采用含义 1，即现行铁路桥规的做法，只把主效应计入预压应力。与采用含义 3 相比，这不会产生较大误差。当然，在规范中还需明确说明相关指标的含义。

　　本文根据"西南交大桥梁"微信公众号于 2021 年 9 月 16 日发布的文章《李乔说桥 -36：PC 预压应力的不同含义及其对规范条文的影响》改写。

34

桥梁抗倾覆安全系数取值原则

1 抗倾覆设计安全准则

由于近年来公路桥梁倾覆事故数次发生，引起交通主管部门的高度重视，各地也陆续对类似桥梁进行大规模排查加固。在检算原结构和加固方案的安全性时，抗倾覆计算方法和安全系数取值问题就显得异常重要。规范编制组对《公路钢筋混凝土及预应力混凝土桥涵设计规范》（JTG 3362—2018）条文第 4.1.8 条进行了深入、细致的调查与研究，国内很多桥梁专家及作者都给予了肯定，该条文的表述是正确的，在工程实践中也发挥了重要作用。但历史表明，任何国家的任何规范内容都需要在实践过程中不断完善，新的规范内容更是如此。所以该规范的抗倾覆计算内容也存在需要改进的地方，比如其抗倾覆稳定性系数（即安全系数）取值以及倾覆力矩与稳定力矩的具体算法等。

不言而喻，抗倾覆设计的第一准则，是要保证结构具有足够的抵抗倾覆的能力。除此之外，还应该根据破坏特点，确定抗倾覆破坏在结构所有破坏形式中的顺序，如同材料破坏要先于失稳（屈曲）破坏。在制定《公路钢筋混凝土及预应力混凝土桥涵设计规范》（JTG 3362—2018）抗倾覆计算条文时，规范编制组提出了"结构倾覆破坏不先于构件承载力破坏"的基本原则，这是完全正确与合理的，这个原则应该是抗倾覆设计的第二准则。这里和本文中的"承载力"均指构件的受弯等抵抗内力的承载力。

浙江工业大学彭卫兵教授提出的"强倾弱弯"概念与此第二准则异曲同工，在形式上更加简练易懂。其团队以连续梁为例，通过理论与数值分析，得到了十分有价值的结果。

本文以上述两个设计准则为基础，从定性角度研讨抗倾覆安全系数限值 K_{qf} 的取用原则，避开具体的数值分析，以便使读者能够更清晰地理解该问题的实质。

2 满足第二准则的前提条件

为了更好地进行研讨，有必要对前述两个抗倾覆设计安全准则进行严格一些的定义。

第一准则：在可能且允许的最不利倾覆工况下结构不发生倾覆且具有一定安全储备。

第二准则：在可能且允许的最不利倾覆工况下结构倾覆破坏不先于构件承载力破坏。

为了讨论方便，把"可能且允许的最不利倾覆工况"称为工况 B，而把"可能且允许的最不利承载力工况"称为工况 A。另外，本文的倾覆破坏仅指梁部的整体倾覆，不包括结构体系和构件本身的强度破坏所导致的倾覆。

第一准则很容易理解，不加赘述。但对于第二准则，必须强调，比较倾覆和承载力两种破坏模式下的安全余量时，必须在同一种工况下进行，即要用同在工况 B 下的安全余量进行比较，而不能用工况 B 的安全余量与工况 A 的安全余量进行比较，因为它们不是同时发生的，不具有可比性。这是满足第二准则的前提条件。

3 抗倾覆安全系数取值原则

由于倾覆效应主要是由汽车作用引起，因此下面的讨论暂仅考虑汽车荷载，且以现行设计规范的车道荷载为基准，不考虑活载超限。当需要考虑其他荷载如风荷载等时，可以按照等效换算原则近似考虑。

根据上述第一准则以及安全系数的含义，且在不考虑抗倾覆结构分析算法误差的情况下，很容易得知

$$K_{qf} \geqslant \gamma_0 \gamma_Q \tag{34.1}$$

其中，γ_0 为结构重要性系数，安全等级为一级的结构为 1.1；γ_Q 为汽车荷载的作用分项系数，取值 1.4。

代入式（34.1）可得，$K_{qf} \geqslant 1.1 \times 1.4 = 1.54$。这是不考虑计算方法偏差时的结果，即采用有限元法直接计算倾覆力矩和稳定力矩。如果采用《公路钢筋混凝土及预应力混凝土桥涵设计规范》（JTG 3362—2018）附录给出的简化算法（直线梁桥或近乎直线的小曲率梁桥）计算倾覆力矩和稳定力矩，即用支座反力对外支座中心的力矩代数和来表示倾覆力矩和稳定力矩，则还要乘简化算法偏差系数 1.3（规范编制组的数据），于是有 $K_{qf} \geqslant 2.00$。这里的 1.54 或 2.00 是满足第一准则所需要的最低安全系数。

但注意到"在同一种工况下"这个前提条件，取 $K_{qf} = 1.54$（或简化算法时取 2.00）明显不能满足第二准则，因为工况 A 和 B 的恒载效应相同，但工况 A 活载沿横桥向布满所有车道，而工况 B 仅布置在部分车道，并且二者顺桥向最不利加载位置也不同。所以在分项系数相同情况下，工况 B 活载引起的内力效应明显小于工况 A，即在 K_{qf} 取上述值时，在工况 B 下承载力破坏不可能先于倾覆破坏发生。

设活载沿横桥向布满所有车道，且顺桥向按承载力最不利加载布置（对应工况 A）得到的活载内力标准值为 S_{ck}，活载沿横桥向偏心布置，且顺桥向按承载力最不利加载布置得到的活载内力标准值为 S_{cm}，而顺桥向按倾覆力矩最不利加载布置（对应工况 B）得到的相应活载内力标准值为 S_{cq}，并设 $\beta = S_{cm} / S_{cq}$，$\xi = S_{ck} / S_{cm}$，则有 $S_{ck} = \beta \xi S_{cq}$，即把 S_{cq} 放大 $\beta \xi$ 倍以上则超过 S_{ck}，并假设工况 A 下的构件承载力刚好满足要求时，结构才会满足第二准则。

或者换个说法，以现行设计规范标准车道荷载为基准（即不放大 S_{cq}），且工况 A 下的构件承载力刚好满足要求而无多余储备时，要满足第二准则，就必须采取措施提高结构抗倾覆能力，使抗倾覆安全系数满足如下条件。

准确算法时：

$$K_{qf} \geqslant \beta \xi \gamma_0 \gamma_Q \tag{34.2}$$

简化算法且为直线梁桥或近乎直线的的小曲线梁桥时：

$$K_{qf} > 1.3 \beta \xi \gamma_0 \gamma_Q \tag{34.3}$$

以常用的几座双车道整体式箱形连续直线梁桥为例，采用有限元软件进行计算，根据计算结果 β 值为 1.10~1.25；又因工况 A 活载为双车道布置，工况 B 活载为单车道布置，故 $\xi = 2.0 / 1.15 = 1.74$，其中 1.15 为偏载系数。按照最不利取值原则，可得 $K_{qf} > 3.35$（准确算法）及 $K_{qf} > 4.35$（简化算法）。当然，由于计算实例数量有限，不具有统计意义，上述 β 和偏载系数 1.15 都是较粗略的且仅对直线梁桥的估算值，所以结果仅供参考。要得到具有代表性的数值，需要进行较多的实例计算，然后进行统计分析。至于大曲率曲线梁桥的抗倾覆算法及安全系数，则还需要更深入的研究和更多的计算工作支撑。

④ 实施建议

根据上面的讨论，建议抗倾覆安全系数限值 K_{qf} 按前述方法确定，对于不同的材料、跨度布置、车道数以及结构形式等，还应通过数值分析具体确定。在这方面，有学者（如石雪飞、彭卫兵等）已经做了一些很好的计算分析工作。在这些已有工作基础上，结合本文上述的原则作进一步的数值分析，可以得到更加合理的安全系数取值。

有人可能会认为本文桥梁抗倾覆安全系数太大而从观念上不可接受，但如果能够接受结构弹性稳定（屈曲）安全系数取值 4.0，为何不可以接受大一点的抗倾覆安全系数呢？两种破坏都会导致灾难性后果，也都是没有先兆而突然发生的破坏模式，在危险性上没有什么区别。

值得注意的是，在工程实践中，为满足抗倾覆设计第二准则，应该靠采取措施提高结构抗倾覆能力实现，而不是靠降低抗弯、压、剪、扭等承载能力来实现。

再次强调，本文的算法偏差是指直接采用有限元软件计算倾覆力矩和稳定力矩的方法与《公路钢筋混凝土及预应力混凝土桥涵设计规范》（JTG 3362—2018）附录简化算法之间的偏差，不是本文推导安全系数允许值方法的偏差。在本文所述原则下，推导方法没有偏差，只是公式中的参数具体值还需要较多的算例支撑才能获得。

本文根据"西南交大桥梁"微信公众号于 2022 年 3 月 21 日发布的
文章《李乔说桥 -41：桥梁抗倾覆安全系数取值原则》改写。

第四篇

其他

PART

IV

桥梁
纵论

力 与 结 构 及 其 他

35

正交异性钢桥面板

1 让人爱、让人恨的桥面板形式

正交异性钢桥面板是在钢桥尤其大跨度钢桥结构中采用最多的一种桥面板结构形式，也是现代钢桥结构重要的标志性成果之一。但这种桥面结构同时也是钢桥领域中最令人头痛的结构之一，可以说是一种既"让人爱"又"让人恨"的桥面结构形式。让人爱，是因为这种结构具有众多的优点，如重量轻、承载力高、适用性强等，是目前为止仍然不能用其他形式桥面板取代的主要结构形式；而让人恨，则是因为它服役几十年以来，不断地出现疲劳开裂和桥面铺装破坏等问题，成为一种普遍性病害，而且现有的解决办法都或多或少存在一些缺点，尚无令人满意的既经济又有效的解决措施。

一般的正交异性钢桥面板是指在桥面的面板下采用纵横加劲肋加强的构造形式，而目前应用最为广泛的正交异性钢桥面板是采用纵向 U 形肋的构造形式。如图 35.1 所示，它由面板（顶板）、纵向 U 形肋以及横向加劲肋或横隔板组成。目前世界各国采用正交异性钢桥面板建成的各类桥梁已超过 1500 座。

2 两大病害

最早在大跨度钢桥上发现正交异性钢桥面板疲劳开裂的是英国 Severn 桥，该桥开通运营仅 5 年，其正交异性钢桥面板就出现疲劳裂纹。此后，在中国、美国、日本及欧洲等世界范围内相继出现大量的正交异性钢桥面板结构疲劳开裂案例。例如，国内某大桥通车数年后即出现大量疲劳裂缝，经过维修加固，再经过几年的运营，又出现了更多的疲劳开裂。这种现象在很多类似结构的桥面板中出现，给桥梁的安全和耐久性带来巨大影响。由于桥面铺装的存在，这种出现在桥面板上的裂缝在开裂初期不容易被发现，一旦发现就已经贯穿顶板了。而且较难对这种裂缝进行修复加固，多数情况下必须中断交通并拆除桥面铺装才能进行。

a）大跨度钢箱梁斜拉桥

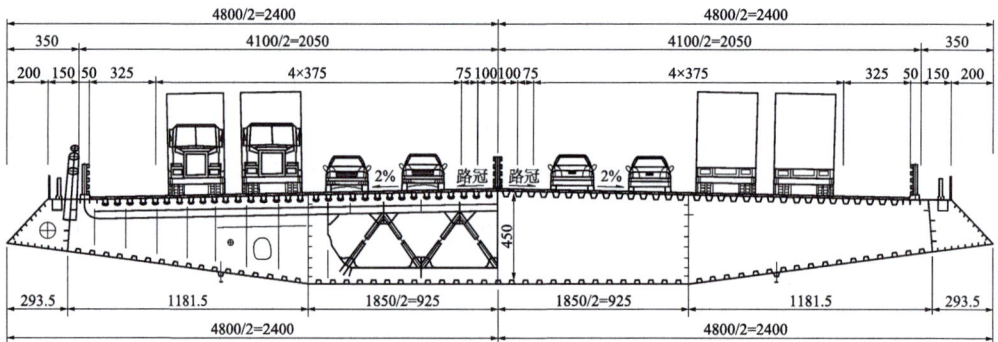

b）采用正交异性钢桥面板的钢箱梁横断面（单位：cm）

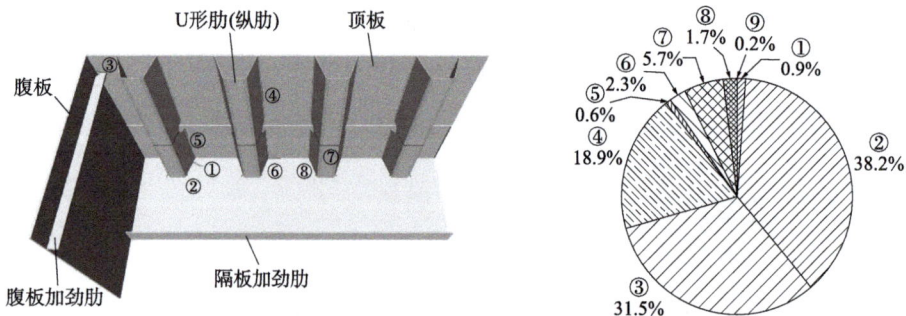

c）正交异性钢桥面板构造示意图及疲劳开裂统计

图 35.1　大跨度钢桥及正交异性钢桥面板

　　根据日本对东京两条代表性高速公路中约 7000 个闭口纵肋正交异性钢桥面板的疲劳病害进行统计分析的结果，主要疲劳裂纹类型及其构成如图 35.1c）所示。图中带圆圈的编号表示疲劳开裂的部位及类型（疲劳开裂部位见表 35.1），右边的圆饼图表示各类型开裂所占的比例。由图可见，占比例最大的为②③④类，分别为纵向 U 形肋与横隔板、竖向加劲肋与顶板以及纵向 U 形肋与顶板的焊缝开裂。其中，第③类开裂对应的构造现在基本不再采用，所以目前出现最多的是②④两类。

表 35.1　疲劳损伤开裂部位（参照图 35.1）

序号	疲劳开裂部位	序号	疲劳开裂部位
①	纵肋与横隔板焊接部分（过焊孔）	⑥	顶板与横隔板焊接部分
②	纵肋与横隔板焊接部分（切口）	⑦	纵肋对接焊缝
③	顶板与竖向加劲肋焊接部分	⑧	纵肋与边横隔板焊接部分
④	顶板与纵肋焊缝连接部位	⑨	其他部位
⑤	U 肋现场接头过焊孔焊接部分		

　　除了钢桥面板开裂以外，这种结构带来的另一个通病是桥面铺装过早损坏（图 35.2），并成为每座同类桥面板结构的大桥设计时让人颇为纠结的问题。从我国 20 世纪 90 年代修建的此类结构桥梁的运营情况看，相当数量的桥梁在通车后不到十年就不得不进行桥面铺装的大修或者更换，因而桥面铺装病害也与疲劳开裂一样，成为正交异性钢桥面板的两大主要病害之一。

图 35.2　桥面铺装的损坏（引自筑龙网）

③ 强度问题还是刚度问题？

　　发生上述两大病害最主要的原因是什么？直观地看，两种破损都是由材料强度不够而导致，钢结构疲劳开裂是由焊缝的疲劳强度不足所致，桥面铺装的破坏是由铺装层的强度不足所致。这没有错，材料强度不足是导致其最终破坏的直接原因。但我们所要解决的问题是结构的安全与耐久性问题，因此我们还应该从结构的角度来审视整个问题，而不仅限于材料破坏的局部。

首先，我们分析一下正交异性钢桥面板的受力特征。如图 35.3 所示，在车轮荷载作用下，正交异性桥面板会产生纵横向挠曲。从局部区域看，由于正交异性桥面板几何构造的特点，其刚度分布是非均匀且有突变的，因而其中的横向挠曲及 U 形肋的畸变［图 35.3a）、b）］使 U 形肋与顶板的焊缝局部产生很大的应力集中，再加上在焊趾和焊根处可能存在的焊接缺陷，比较高的应力幅便会出现在这些区域，

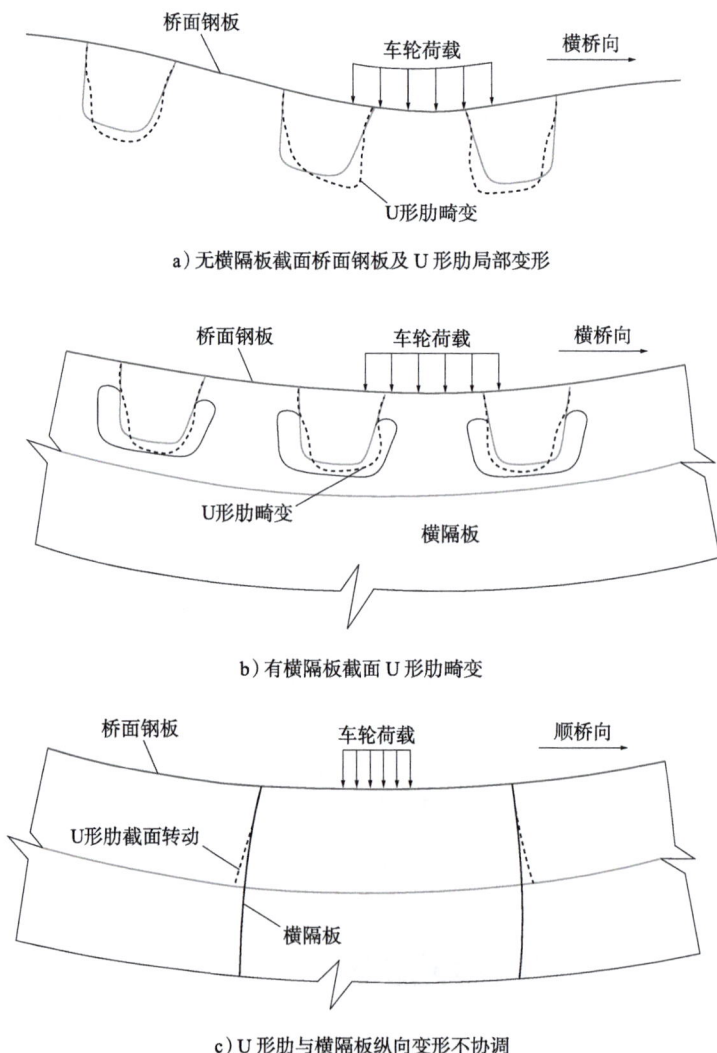

a）无横隔板截面桥面钢板及 U 形肋局部变形

b）有横隔板截面 U 形肋畸变

c）U 形肋与横隔板纵向变形不协调

图 35.3　正交异性钢桥面板受力变形

这是引发顶板与 U 形肋焊缝疲劳开裂的最重要的因素。而在 U 形肋穿过横隔板的地方 [图 35.3c]，由于 U 形肋的纵向弯曲，横隔板发生其面外的变形，从而也加大了此处焊缝的应力幅。如果这种由荷载引起的局部变形过大，其引起的应力幅也会大大增加。而这种过大的局部变形也使桥面铺装层产生很大的弯曲力矩，导致其开裂、剥离及滑移。

这样的局部变形过大显然是由桥面板局部刚度的不足和不均匀所致。刚度不均匀是钢结构的固有特点，没有有效的解决办法，因此，从工程的角度看，局部刚度不足是引起较大疲劳应力幅的主要原因。

综上所述，正交异性钢桥面板两大病害出现的主要原因有两个：一是刚度问题，即局部刚度不足；二是强度问题，即焊缝和铺装层疲劳强度不足。相比之下，前者影响更大，所以可以说主要是刚度问题，因为如果解决了刚度问题，强度问题就不重要了。

④ 破解之道，重在刚度

如上所述，正交异性钢桥面板疲劳开裂和桥面铺装破坏的原因是局部刚度不足和材料的疲劳强度不足，因此目前解决该问题的方法也可以分为两类，即刚度方法和强度方法。前者包括：加厚顶板，采用 UHPC（超高性能混凝土）做铺装层（刚度和强度双重作用），采用 HPC（高性能混凝土）或 UHPC 形成组合结构，加密设置隔板，在 U 形肋内部设置小横隔板以减小畸变变形，采用新型加劲肋，等等。后者包括：采用新材料（新型铺装材料，包括 UHPC），采用新型焊接技术（U 形肋双面焊接，单面焊接双面成型），采用镦边 U 形肋（也有双重作用），等等。

作者个人认为，在这些方法中，以采用 UHPC（图 35.4）和双面焊接的方法效果比较好，目前发展的势头也较好。总体来说，还是应该以提高局部刚度的方法为主，因为即使是双面焊接也只能解决顶板与 U 形肋焊缝的焊根疲劳开裂问题，对于焊趾以及 U 形肋与横隔板焊缝开裂问题仍然不能有效解决。刚度方法以改善结构或构造的刚度为主，除了 UHPC 技术以外，在钢结构构造上的改进也是值得深入研究的一条路径。刚度是最主要的影响因素，解决了这个问题，即可达到"一石二鸟"的效果，这也是本文主要想说明的问题。一己之见，可能存在谬误，欢迎批评、指正。

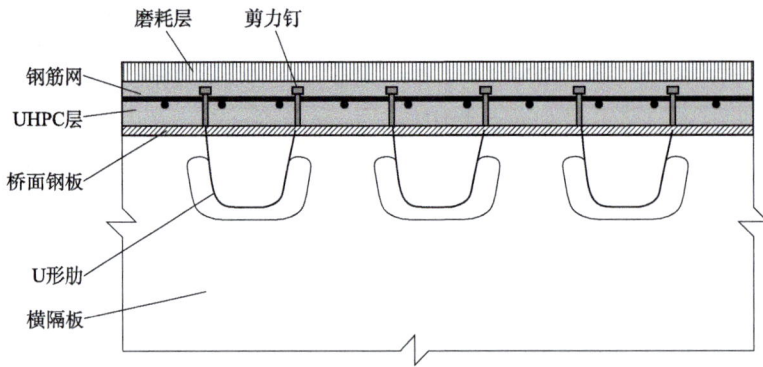

图 35.4　采用 UHPC 技术加强桥面板

　　本文根据"西南交大桥梁"微信公众号于 2018 年 2 月 11 日发布的文章《李乔说桥 -13：正交异性钢桥面板》改写。

36

嘉绍大桥六塔斜拉桥技术杂谈

1 多塔斜拉桥与嘉绍大桥

斜拉桥一般多为双塔或者独塔形式，但有时由于各种条件的限制和功能的需求，需要设计成多塔斜拉桥。多塔斜拉桥与双塔或者独塔斜拉桥相比，有很多相似之处，也有很多特殊之处，例如：中间各塔（从立面上看，除两边塔之外的其他塔）缺少边锚索提供的纵向刚度，因而引起主跨挠度过大的问题，超长多跨主梁的纵向位移及其约束问题，多塔多跨斜拉桥主梁最优合龙顺序问题，等等。

嘉绍大桥是跨越杭州湾的又一座大桥，于 2013 年 7 月 19 日正式建成通车，设计单位是中交公路规划设计院有限公司，西南交通大学承担了其中部分科研项目，包括刚性铰试验研究和主桥施工控制。嘉绍大桥主桥是一座 6 塔 9 跨斜拉桥（图 36.1），跨度布置为 $(70+200+5\times428+200+70)$m，主桥总长 2680m。其结构特点除了采用多塔多跨外，还由于桥面较宽（55.6m）而采用了空间四索面布置，即上下游两幅钢箱梁的每一幅钢箱梁两侧分别布置一个索面［图 36.1c)］。

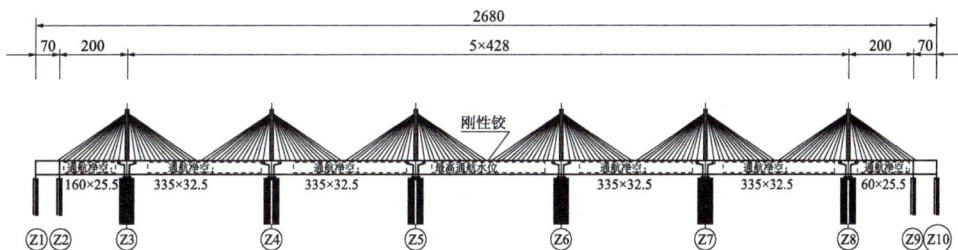

a）主桥桥跨布置图（单位：m）

图 36.1

221

b）大桥结构及牛腿构造

c）空间四索面布置

图 36.1　嘉绍大桥主桥

　　针对前述的多塔斜拉桥的特殊问题，嘉绍大桥设计者采取了如下应对措施：

　　（1）为了限制因中间塔纵向刚度不足引起的相邻跨主梁挠度过大问题，有些多塔斜拉桥采用交叉索拉至相邻塔，或采用刚性塔等措施。嘉绍大桥则在设计中适当增强桥塔和主梁刚度，并且在桥塔处设置了 X 形"牛腿"［图 36.1b）、图 36.2 ］，并将主梁支承于其上，在桥塔两侧形成支点，较之全飘浮体系斜拉桥，刚度提高了不少。

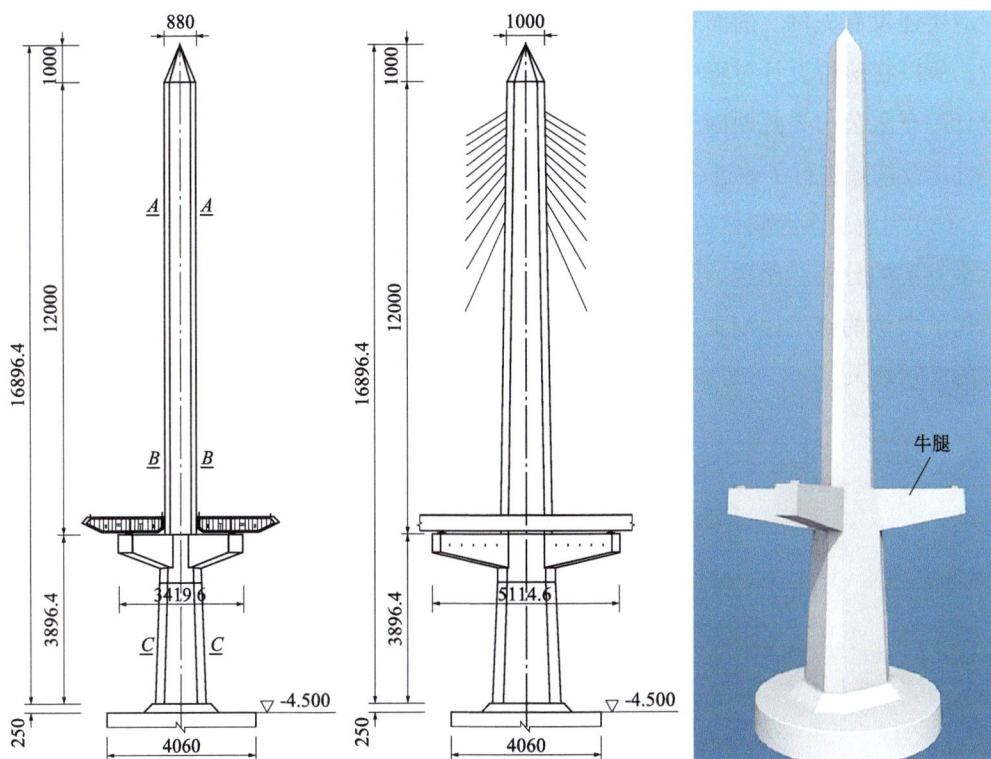

图 36.2　嘉绍大桥桥塔构造图（单位：cm）

（2）由于主桥钢箱梁长度大，温度变化所引起的主梁纵向位移及其所受约束较大，如果不能有效释放这种位移，会产生很大的约束内力，即温度次内力，对结构非常不利。为此，设计者在主梁中点即中间主跨跨中处设置一个释放纵向位移的装置［图 36.1a)]，称为刚性铰（名称值得商榷，见本文第 3 部分）。如图 36.3 所示，刚性铰实际上是一个能够纵向相对滑动，但不能竖向和横向相对平动和转动的主梁伸缩装置，其基本构造是在一侧钢箱梁内部放置小箱梁，小箱梁固定在另一侧钢箱梁上，另一端自由，其运动方式类似于"活塞"，或者更通俗地说，类似"抽屉"。刚性铰把 2680m 长的主梁分为左右两段，在刚性铰处可以释放两侧主梁纵向相对线位移，但约束两侧主梁的相对转角和竖向与横向平动，使结构受力得到改善，同时又能满足行车舒适性要求。刚性铰在国内最早被应用于湖北的郧阳汉江公路大桥（1994 年 2 月 1 日通车），那是一座跨度为 (86.0＋414.0＋86.0)m、宽 15.6m 的地锚式预应力混凝土斜拉桥。而刚性铰在国外的应用工程有美国奥克兰海湾大桥引桥和新贝尼西亚兹马丁内兹（Benicia Martinez）大桥（图 36.4），这两座使用了刚性铰的桥都是跨度小于 200m 的连续梁或连续刚构桥。而在嘉绍大桥跨度为 (70＋200＋5×428＋200＋70)m 及宽度为 55.6m 这样规模的六塔四索面大型桥梁结构上应用还没有先例。前面这些桥梁所用刚性铰的具体构造和参数不能适用于嘉绍大桥，所以在该桥设计过程中开展了一系列的科研工作，大桥设计单位中交公路规划设计院有限公司委托西南交通大学进行了一系列的刚性铰试验研究，对刚性铰的力学性能及构造进行了改进、优化，为大桥的设计工作提供了有力的支撑。

（3）为解决多跨斜拉桥的合理合龙顺序与方法问题，设计单位及科研单位都进行了多方案的分析、比选。西南交通大学课题组在完成刚性铰试验研究工作之后，还承担了大桥的施工控制工作，并在施工控制中采用相对最优的合龙方案，达到了良好的实际效果。

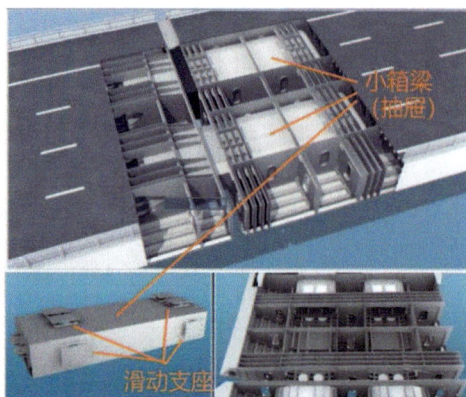

图 36.3　嘉绍大桥刚性铰构造示意图

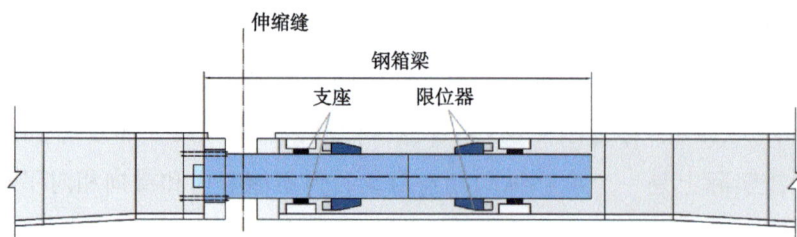

图 36.4　美国新贝尼西亚马丁内兹大桥的刚性铰构造示意图

❷ 刚性铰试验研究概况

刚性铰的试验研究分三个阶段进行：第一阶段试验主要根据原设计的主梁刚性铰和普通支座的构造进行测试，以确定刚性铰整体设计方案是否成立。第二阶段试验在第一阶段试验的基础上，对结构和支座构造进行改进、优化，确定结构和支座体系的各项参数，验证其工作性能。第三阶段试验则进一步对一些特殊问题如偏载效应等进行研究，确保刚性铰的最后施工图设计满足要求。

通过空间有限元分析，并根据试验加载情况，第一阶段试验的模型几何缩尺比例定为 1∶4，如图 36.5 所示。为了保证刚性铰的小箱梁（"抽屉"）能够顺畅地在大箱梁里面滑动并传递弯矩和剪力，其四周均设置了滑动支座［图 36.3、图 36.5a）］。这样的一个机构能否长期正常运行而不会出现卡死或者支座过早磨损等问题，是本次试验研究的重点之一。

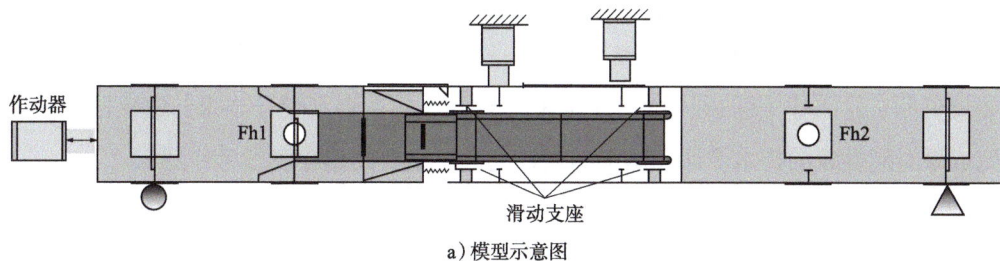

a）模型示意图

b）模型试验照片

图 36.5　刚性铰模型试验研究

试验通过作动器进行往复推拉，模拟桥梁运营时因温度变化而引起的纵向相对运动。由于该试验属于加速试验，因此必须控制好滑动速度，太快会积蓄过量摩擦热量而导致支座提前破坏，太慢则导致试验周期太长。按照设计要求，试验中支座必须经受指定推拉次数循环后而不损坏。这不仅与支座本身的构造有关，还跟整个刚性铰的构造、支座运动摩擦面的间隙以及各支座之间的运动协调性密切相关。第一次试验过程中刚性铰整体结构工作基本正常，但由于采用的是普通的滑动支座，仅仅 600 次推拉就导致支座严重磨损［图 36.6a)］。这使课题组认识到普通滑动支座不能适应刚性铰这种特殊装置的需要，因此对支座提出新的要求，并在第二阶段试验中，联合支座制造厂重新设计了专用支座，扩大接触面以减小接触应力，同时设置球形转动面以克服偏心影响。在安装支座时精心调整各支座，确保各支座之间的协调性，同时降低滑动速度，增设支座冷却装置。经过 60000 次反复推拉后，整个装置仍能正常工作［图 36.6b)］，证明刚性铰和支座达到了设计要求。这次的试验研究成果对刚性铰的技术设计和施工图设计起到了重要的指导和参考作用。

a) 普通滑动支座 600 次滑动损坏情况   b) 改进后的专用支座 60000 次滑动磨损情况

图 36.6　试验中支座的磨损情况

　　第三阶段试验研究在前两阶段试验研究的基础上，重点对支座偏载工况下的性能以及可拆装和可维护性能进行了 1：2 模型试验和理论分析，为整个刚性铰的改进设计提供支持。

　　这里只是概述试验情况，实际的试验研究内容非常多，试验报告有几百页。感兴趣的读者可以参考嘉绍大桥设计单位中交公路规划设计院有限公司的总结报告"嘉绍桥刚性铰设计全过程总结"，更详细的内容可与本文作者或课题组成员沟通、讨论。

③ 关于刚性铰这个名称

　　关于刚性铰这个名称，本人认为值得商榷。这个名称可能来源于国外的文献，如上述的美国 Benicia Martinez 桥，文献中称之为 moment-resisting hinge，意为"抗

"弯铰"，国内引进时将其译为"刚性铰"。从翻译角度并不为错，关键是术语"铰"在结构与力学学科领域里的含义非常清楚，就是能够转动的一种构造，而术语"刚性"就是不能动的意思。那么"刚性铰"或者"抗弯铰"就是不能转动或者能够抗弯的铰，这就有点自相矛盾，既然不能转动或者能够抗弯，就不应该叫"铰"了。显然，无论"刚性铰"还是"抗弯铰"，都不是一个严谨的学术名词。那叫什么好？"抽屉"只是一种比喻，不能真的拿来做术语。在郧阳汉江公路大桥中它被称为"无轴力接头结构"，意思较为贴切，但乍听起来有点不太容易理解。本人曾经将之称为"主梁伸缩装置"，但后来觉得容易与伸缩缝混淆。其实，这种构造更接近一个榫，而不是铰，因此是否可叫作"主梁纵向伸缩榫"或者"主梁纵向滑动榫"（简称"伸缩榫"或"滑动榫"）。

4　多塔斜拉桥施工控制特点

多塔斜拉桥的施工控制是一个复杂的系统工程，要通盘考虑施工实际情况，协调各塔之间的不同施工误差造成的线形和内力差异，全面控制最终成桥的状态。

首先，在多塔斜拉桥施工过程中，有多个工作面同时开展，比如嘉绍大桥就有六个塔及主梁区段同时进行悬臂施工，而每个塔的进度不一定相同，施工误差也不相同，因此施工控制分析模型要根据实际施工的进度随时进行调整，在时间轴上准确定位，同时根据误差及系统识别情况进行模型修正。

其次，由于上述各塔施工存在差异，施工阶段理想状态的计算更为复杂，实现成桥阶段理想状态即目标状态难度加大。因此，在预测每一施工步骤的线形和内力状态时，都要综合考虑各种误差的影响规律，考虑安装高程和索力的修正以及对当前乃至对成桥状态的影响。

最后，如前所述，合龙顺序及合龙方法也是至关重要的，不同的合龙顺序及方法会导致不同的成桥状态及合龙前与合龙过程中的结构风险。虽然从理论上说采用无应力状态法进行控制与施工过程无关，但实际实施时会因各种误差的存在和施工手段的限制而使得施工过程的影响不可忽略，这也是几何控制法所要解决的问题。

本文根据"西南交大桥梁"微信公众号于 2018 年 6 月 8 日发布的文章《李乔说桥-15：嘉绍连天堑，钱塘映六合——嘉绍大桥六塔斜拉桥技术杂谈》改写。

37

闲谈科学、技术、工程与桥梁

1　引言

　　作为一名桥梁工程领域的学者，主要研究兴趣都在具体的学术和技术问题上，而对诸如知识论和方法论之类的问题，则知之甚少。因此本文并不讨论这个话题，而是想对由此而联想到的科学、技术与工程的关系作一些肤浅的讨论，然后对桥梁工程专业知识体系的构成及其特点进行一些简单的阐述。

2　科学、技术及工程的关系

　　首先，此处的科学特指自然科学，不包括社会科学。对于科学和技术的定义与区别有很多种说法，一种常见的定义是：科学解决理论问题，技术解决实际问题。科学是发现自然界中确凿的事实与现象之间的关系，并建立理论把事实与现象联系起来；技术则是把科学的成果应用到实际问题中去。而关于工程，一般认为工程是科学和数学的某种应用，使物质和能源特性能够通过各种结构、机器、产品、系统和过程，做出高效、可靠且对人类有用的东西。

　　前述关于科学的解释中，发现自然界中确凿的事实与现象之间的关系的说法并不太确切，因为从物理学角度，随着科学研究的深入，尤其是量子力学研究的深入，人类作为自然界的一个组成部分，到底能不能掌握自然界中确凿的事实即实在性的问题，反而变得越来越模糊了。包括霍金在内的很多物理学家对实在性与科学理论问题都有独到的见解，这不是本文的重点，也不是本人的专业范围，所以不多叙述了。个人觉得下面这样的定义也许更好一些：科学是一种建立在严谨的形式逻辑系统之上，用实证来验证的一种发现和分析自然规律的学说。

在上述关于工程的解释中，"科学与数学"的提法显然认为数学是独立于科学之外的一个类别。对于数学到底属于科学范畴还是独立的，多数人认为数学属于科学范畴，但研究这类问题的专家却认为数学是独立于科学之外的，因为数学本身不是以发现自然界规律为目的，数学是纯逻辑的，虽然数学语言可以用来描述科学理论，但也可以用来做其他事情，因而它独立于科学之外，自成体系。当然这也不是本文要讨论的问题，此处只是说明一下。

关于科学与技术的关系，相对比较清晰。但再把工程拉进来，三者之间（主要是工程与另外二者）的关系似乎就要复杂一些了。对此，目前有多种不同的看法，包括二元论、三元论、多元论等。关于科学、技术及工程主要有以下三种观点：

第一种观点：属于三元论，认为科学、技术、工程三者为同层次且相互渗透和交叉的关系，三者虽相对独立，但却相互影响，相互促进（图 37.1）。

第二种观点：属于二元论，认为科学与技术属于同一层次，工程则是建立在科学与技术基础之上，综合利用科学与技术来进行生产活动的领域（图 37.2）。工程需要科学与技术，但其本身并不产生科学与技术，只是利用科学与技术来达成其目标，利用它们进行造物。凡工程中涉及的技术，都应归属于技术范畴，而非工程范畴，工程本身只是一种造物的活动。这种观点似乎比较容易自圆其说。

第三种观点：也是二元论，但认为科学与工程属于同一层次，技术是在科学与工程基础之上衍生的（图 37.3），认为技术是因为工程上的需要才被开发出来的，否则不会产生技术，技术只是在工程中所使用的东西而已，科学与工程才是基本。我国和美国等国家设有科学院和工程院，但没有技术院，这常被用来当作一种佐证。但不赞成者可能会认为，技术虽然可以因工程需要而被开发，但并不是工程本身的产物，工程的产物就是所制造出来的东西，而所需的技术仍然属于技术范畴，而非工程。

从以上三种观点可以看出，虽然关于科学、技术与工程三者的关系存在不同的观点，但有一点可以肯定，即工程不等于科学，或者通俗地说，工程不是科学。著名的美籍华人、工程专家邓文中先生认为，工程不是科学，工程是艺术；科学讲究发现，工程讲究创作。邓先生的基本观点是对工程及其特性的一种比喻和概括。"艺术"这个词，有两种含义：一是指与美学相关的艺术，如美术、音乐、建筑等；二是指技巧和能力。邓先生所说的"艺术"显然是指技巧和能力，表示工程是利用科学、技术、人文和经验等的一门综合"艺术"。

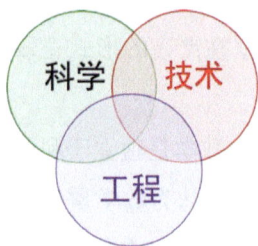

图 37.1　科学、技术、工程之间
　　　　关系的第一种观点

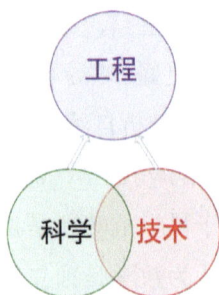

图 37.2　科学、技术、工程之间
　　　　关系的第二种观点

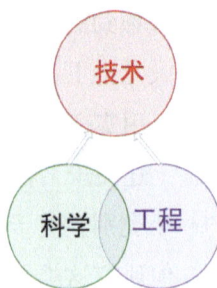

图 37.3　科学、技术、工程之间
　　　　关系的第三种观点

除了上述三种观点外，还有多元论观点。多元论其实是上述三种观点的扩展。例如：当认为数学是独立于科学之外存在时，上述的三种观点就分别多了一元（即数学）。又如，艺术（指音乐、美术等）不属于科学、技术、工程以及数学，但工程肯定需要艺术，所以又多出了一元。如此种种，不一一列举。

3　桥梁工程知识体系

交通部原总工程师凤懋润先生认为："工程知识是自然科学知识、应用技术知识与人文社会科学知识以及造物实践经验的有机结合（综合集成）。"依据这个定义，可将桥梁工程知识体系分为三个组成部分：桥梁工程的基础知识、专业知识和人文社会知识。这与西南交通大学土木工程课程体系的构成基本一致，我对此深以为然。按照上述的划分原则，可对桥梁工程知识的三个组成部分进行如下描述（图 37.4）。

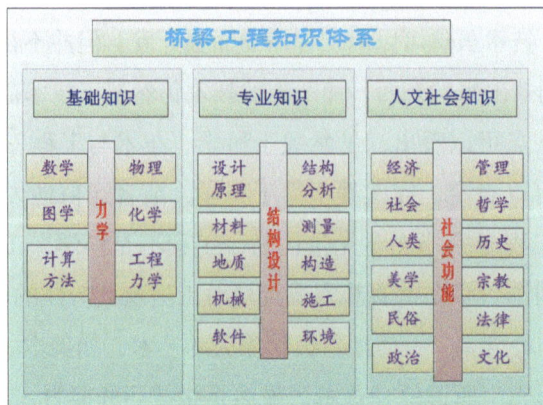

图 37.4　桥梁工程知识体系

桥梁工程的基础知识以力学为主线，主要包括数学、物理、化学、工程力学、图学、计算方法等。从知识层次角度来说，工程力学是建立在最底层的数学和物理学之上、专业知识之下的一个知识层，连接着基础知识和专业知识。

桥梁工程的专业知识以结构设计为主线，主要包括设计原理、结构形式与构造、材料、地质、测量、结构分析、施工、机械、软件、环境等。

桥梁工程的人文社会知识以桥梁的社会功能为主线，主要包括经济、管理、社会、哲学、人类、历史、美学、宗教、民俗、法律、政治、文化等。

由此可见，桥梁工程知识涵盖面非常广，是集自然科学、工程技术、人文社会科学等于一体的综合性知识体系，而且从所涉及面的广度来看，从基础知识到专业知识再到人文社会知识，越来越宽广。

4 结语

人们常说科学无止境，那么技术和工程也不会有止境，都处于恒久的发展与完善之中。科学探索可以无限接近自然的本源，但也许永远不能完全达到，因而探索也永无止境。三百多年来，每当一种理论不能解释新的观察与实验现象时，就会出现新的理论来填补空白领域，完善或扩充原有理论，如物理学的牛顿力学、麦克斯韦电磁学、爱因斯坦相对论、量子力学、超弦理论、M 理论等。科学因此而进步，技术与工程又何尝不是如此？

本文根据"西南交大桥梁"微信公众号于 2019 年 5 月 8 日发布的文章《李乔说桥 -21：科学、技术与桥梁工程》及《桥梁杂志》2019 n3 同名文章（授权）改写。

38

我国桥梁工程教育及学科发展历史

1　溯源桥梁工程教育

　　桥梁工程教育属于工程教育中的一个组成部分。我国最早的高等工程教育可以追溯到1893年，当时在洋务运动的推动下，长期在华任职的英国工程师金达（Claude William Kinder）曾两次上书清政府建议设立铁路学堂。金达于1893年第一次上书李鸿章，清政府以经费困难为由未予批准，但同意在天津武备学堂（军校）内设铁路工程科，这便是我国最早的高等工程教育；金达在1896年第二次上书时任津卢铁路督办的胡燏棻，并提出了具体办法，拟定了《在华学成之铁路工程司章程》附呈。胡燏棻转呈新任直隶总督兼北洋大臣的王文韶。不久，王文韶将此事上奏清廷并得到光绪皇帝批准（批准的奏折现存于中国第一历史档案馆），并于当年创设山海关北洋铁路官学堂（西南交通大学前身），由津榆铁路局总办吴调卿任学堂总办（校长）。这是我国最早的土木工程（包括桥梁工程）高等学校，后来几经更名、搬迁，成为现在的西南交通大学。

　　学堂原定于在山海关的北洋铁路局工程分局旧址上办学，但到了第一届学生招进来时，校舍尚未建好，只好暂借北洋西学学堂（1895年创建，天津大学前身，我国第一所高校）校舍上课。其间还发生一个小插曲，促进了山海关校舍的加快修建。在开学后不久，两校学生发生摩擦，此事引起了津卢铁路督办胡燏棻的关注，指令铁路官学堂按原议尽快回山海关办学。1897年校舍建好，学生全部回到山海关上课。

2 桥梁工程专业设置与培养模式演变

在 1952 年之前，我国的高等教育基本是欧美体系，即大类培养体系，没有单独的桥梁、隧道等专业。1952 年之后学习苏联，改为按小专业培养模式，基本上按产品划分专业，桥梁成为独立的专业，其他诸如隧道、工民建、岩土、道路、铁道等，也都成为独立的专业。自 1996 年起，包括西南交通大学在内的部分院校又开始改为大类培养；到了 1998 年，教育部发布按大类培养的专业目录，专业或学科划分又转向欧美体系。按此培养模式，本科教育阶段按土木工程专业大类培养，桥梁工程只是土木工程专业中的一个方向；在研究生教育阶段，桥梁工程是"桥梁及隧道工程"二级学科中的一个方向。但事实上，几乎所有学校都是把桥梁与隧道分开来各自独立培养研究生。这种做法与欧美的培养体制相似，之所以说相似而不是一致，是因为欧美的专业或学科设置中，并没有桥梁专业或者学科，无论在本科还是研究生阶段，桥梁都只是结构工程学科的一个组成部分。

近年来，关于工程教育到底是按大类培养好还是按小专业培养好的争议一直没有结果。一种意见说，欧美体系是经几百年实践证明了的先进体系，应该作为主要参考体系；另一种意见说，要考虑我国目前的经济体制和用人体制，小专业培养更容易满足用人单位的需求。这里提出此问题，也是想请读者思考一下，到底怎么做更为合理。

3 桥梁工程学科发展历史示例——西南交通大学桥梁工程学科历史年表

百年交大、百年土木、百年桥梁，薪火相传，一脉相承。如前所述，山海关北洋铁路官学堂是我国最早建立的设置桥梁工程专业内容的高等学校，因此可以说西南交通大学的桥梁学科发展史是我国桥梁工程教育史的缩影。下面列出该校的桥梁学科历史年表，供读者参考。

• 1896—1900：山海关北洋铁路官学堂

学科与专业：铁路工程科（桥、路）

1900 年 3 月，17 名学生拿到毕业证书，成为中国第一批现代土木工程（桥梁）正规高等教育的毕业生。

- 1900—1904：因战乱停办，1905 年恢复办学并迁校唐山

- 1905—1911：唐山路矿学堂（曾换 3 个校名）

学科与专业：铁路工程科（桥、隧、路）

- 1912—1920：唐山工业专门学校（曾换 2 个校名）

学科与专业：铁路工程科（1912）—土木工程科（1913）（桥、隧、路）

- 1921—1946：唐山交通大学（4 次迁校，7 次改名）

学科与专业：土木工程（桥、房建、路、隧、水利、市政）

- 1946—1952：交通大学唐山工学院（3 次改名）

学科与专业：土木工程（桥、房建、路、隧、水利、市政）

- 1952—1972：唐山铁道学院

学科：桥梁工程

专业：桥梁隧道（桥、隧），铁道建筑（路、房建）

说明：1952 年虽有全国性院系调整，但唐山铁道学院土木及桥梁主体却未曾调整，仍是原专业的延续。

- 1972—1995：西南交通大学

学科：桥梁工程

专业：桥梁、隧道、铁道、建筑、土建

说明：1981 年西南交通大学"桥梁、隧道及结构工程"成为国家首批博士和硕士点，1987 年西南交通大学"桥梁及隧道工程"成为国家首批重点学科。

图 38.1　茅以升与交大（引自中央电视台《探索发现》）

• 1995—1996：西南交通大学

学科：桥梁工程

专业：交通土建（桥、隧、道路与铁道），建筑工程（建筑、岩土）

• 1996 年至今：西南交通大学

学科：桥梁工程

专业：土木工程（桥、隧、铁、道、房建、岩土、市政等）

图 38.2　西南交通大学犀浦校区（引自西南交通大学官网）

关于学科设置的说明：

1952 年之前，我国高校的学科与专业是一体化的，没有单独的学科。欧美高校至今也没有单独的学科建设概念，只强调专业（教学）和研究领域（科研）概念，其余是为此二者服务的。1952 年之后，尤其是改革开放之后，学科概念以及相关的建设才在我国逐渐形成，其他各种"建设"（如队伍建设、课程建设、教材建设等）亦纷纷出现。

注：部分资料参考了《西南交通大学校史（第一卷　1896—1949）》。

本文根据"西南交大桥梁"微信公众号于 2020 年 7 月 25 日发布的文章《李乔说桥 -28：西南交通大学桥梁工程学科历史年表》改写。

39

桥梁结构超载辨析

1　超载就是一辆车总重超过 55t？

　　十几年来，公路桥梁倾覆事故屡屡发生，见本书文章 28（《梁桥倾覆机理与计算方法》），除造成人员伤亡、经济损失外，所产生的严重社会影响也不容忽视。而从各种媒体报道中看到，这些倾覆事故每每都与汽车载重超限而造成的桥梁结构超载密切相关。在 2021 年发生的湖北鄂东花湖互通 D 匝道桥倾覆事故中（图 39.1），三辆接连行驶通行的车辆总重达到了 521t。

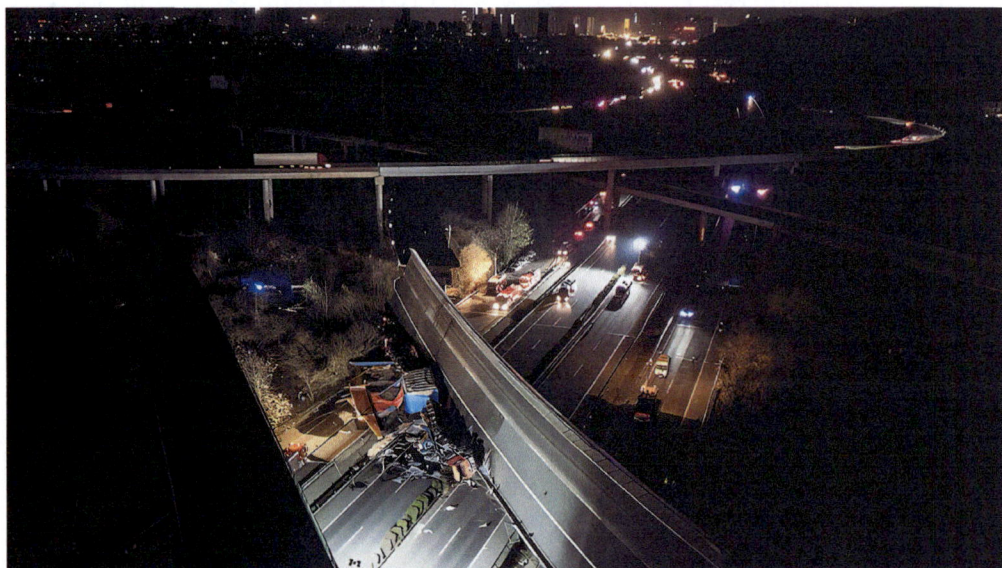

图 39.1　2021 年湖北鄂东花湖互通 D 匝道桥倾覆事故（引自新华网）

于是，"超载"这个词变成高频词汇。那么，到底什么叫桥梁结构超载呢？武汉理工大学的胡老师打电话与我讨论这件事，我们都认为有必要对此作一些说明。

首先说明一下，按照有关法规，单纯从管理角度，车辆"超载"是相对车辆而言的，装载量超过车辆允许载重量叫作超载；而车辆"超限"则是相对道路桥梁等而言的，超过了道路桥梁正常情况允许的限度就叫作车辆"超限"，包括重量超限和尺度超限。但本文重点在于从桥梁结构的承载能力角度讨论问题，即使涉及管理方面，仍然是相对桥梁结构受力特性而言的。同时注意，某些超限车辆如果通过审批并按规定行驶，并不会造成桥梁结构超载。所以本文的"超载"一词是指桥梁结构的超载或能够引起桥梁结构超载的重量超限车辆，而非有关法规所指的车辆超载。

本文只简单讨论桥梁结构超载的含义问题，而对超载造成的桥梁倾覆的机理等，本书文章 28 已有论述，此处不再讨论。

对于非桥梁专业的人来说，通常认为单车重量超过某个特定的数值就是超载。比如，对于一般的高速公路和一级公路，单车重量超过 55t 就被认为是超载，其实这是不严谨或不正确的说法。

从事桥梁设计的人都知道，桥梁设计荷载有着特殊的规定。按照《公路桥涵设计通用规范》（JTG D60—2015），汽车荷载分为车道荷载与车辆荷载，图 39.2 所示为其公路 - Ⅰ 级荷载图示；而按照《公路桥涵设计通用规范》（JTJ 021—1989），则分为设计荷载与验算荷载，图 39.3 所示为其汽车 - 超 20 级（设计荷载）和挂车 -120 级（验算荷载）的图示。车道荷载或设计荷载用来计算结构整体效应，包括倾覆效应，可在全桥车道范围内根据影响面进行布置；而车辆荷载或验算荷载用来计算局部构件，如桥面板、横梁、加劲肋或跨度很小的主梁等的强度。其中车辆荷载沿纵向只能布置一辆，沿横向可布置多辆，验算荷载全桥纵、横向都只能布置一辆。

由此可见，55t 只是《公路桥涵设计通用规范》（JTG D60—2015）荷载中的一辆车的荷载重量，或者是《公路桥涵设计通用规范》（JTJ 021—1989）中一列设计荷载中的重车重量。单纯以一辆车重量超过 55t 作为超载标准是不正确的，《公路桥涵设计通用规范》（JTJ 021—1989）的验算荷载挂 -120 重量就有 120t，远超过 55t，但并非超载，而且《公路桥涵设计通用规范》（JTJ 021—1989）荷载标准也并不比《公路桥涵设计通用规范》（JTG D60—2015）高。从轴重角度考虑，《公路桥涵设计通用规范》（JTG D60—2015）车道荷载中的集中力 P_k（轴重）最大可达 36t，也远超 55t 车辆的单个轴重。若按照城市桥梁设计荷载标准，还有最高达 420t 重的特种荷载标准。

说到这里，有人会问：那是不是超过 420t 才算超载？当然也不是！判断是否超载不能只看车的重量，还有其他条件。

a）公路 - I 级，车道荷载（$P_k = 270 \sim 360\text{kN}$，$q_k = 10.5\text{kN/m}$）

立面布置

平面尺寸

b）公路 - I 级，车辆荷载

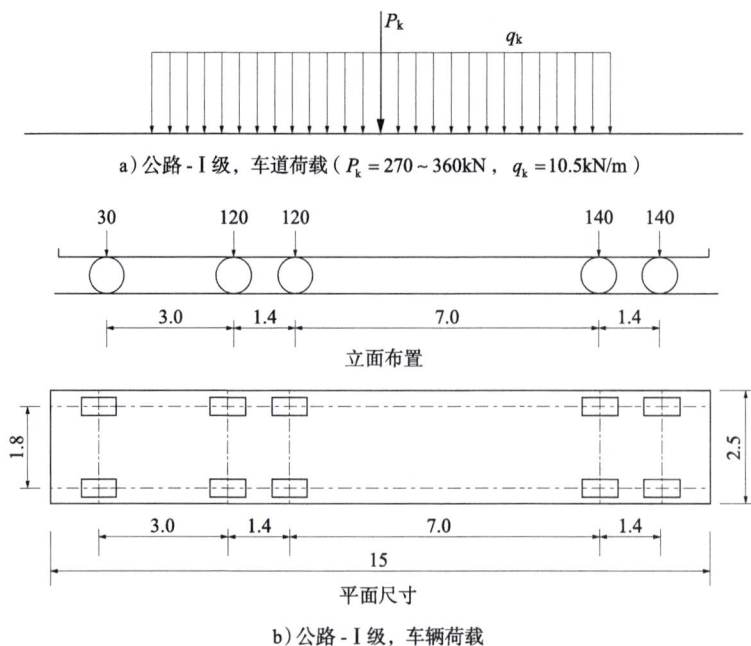

图 39.2　《公路桥涵设计通用规范》（JTG D60—2015）荷载图示（单位：kN；m）

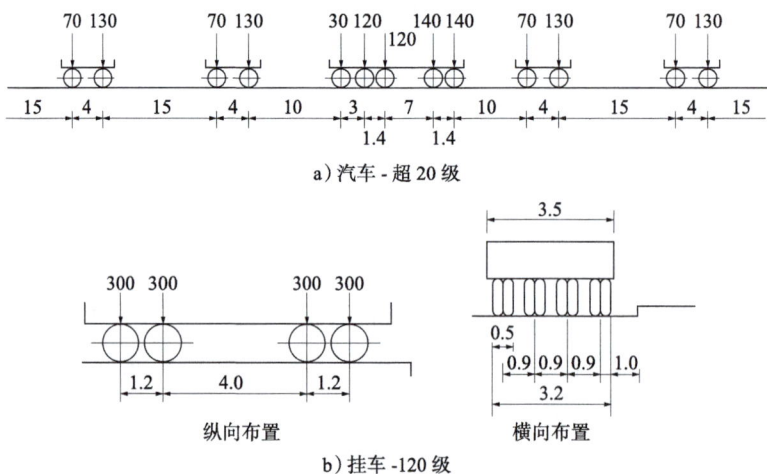

a）汽车 - 超 20 级

纵向布置　　　　横向布置

b）挂车 -120 级

图 39.3　《公路桥涵设计通用规范》（JTJ 021—89）荷载图示（单位：kN；m）

❷　从结构和管理两个方面看超载

　　设计规范规定的荷载只是荷载的一种统计代表模式，实际通行的车辆荷载与此并不相同，但从结构计算角度，只要实际通行的车辆满足一定条件，由此引起的结构效应就不会超出设计允许的能力范围，就不是超载，否则就是超载。核心标准：荷载引起的结构效应。

而从管理角度又如何判断是否超载呢？总不能让管理者（如交通管理部门、公路管理部门等）每天都去进行结构计算吧。所以从管理角度看，每座桥建成投入运营时，由专业人员根据计算结果，给出最大允许的车辆重量和轴重数值，同时还要给出当实际车辆超出这些条件时，应该另外满足什么要求才能通过，如桥上允许的车辆数目、间距、行驶速度、行走轨迹、桥梁是否需要临时加固等。也就是说，虽然重量超出正常值，但经过审核并满足前述通行要求而通过的车辆都不能算超载。只有不按要求随便通行的超常规重量的车辆才算超载。

我国对超正常重量的大件运输都有相关标准，实践中按照这些标准运输过很多几百吨重的大型重物，并没有发生垮桥或者倾覆事故。

3 结语

（1）判断是否超载并非只看重量，还有其他条件。

（2）桥梁并非只能通过 55t 重以下的车辆，只要经过审批并满足各种特殊要求，几百吨重的车辆也可以通过。

本文根据"西南交大桥梁"微信公众号于 2021 年 12 月 28 日发布的文章《李乔说桥 -37：什么叫桥梁超载？》改写。

40

独柱墩还能用吗？

1　引言

2021 年 12 月 18 日，湖北鄂东花湖互通 D 匝道桥发生倾覆。从事故发生后各方报道以及最后官方公布的调查结果可知，事故的主要原因仍然是超限车辆未按规定行驶造成桥梁超载。

本次事故发生后，人们自然又联想到此前多次类似事故后所讨论的话题，即独柱墩到底还能不能使用？

对于此问题，在本书文章 28（《梁桥倾覆机理与计算方法》）中已有说明。本文仍然持相同观点，但拟对如下有关技术问题作进一步补充说明：

（1）如何定义独柱墩？

（2）桥墩抗倾覆的关键作用是对梁部翻转的约束能力。

（3）独柱墩可以有条件使用，但单支座或横向小间距支座布置须慎用。

（4）现行规范抗倾覆计算方法无原则问题，但需要补充完善。

另外，本文所讨论的桥梁结构形式和材料等均限于工程适用范围，不包括那些受力不合理的假想结构或极特殊结构。文中的"倾覆"一词特指梁部的倾覆。

2　如何定义独柱墩？

在近年来发生的桥梁倾覆事故中，几乎都有独柱墩结构的影子，人们自然会对这种结构的合理性产生怀疑。在讨论其合理性之前，首先要明确什么是独柱墩，即如何定义独柱墩。

从力学角度看，"柱"是指以受压为主的杆件，而杆件则指横截面尺寸远小于长度的构件，与构件横截面形状无关，圆形、矩形、多边形、圆端形等都可以。因此，广义的独柱墩是指由一根柱子构成的桥墩，即只要同一个桥墩的墩身只有一根柱子，就叫独柱墩。

但针对桥梁倾覆事故所讨论的独柱墩显然不是广义的独柱墩，而是一种狭义的独柱墩，即桥墩由一根横截面尺寸远小于桥梁宽度的柱子构成的桥墩。不过马上就会有人问：到底横截面尺寸小于桥梁宽度多少才算狭义的独柱墩呢？这还真的很难回答。

所以我的观点是，直接使用广义独柱墩的定义，暂不讨论分界线问题，从后续的分析也可以看出，区分广义或狭义独柱墩没有实际意义，因为问题的关键不在这里。

③ 桥墩抗倾覆的关键作用：对梁部翻转及滑动的约束能力

梁桥倾覆主要是一种梁部翻转运动，当然有时还会伴随滑移运动，这些运动包括刚体位移和弹塑性变形。因此，梁桥抗倾覆能力主要来自墩台自身刚度及支座对梁部翻转和滑动的约束能力，而与是否为独柱墩无直接关系。在已发生的梁桥倾覆事故中，其结构有两个特点：一是多为直线梁桥或与之受力特征接近的小曲率曲线梁桥；二是独柱墩上所采用的都是单支座或横向间距很小的非抗拔双支座布置，如图 40.1 及本书文章 28 中的图 28.1～图 28.7 所示。

对于具备特点一的结构，墩台对梁部翻转的约束能力主要来自其对梁部扭转位移的约束，而具有特点二的支座布置几乎不能约束梁的扭转变形，扭矩只能靠其他位置的抗扭支座来承担。如果在独柱墩上面设置横向帽梁并布置足够间距的双支座或多支座，或将墩与梁直接固结（图 40.2），那么就可以承受梁部传来的扭矩，约束其扭转变形。当然，这对帽梁和墩柱本身的刚度和承载力也提出了更高的要求。

对于大曲率的曲线梁桥，随着曲率的加大，支座反扭矩对梁部翻转的约束作用逐渐减少，而支座竖向约束和梁自重因曲率所致在平面内的分散布置逐渐成为约束梁部翻转的主要作用。如图 40.3 所示，无论相对于哪个倾覆轴（图中虚线），支座 A 和 D 的反扭矩作用与梁自重构成的力矩相比，都会随着曲率的加大而减小。在大曲率情况下，即使把支座 A 和 D 也换成单支座（只为说明，实际工程不会这样），结构也会是稳定的。当然，这是建立在梁和墩本身具有足够的刚度和承载力的前提之下。

梁在倾覆过程中的滑动力以及对墩柱和支座的横向反作用力来自大位移引起的几何非线性效应，同济大学石雪飞教授等曾对此做过细致研究并有独到见解。这里要补充说明的是，这种侧向力不仅是支承截面力的分解结果，还是结构的大位移导致的整体空间效应。这种横向力如果大到能破坏独柱墩的程度，梁部倾覆也同样在所难免了。

图 40.1　单支座布置（引自黑龙江晨报）

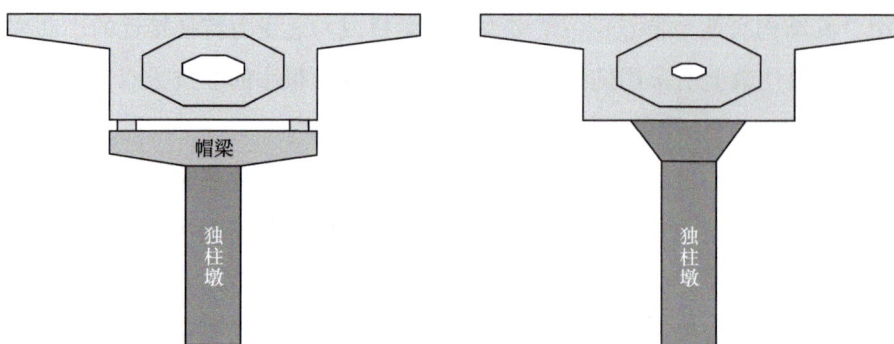

图 40.2　帽梁 + 双支座或固结示意图

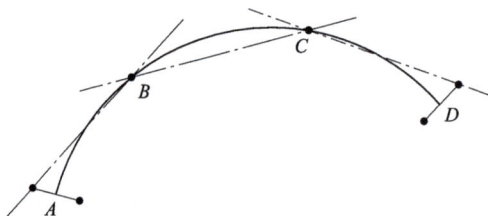

图 40.3　大曲率曲线梁桥支承示意图

4 需要改进现有独柱墩及其支座布置方式吗？

虽然发生倾覆事故的桥梁都有独柱墩及单支座或小间距支座布置，但这些结构的设计仍然满足设计规范要求，这是否意味着设计者可以依旧采用这种结构，而把防倾覆希望完全寄托在其他管理部门的治超上面？这是个很难找到正确答案且见仁见智的难题。对此，我想通过讲个故事来说明个人的观点，正确与否，欢迎指正。

为了防止羊群被狼吃掉或伤害，牧场请人设计建造了围栏，围栏高低不一，但最低处也是满足常规防狼高度要求的。但由于其他多方面的原因，草原开始出现超大的狼，其能够跳过围栏最低处而吃掉羊。现在牧场面临着两个选择：一是等着各相关方面有效控制超大狼进入牧场，但这可能需要很长很长的时间并付出很多努力；二是适当提高低矮处围栏的高度，比如补齐到与其他位置一样的高度，尽量减少损失，同时呼吁、协调各方控制超大狼。虽然不能完全阻止超大狼跳过，但至少将围栏高度弄得差不多一样高了，可以减少部分损失。

第一个选择虽治本，但在相当长一段时间内必须继续承受损失；第二个选择虽然属于治标，但比较务实且损失和风险较小。所以我认为作为牧场主，应该选第二个。回到桥梁倾覆问题上，在结构形式和设计计算上做一些改进是有必要的和值得的。

5 独柱墩可有条件使用，单支座或小间距双支座布置慎用

通过前述的分析可见，独柱墩是可以使用的，但对于单支座或横向小间距双支座布置，在直线梁桥或小曲率曲线梁桥中不建议使用，在大曲率曲线梁桥中也应慎重使用。至于多大曲率可用，需根据具体情况经计算分析决定。

此外，对于采用帽梁并设双支座或多支座或墩梁固结的独柱墩，必须保证帽梁和墩身具有足够的横向刚度与承载力。同时应注意，在墩高较小的情况下，墩梁固结模式会产生较大的温度和收缩次内力，此时采用帽梁及多支座模式更为合适。

6 设计规范抗倾覆计算注意事项

《公路钢筋混凝土及预应力混凝土桥涵设计规范》（JTG 3362—2018）第 4.1.8 条的

抗倾覆计算方法，除了在本书文章 28 中所述内容外，还应注意如下几点。

（1）从工程适用和偏于安全考虑，规范中的第 1 个条件"在作用基本组合下，单向受压支座始终保持受压状态"是合适的。

（2）关于规范中的第 2 个条件，即

$$\frac{\sum S_{bk,i}}{\sum S_{sk,i}} \geqslant k_{qf} \tag{4.1.8}$$

该条件在形式上也是合适的，但必须注意：$\sum S_{bk,i}$ 和 $\sum S_{sk,i}$ 应该是使整个梁部稳定或失稳的效应设计值，并不是支座所在梁截面的效应设计值。所以，对于失稳效应，要通过加载得到总的倾覆效应 $\sum S_{sk,i}$ 的最不利值，而不是某个截面的最不利值。对于直线或近乎直线的桥梁，可能按支座截面扭矩最大原则进行加载得到结果与总的倾覆效应最不利值偏差不大，但还是需要做些理论证明或者数值分析证明。而对于较大曲率的曲线梁桥，则不能用支座截面扭矩最不利加载位置代替总倾覆效应最不利加载位置，因为这样会产生很大的偏差甚至错误。同样，对于稳定效应设计值 $\sum S_{bk,i}$，也需要按上述原则计算其最小值。

对大曲率梁桥，根据本书文章 28 及本文分析，在没有新的可靠方法之前，建议仍沿用规范条文说明的方法思路，但需做些修正。

①确定可能的倾覆轴。参考本书图 28.9 和图 28.10，分别连接曲线外侧（远离曲率中心一侧）任意两个支座中心，得到一组直线。对于其中每一条直线，如果所有支座中心均位于该直线上或其内侧（靠近曲率中心一侧），则作为一条可能的倾覆轴；否则，不予采用。

②用有限元法计算恒载反力，然后计算所有反力对各可能倾覆轴的力矩，得到稳定效应设计值 $\sum S_{bk,i}$。注意是所有反力，包括单支点的反力。

③用有限元法计算活载对各可能倾覆轴的最不利力矩，得到倾覆效应设计值 $\sum S_{sk,i}$。注意是对倾覆轴的最不利力矩，不是对某个支座的。

④代入规范式（4.1.8），同时利用本文前述方法确定容许的抗倾覆稳定性系数 k_{qf}，验算抗倾覆安全性。

对于计算抗倾覆性是否仍可采用现行规范中的车道或车辆荷载模式，石雪飞教授认为，规范中的车道或车辆荷载模式是按照结构主要受弯、剪等情况，并根据可靠度理论与工程经验确定的。但对于倾覆问题，是以受扭为主要特征的，因此规范中的车道或车辆荷载模式并不适合用来做抗倾覆计算，并建议在没有可靠的实际调查统计车辆荷载数据时，抗倾覆稳定性系数 k_{qf} 取 4.0。

本人原则上赞成石老师以上观点，同时还认为：① 倾覆问题不仅与弯扭耦合相关，还有着较强的大位移效应的影响。规范给出的计算方法应该简单方便，但在研究确定这些方法时却应该全面考虑各种影响因素。② 进行构件应力或承载力验算时，抗力主要由材料特性和几何参数提供，而抗倾覆验算中，抗力却是由作用（恒载）效应提供的。因此，倾覆作用（荷载）模式及抗倾覆稳定性系数的确定方法也应该不同于普通的应力或承载力验算，否则抗倾覆可靠度会跟其他指标的可靠度不匹配。具体取值还须通过更深入、细致的研究确定。

本文根据"西南交大桥梁"微信公众号于 2022 年 1 月 21 日发布的文章《李乔说桥 -38：独柱墩还能不能用?》改写。